영성의 중심은

사랑입니다

정원 지음

영성의 숲

서 문

지금 이 시대의 기독교는 따뜻한가요? 이 시대의 그리스도인들은 아름답고 따뜻하며 사랑스러운 사람들인가요? 우리가 비신자의 입장에서 정직하게 대답하자면 아마 그 대답은 부정적인 대답에 가깝지 않을까 싶습니다.

그들이 보았을 때 그리스도인들이란 이기적이고 위선적이며 융통성이 없고 배타적인 사람으로 느껴지는 것은 아닐까요. 이들은 수많은 파로 나뉘어져서 서로 자신만이 옳다고 싸우며 서로 정죄하고 공격합니다. 게다가 싫다고 하는데도 신앙을 과도하게 강요합니다. 피전도자의 입장을 별로 배려하지 않으며 자기들의 주장만 강조합니다. 그들이 별로 행복해보이지도 않는데, 그들의 삶이 별로 나아보이지도 않는데, 그들은 자신들만이 진리를 가지고 있다고 주장합니다.

안타깝지만 이것이 불신자들이 그리스도인들을 보는 일반적인 관점이 아닌가 싶습니다. 더러 아름답고 모범적인 삶을 살아가는 그리스도인이 있기는 하지만 일반적으로 보았을 때 기독교와 기독교인이 별로 매력적으로 보이지 않는 것은 분명한 것 같습니다.

과연 그들의 시각은 잘못된 것일까요? 그들은 다 마귀이므로 그들의 관점은 무시하면 그만일까요? 아닙니다. 그렇지 않습니다. 우리들이 진정 우리 자신의 모습을 돌이켜보고 반성하지 않는 한 우리는 그들의 영혼을 그리스도에게로 이끌 수가 없습니다. 누가 자신이 비웃고 있는 대상을 따라가겠습니까? 우리가 진정 영혼을 얻기 원한다면, 우리는 세상 사람들을 마귀 취급하는 것을 그만두고 그들을 사랑해야 합니다. 그리고 그들의 마음을 열어야 합니다.

이 세상에는 그리스도와 복음 외에 아무 소망이 없는 것을 우리는 잘 알고 있습니다. 그러므로 복음을 전하고 그리스도를 전하기 위하여 사람들의 마음을 열고 그 영혼들을 얻을 수 있도록 우리는 진정한 아름다움을 회복해야 합니다.

사랑을 회복해야 합니다. 따뜻한 마음을 회복해야 합니다. 너그러움과 융통성을 회복해야 합니다. 우리가 가지고 있는 것이 단순히 이론과 교리가 아닌 따뜻함과 아름다움인 것을 사람들에게 보여주어야 합니다.

신앙의 따뜻함과 아름다움을 회복하고 사람들을 판단하는 것에서 벗어나 사람들을 이해하고 도울 수 있는 관점을 얻기 위하여 이 책을 쓰게 되었습니다. 부디 우리의 삶이 투쟁적인 것에서 관용적인 것이 될 수 있도록, 그리하여 그리스도인의 삶이 자유롭고 따뜻한 것임을 경험하고 누릴 수 있도록 독자 여러분을 이 변화의 여정에 초대합니다. 그리고 이 여행이 마무리될 때쯤 해서는 사람들을 바라보는 우리의 시선에 어떤 변화가 생길 수 있기를 간절히 소원합니다.

이 책은 2000년 9월에 예찬사에서 〈열린 영성 따뜻한 마음〉이라는 제목으로 출간된 바 있으며 영성의 숲에서 다시 발간하게 되었습니다. 처음에는 좀 더 책의 내용에 부합하는 제목으로 〈영적인 삶의 중심은 사랑입니다〉를 사용했고, 후에는 좀 더 간결하게 〈영성의 중심은 사랑입니다〉라는 제목을 사용하게 되었습니다. 여러분의 영적 여정에 많은 도움이 되시기를 바랍니다. 샬롬.

2009. 9. 정원

contents

서문

1부 사랑의 눈

1. 주님의 슬픔 · 8
2. 율법의 정신 · 12
3. 주일 성수 이야기 · 17
4. 감동이 흐르는 예배를 향한 갈망 · 22
5. 자연스러운 예배 · 27
6. 교회는 법원이 아니고 병원입니다 · 36
7. 주님은 정죄하지 않으십니다 · 42
8. 거절의 지혜를 구하라 · 52
9. 따뜻한 사람, 다니엘 · 58

2부 영적 전쟁

1. 어떤 정죄 · 74
2. 주님의 임재와 영적 승리 · 78
3. 믿음으로 보이는 것을 이김 · 83
4. 주님의 임하심의 특성 · 90
5. 영적 전쟁의 3가지 측면 1) 능력 대결 · 95
6. 영적 전쟁의 3가지 측면 2) 진리 대결 · 103
7. 영적 전쟁의 3가지 측면 3) 사랑 대결 · 108

3부 영혼을 얻는 사랑

1. 사나운 전도는 마음 문을 닫습니다 · 116
2. 영혼을 소유하려는 것과 영혼을 섬기는 것 · 120
3. 삶의 중심 · 126
4. 영혼은 양육되어야 합니다 · 131
5. 성숙한 사람이 자녀를 양육할 수 있습니다 · 139
6. 성숙한 사람들의 몇 가지 특성 · 146
7. 이 시대의 영혼들은 고독합니다 · 152

4부 하나님의 사랑

1. 하나님의 은혜 · 162
2. 탕자의 귀향 · 171
3. 노란 손수건 이야기 · 181
4. 한 여인의 변화 · 187
5. 하나님의 자상한 가르치심 · 199
6. 보이지 않는 아름다움을 볼 수 있는 눈 · 215
7. 힘과 정의와 사랑 · 227
8. 사랑은 모든 것의 완성입니다 · 234

1부 사랑의 눈

이 시대의 기독교는 따뜻한가요?
이 시대의 그리스도인들은 따뜻한가요?
그들의 가슴속에는 따뜻한 피가 흐르고 있나요?
이 시대의 그리스도인들은 죄인들을, 상한 사람들을
잘 용납하고 있는지요?
그들은 옳고 그른 것을 따지기에 앞서
사람들을 판단하고 정죄하기에 앞서
사람들을 불쌍히 여기고 받아주는지요?
마음이 많이 찢긴 사람, 인생의 벼랑에 서있는 사람,
한 번도 사랑을 받아본 적이 없어 몹시 성품이 거칠어진 사람,
아무에게도 마음을 열어본 적이 없는 사람,
비참한 인생을 끝내려고 하다가
마지막으로 한 번 교회에 와 본 사람,
이런 사람들이 교회에 왔을 때
과연 그들은 교회에서 따뜻함을 발견하게 될까요?
과연 그들은 희망을 발견하게 될까요?

사람들은 우리와 함께 있을 때 편안함을 느끼나요?
우리들은 사람들에게 진정 따뜻함과 애정을 나눠주고 있는지요?
무엇인가 죄를 지은 사람이 우리에게 와서
그들의 약점, 그들의 잘못을 편안한 마음으로 고백했을 때
그래도 여전히 우리는 그들을 사랑하며
그들을 정죄하지 않고 여전히 친구로 여긴다고
사람들은 믿고 있을까요?
기독교는 사랑입니다.
기독교는 안식입니다.
그것은 누림이며, 관용이며, 따뜻함입니다.
진정한 기독교를 위하여
진정한 신앙을 위하여
우리들은 이러한 질문들에 대해서
고민해봐야 하는 것입니다.

1. 주님의 슬픔

어느 날 주님께서는 몹시 분노하셨습니다.

주님의 생애 중에서 주님께서 분노하신 것은 몇 번 되지 않았습니다. 마태복음 23장에서 주님은 외식하는 서기관과 바리새인들을 심하게 꾸짖으셨습니다. 또한 성전에 들어가셔서 성전에서 장사하는 사람들에게 분노를 표현하셨습니다.(마21:12-13) 그러나 거의 대부분의 경우에 주님은 따뜻하고 온유하신 분이셨습니다. 그분은 사람들을 아주 친절하고 사랑스럽게 대해 주셨습니다. 그런데, 이 날의 분노는 도대체 무슨 연유에서였을까요?

이 날 주님은 회당에 들어가셨습니다. 그리고 마침 손 마른 사람이 그곳에 있었습니다. 주님은 넘치는 긍휼의 마음으로 그 병자를 바라보셨습니다. 그리고 그를 한가운데로 불러 세우셨습니다. 이제 주님은 여태껏 하셨던 대로 그 병자를 치유하실 것입니다. 그런데 그곳에는 많은 바리새인들과 서기관들이 함께 있었습니다.

그들은 종교 지도자들입니다. 그들은 손이 마른 병자와 예수님을 주의 깊게 바라보고 있었습니다. 그러나 그들이 병자를 바라보는 눈은 주님과 전혀 달랐습니다. 그것은 병자에 대한 연민의 눈이 아니었습니다. 병자가 살아왔던 삶의 아픔에 대한 안타까운 마음이 아니었습니다.

그들의 관심은 오직 예수님께서 안식일에 병을 고치느냐, 아니냐에 있었습니다. 율법을 지키느냐, 아니냐에 있었습니다. 그것이 법에 맞는가, 맞지 않는가에 있었습니다.

불구의 몸이라는 사실 때문에 이 사람은 많은 아픔의 세월을 보냈을 것입니다. 사랑하는 사람을 잃었을지도 모릅니다. 부모의 마음에 너무도 많은 한을 남겨주었는지도 모릅니다. 그러나 이제 그의 인생은 새롭게 시작될 수 있는 계기가 생겼습니다. 그를 치유할 힘이 있으며, 그를 치유하기 원하시는 주님을 만났기 때문입니다.

그러나 그런 상황에서 바리새인과 서기관의 시각은 아주 냉혹했습니다. 그가 치유되고 회복되어 새로운 삶을 시작하는 것보다 지금 치유되는 것이 법에 맞느냐 맞지 않느냐 하는 것, 그것이 그들에게는 훨씬 더 중요했던 것입니다.

주님은 그들의 마음을 아셨습니다. 아무도, 아무 말도 하지 않았지만 주님은 회당을 감싸고 있는 냉정하고도 악한 분위기를 느끼십니다. 병자를 만지려던 손을 멈추시고 주님은 그들에게 조용히 물으십니다.

"안식일에 선을 행하는 것과 악을 행하는 것, 생명을 구하는 것과 죽이는 것, 어느 것이 옳으냐." (막3:4)

그러나 주님의 질문에 아무도 대답하지 않습니다. 회당에는 죽음과 같은 정적이 흐를 뿐입니다. 주님께서는 저희 마음의 완악함으로 인하여 분노하십니다. (막3:5)

그것은 분노이면서 동시에 슬픔입니다. 그들은 아무런 악한 행동을 하지 않지만, 그들은 아무런 말도 하지 않았지만, 주님은 그들의 침묵 속에서 적의를 느끼십니다. 그들의 잔인함, 무정함을 느끼십니다. 주님은 노하심으로 저희를 둘러보시고 그 사람에게 말씀하십니다.

"네 손을 내밀라."

그가 순종하였을 때 그의 손은 곧 회복되었습니다. 그와 동시에 바리새

인들은 분노로 충만해집니다. (눅6:11)

그것은 주님의 슬픔, 주님의 분노와는 전혀 다른 성격의 분노였습니다. 그들은 나가서 어떻게 하여 예수를 죽일까 의논하기 시작합니다. (막3:6)

그들은 왜 화가 났을까요? 그들은 무엇이 그렇게도 싫었을까요? 텔레비전에서 이산가족이 재회하면서 울면 대부분의 시청자들은 같이 따라 우는데, 왜 이 바리새인과 서기관들은 이 치유된 병자의 기쁨에 동참할 수 없었을까요? 흐느끼는 그의 눈물에, 기뻐 뛰는 그의 행동에 왜 같이 감격할 수 없었을까요?

경직된 그들의 신앙관이 그들의 인간성을 말살했을까요? 안식일에 일을 한다는 것, 법을 어긴다는 것, 그것이 그렇게 억울했을까요? 아니면 예수님의 인기 때문에 그들의 위치가 위협을 받았기 때문일까요?

동서고금을 막론하고 지도자들은 정치 지도자이든, 종교지도자이든 상관없이 정적이나 경쟁자에게 대중의 인기를 빼앗기게 되면, 그리하여 자기의 위치에 위협을 느끼면 자기반성을 하는 것보다는 상대방 쪽에게 죄를 뒤집어씌우거나 이단으로 몰아서 제거하는 방법을 선택했습니다. 물론 그 쪽이 훨씬 쉽기 때문입니다. 바리새인들도 아마 그랬을 것입니다.

분명한 것은 그들이 종교의 지도자들이며 성경에 대해서 가장 잘 아는 사람으로 자처했으면서도 그들은 참된 신앙의 정신인 사랑과 긍휼의 마음에 대해서 알지 못했다는 것입니다.

그들은 율법의 형식에 대해서는 잘 알고 있었습니다. 그러나 진정한 율법의 정신에 대해서는 알지 못했던 것입니다. 그들은 무엇이 옳고 그른가에 대해서는 박사 학위 논문도 쉽게 썼을 것입니다. 그러나 연약하고 버림받은, 진정 사랑이 필요한 사람들의 필요에 대해서 그들은 진정 둔감했고 냉정하였습니다.

그들은 따뜻함을 잃어버렸습니다. 그들은 자연스러운 인간성을 잃어버렸습니다. 가장 따뜻해야 할 신앙이 오히려 사람을 정죄하고 억압하는 도구로 전락했으며 이러한 그들의 냉정함이 주님의 마음을 아프게, 슬프게 했던 것입니다.

그러면, 오늘날은 어떨까요? 지금의 상황은 그때보다 좀 나을까요? 안타깝지만, 오늘날의 상황도 별로 달라 보이지 않습니다. 신학과 지식은 많이 발전했지만, 관용과 사랑의 정신은 별로 나아진 것이 없어 보입니다.

당시 마음의 아픔을 느끼셨던 주님께서는 아마 이 시대에도 여전히 고독하시고 여전히 아파하시지 않을까요. 사랑과 열정이 많이 식어버린 그분의 몸 된 교회를 향하여 몹시 괴로워하시지 않을까요. 바리새인과 서기관들을 향하신 그분의 노하심과 근심하심이 지금 이 시대에도 계속되고 있지 않을까요.

우리는 오늘날에도 신앙의 본질적인 부분인 사랑과 따뜻함의 아름다운 마음보다도 많은 지식과 신앙 경력, 교회 안에서의 위치 등이 더 중요시되고 있는 모습을 발견합니다. 그렇기 때문에 오늘날의 교회에서도 천국의 향취와 따사로움과 안식보다는 정죄와 편 가르기, 무관심, 시기, 경쟁의 요소를 많이 보게 되는 것입니다.

우리는 진정한 따뜻함을 회복하기 위하여, 신앙의 본질을 회복하기 위하여 노력해야 합니다. 그리하여 주님의 상한 마음을 위로하고 그분과의 실제적인 교통을 회복할 수 있도록 사모하고 구하여야 합니다. 그렇게 교회에 사랑과 따뜻함과 주님의 임재가 충만하게 될 때 우리는 교회가 실제적으로 천국의 문이 되는 것을 볼 수 있게 될 것입니다.

2. 율법의 정신

하나님께서는 모세를 통하여 시내 산에서 이스라엘 백성에게 율법을 주셨습니다. 그러나 이스라엘 백성은 하나님께서 주신 이 율법을 제대로 지키지 않았습니다. 그 결과로 그들은 다른 민족들에게 속박을 당하게 되었고 많은 고통과 억압의 역사를 경험하게 되었습니다.

종교 지도자들은 그들이 하나님을 제대로 섬기지 않고 그분의 말씀을 무시했었기 때문에 이런 고통을 겪는다고 생각하고 율법을 철저하게 지키기 위하여 일종의 보조 율법을 많이 만들었습니다.

안식일에 대하여 그들이 만든 율법의 예를 들면, 율법에는 안식일에 일을 하는 것을 금하고 있기 때문에 이 법을 잘 지킬 수 있도록 안식일에는 두 손으로 물건을 잡는 것을 금하는 법을 새로 만들었습니다.

한 손으로 들고 갈 수 있는 물건은 가벼운 물건이므로 안식을 범한 것이 아니지만, 두 손으로 들어야하는 물건은 무거운 물건이므로 안식을 범한다는 것입니다.

그러다 보니 물건을 던져서 던진 손으로 받으면 안식을 범하지 않은 것이지만, 다른 손으로 받으면 두 손을 다 사용한 것이기 때문에 안식을 범한 것이 되는 식으로 형식에 치우치게 되었습니다. 비슷한 이유로 창문 안에서 바깥을 쳐다보면 안식을 범한 것이 아니지만, 창문을 열고 밖을 내다보면 안식을 범한 것이 되는 그러한 식이었습니다.

물론 그들은 좋은 의미에서 그렇게 철저하게 율법을 지키는 것이 하나님의 말씀을 지키는 것이라고 생각했으며 율법을 그렇게 지키는 것에 대한 자부심과 긍지도 아주 컸습니다. 그래서 그들은 '율법을 알지 못하는 자들은 저주를 받은 자'라고까지 말했던 것입니다.(요7:49) 그들은 그렇게 하나님의 말씀을 지키는 자신들이야말로 진정 믿음이 좋은 자들이라고 확신하고 있었습니다.

하지만 그들은 율법의 외형, 문자적인 의미에 대하여서는 아주 잘 알고 있었지만, 그 율법의 정신과 내면에 대해서는 거의 잘 알지 못했던 것입니다.

율법의 근본정신은 사랑입니다. 그것은 이것이 옳다, 그르다 하는 차원이 아닙니다. 어떤 이들은 율법의 정신은 하나님의 공의이며 믿음으로 인한 구원이 하나님의 사랑을 보여준다고 말합니다. 그러나 율법에는 하나님의 공의와 함께 하나님의 사랑이 나타나고 있으며, 복음에도 하나님의 의가 나타나 있습니다.

"복음에는 하나님의 의가 나타나서 믿음으로 믿음에 이르게 하나니 기록된 바 오직 의인은 믿음으로 말미암아 살리라 함과 같으니라"(롬1:17)

율법의 중심 메시지는 십계명에서 잘 나타나 있습니다. 그런데 이 십계명 중에서 첫 번째부터 네 번째 계명까지는 하나님을 사랑할 것을 말씀하고 있으며, 다섯 번째 계명에서 열 번째 계명까지는 이웃을, 사람을 사랑할 것을 말씀하고 계십니다.

그렇기 때문에 주님께서는 어떤 율법사가 최고의, 첫째 되는 계명을 주님께 물었을 때 마음을 다하여 하나님을 사랑하는 것이 첫째 계명이고, 이웃을 내 몸처럼 사랑하는 것이 둘째 계명이며 이 두 계명이 온 율법과 선지자들이 가르치는 것의 중심이라고 대답하셨던 것입니다. (마22:37-40)

율법의 정신은 사랑입니다. 하나님께서 우상을 만들지도 경배하지도 말라고 하셨을 때, 하나님께서는 그 행위 자체보다는 그들의 마음이 하나님을 사랑하는 데서 떠나는 것을 싫어하셨던 것입니다.

도둑질하지 말며, 탐내지 말라고 하신 말씀에도 그 행위 자체보다도 이웃을 사랑하지도 않고 배려하지도 않는 이기적이고 자기중심적인 마음을 하나님께서는 싫어 하셨던 것입니다. 그러므로 사랑은 율법의 완성입니다.

"사랑은 이웃에게 악을 행하지 아니하나니 그러므로 사랑은 율법의 완성이니라" (롬13:10)

아무도 사랑하는 사람을 상하게 하거나 그의 소유를 빼앗지 않습니다. 사랑하면 누구나 주고 또 주고 싶으며 상대가 아픈 것보다는 자기가 아프기를 원합니다. 그래서 모든 부모들은 어린 자식의 질병, 고통을 보면 자신의 고통보다 더 아프게 느끼며 차라리 내가 아팠으면 하고 생각하는 것입니다. 심지어 자기의 왕좌와 목숨을 노리던 아들 압살롬의 죽음 앞에서도 그 아버지 다윗은 마음을 찢으며 "내 아들 압살롬아 내 아들 내 아들 압살롬아 차라리 내가 너를 대신하여 죽었더면 압살롬 내 아들아 내 아들아" 하고 울었던 것입니다. (삼하18:33)

부모는 자식을 사랑하기에 자식을 위한 율법을 만들고 암기할 필요가 없습니다. '첫째, 아이들에게 먹을 것을 공급하여야 한다. 둘째, 아프면 병원으로 데려가야 한다.' 이런 식의 법을 만들고 지키려고 노력할 필요가 없는 것입니다. 그의 안에 있는 사랑의 법이 아이가 아프면 그를 견딜 수 없게 만들기 때문입니다.

바리새인과 서기관들은 율법의 외형에 대하여 잘 알았지만 율법의 정신에 대해서 알지 못했습니다. 그들은 자신들의 신앙이 몹시 경건하고 훌륭한 것이라고 생각했지만 그들의 마음이 주님의 마음과 얼마나 멀리 떨어져 있으며 오히려 주님의 마음을 얼마나 아프게 하고 있는지를 전혀 알지 못했습니다. 그들은 신앙이란 겉으로 보이는 외적 행위보다 보이지 않는 내면의 마음에서 기인한다는 사실을 이해하지 못했던 것입니다.

어떤 청년이 있습니다. 그는 한 여인을 사랑했고 그래서 그녀와 결혼했습니다. 그녀를 기쁘게 하기 위하여 그는 여러 가지의 법을 만들었습니다. 모든 기념일에 장미꽃 100송이를 산다, 생일에는 비싼 옷을 사다준다, 하루에 세 번씩 전화해서 사랑한다고 말한다.. 등등의 법을 그는 열심히 만들었습니다. 그리고 하루도 쉬지 않고 열심히 그러한 법칙을 지켰습니다. 하지만 그녀가 융통성 없고 철저한 그의 사랑 공세에 대하여 과연 만족했을까요? 아마 그렇지 않을 것입니다. 어쩌면 그의 그러한 기계적인 애정표현에 나중에는 아주 지겨워졌을지도 모릅니다.

사랑의 행위란 어떤 공식이 있는, 작위적이고 외형적인 행위가 아니며 그 내면의 중심에서 흘러나오는 것입니다.

눈 빛 하나에도 사랑은 나타날 수 있습니다. 아주 작은 손짓 하나에도 그리움은 드러날 수 있습니다. 사랑이란 행위 자체가 아니고 마음의 중심에서 나옵니다. 어떤 행위는 사랑이며, 어떤 행위는 미움이다 하는 식으로 공식화할 수 있는 것은 아닌 것입니다.

그녀가 삶이 아주 피곤하다고 느낄 때, 그녀가 이 세상에서 나는 혼자라고 느끼고 있을 때, 그는 작은 한 마디의 말로, 혹은 단순히 가만히 있으면서 그가 그녀의 마음을 알고 있으며 이해하고 있다는 것을 느끼게 하고 그녀가 혼자가 아니라는 사실을 깨닫게 해줄 수도 있습니다. 그는 그녀에게 많은 외적인 행위를 하지 않고 조용히 있으면서도 많은 것을 그녀에게 줄 수도 있는 것입니다.

바리새인들은 하나님을 사랑한다고 생각했지만 그것은 그들의 착각이었습니다. 진정한 하나님 사랑은 이웃 사랑, 사람 사랑으로 표현되는 것이며 이웃을 진정으로 사랑하지 않았던 그들은 결국 하나님도, 사람도 사랑하지 않았던 것입니다. 그들이 사랑했던 것은 자기의 자아, 자기 확신이었을 뿐 진정한 믿음, 진정한 사랑은 아니었던 것입니다.

오늘날에도 이와 같은 외형적인 틀 속에서 착각하고 있는 믿음의 형태가 많이 존재하고 있습니다. 우리는 우리 나름대로 최선을 다한다고, 진정 주님을 사랑한다고 생각하지만 사실 사랑하는 것은 주님이 아니고 자신의 체면이나 위치나 안락함이나 취향과 같은 것이 될 수도 있습니다.

만약 마지막 그 심판 날에 우리의 그러한 착각이 드러나게 된다면 이는 얼마나 두려운 일일까요. 우리는 주님께서 깨달음의 빛을 비춰주셔서 우리 자신의 영적 상태를, 뿌리 깊은 자아를 보여주시기를 기도해야 할 것입니다. 살아있는 동안, 아직 기회가 있을 때 우리는 신앙의 외형이 아닌 중심에 들어가야 합니다. 말씀의 외적인 면에 머물러 있지 말고 말씀이 요구하고 있는 그 깊은 정신에 접해야합니다.

믿음이란 행위 이전에 중심에서 나오는 사랑입니다. 우리가 진정 믿음의 실상을 체험하고 주님의 사랑과 그 마음에 대하여 눈을 뜨게 될 때 우리는 진정 주님의 사랑의 통로가 될 수 있을 것입니다. 바깥의 율법이 아닌 내면의 율법, 내면에서 나오는 사랑의 법에 의하여 움직여지는 사람이 될 수 있게 될 것입니다.

3. 주일 성수이야기

목사님들의 모임이 있었습니다. 이 모임에서 어떤 문제를 가지고 열띤 논쟁이 있었는데 사람들의 의견이 모두 달라서 결론을 내리는 것이 쉽지 않았습니다. 맨 뒤에 앉아 있던 젊은 목사가 참지 못하고 큰 소리로 외쳤습니다.

"의장! 법대로 합시다! 법대로!"

그리자 사회를 맡고 있던 연로하신 목사님이 젊은 목사님을 향해서 조용히 말했습니다.

"젊은 목사님, 만일 법대로 했다면, 당신은 지금 지옥 불에 있을 거요."

은혜의 법, 사랑의 법으로 하는 것이 모든 규정과 절차를 무시한 무질서를 의미하는 것은 아닙니다. 그것은 사물과 상황을 좀 더 융통성 있고 따뜻한 마음을 가지고 행하는 것을 의미하는 것입니다.

주일 성수에 대한 문제를 보아도 그것을 율법의 정신인 사랑의 관점보다는 행위자체에 의미를 부여하는 경향이 많이 있습니다.

어떤 목사님의 집에 모처럼 시골에서 친구 분들이 오셨습니다. 그런데 마침 집에는 그분들을 대접할 것이 아무 것도 없었습니다. 할 수 없이 사모님은 주일이긴 했지만 가까운 슈퍼로 가서 콜라 한 병과 과일과 과자를 사 왔습니다. 그리고 그것을 손님에게 내밀었는데 그 순간 목사님의 분노가 폭발해 버리고 말았습니다. 그는 과일과 콜라 병을 던져버리면서 크게 아내를 꾸짖었습니다.

"이게 무슨 짓이요? 사모라는 사람이! 주일에 돈을 쓰다니!"

언젠가 이 이야기를 들었을 때 나는 도대체 신앙이라는 것이 무엇일까 하는 생각이 들었습니다. 신앙생활이라는 것이 이처럼 사람을 경직되고 부자연스럽게 만드는 것일까요? 대접할 것이 없어서 없는 돈을 털어서 먹을 것을 사온 행위가 주일에 이루어졌기 때문에 엄청난 죄를 범한 것이 되는 것이 되고, 그것에 대해서 분노를 터뜨리는 것은 괜찮은 것이고.. 과연 이러한 행태가 자연스럽고 바람직한 신앙생활일까요?

오늘날 적지 않은 신자들이 대체로 이런 식으로 주일 성수를 이해하고 있는 것 같습니다. 사람들은 그저 주일이 되어 습관적으로 교회에 나가서 졸다가 오면 주일 성수를 했다고 생각합니다.

예배를 드리면서 공상을 했든, 설교를 들으면서 어젯밤에 보았던 주말의 명화를 깊이 묵상하든, 일단 그의 몸이 교회에 갔다 오면 그는 이제 신앙의 의무를 다했다고 생각합니다. 교회에 좀 더 오래 머물면서 교제를 나누거나 여러 가지 봉사활동에 참여하면 좀 더 열심히 주일 성수를 했다고 생각하겠지요.

그러나 과연 그럴까요? 주님은 우리의 마음 중심을 보시는 분이십니다. 그분은 우리의 사랑을 원하십니다. 그분이 원하는 것은 장미꽃 100송이 자체에 있는 것이 아니라 그 속에 포함되어있는 그리움, 사모함입니다. 애타는 열정으로 그분을 찾는 사람을 주님은 기다리시는 것입니다.

주일을 범했느냐, 아니냐는 단순한 한두 가지의 외적인 행위로 판단할 수 있는 것이 아닙니다. 오랜만에 주일에 친구를 만나 주 안에서 즐겁게 교제를 하게 되었는데 그 과정에서 식사를 하고 밥을 사먹는 데에 돈을 썼다면 그것이 꼭 죄가 되는 것일까요? 나는 그렇게 생각하지 않습니다.

죄란 행위의 문제이기도 하지만 더 중요한 것은 마음의 상태와 동기의 문제입니다. 어떤 이가 그의 몸은 하루 종일 교회에 있어서 여러 가지 교회일에 바쁘게 참여했다고 하더라도 그의 마음 가운데 형제를 판단하며 시기하거나 말로 상처를 주었다면 그것은 죄입니다. 몸으로 열심히 봉사를 했다고 하더라도 그의 마음속에 그렇게 수고하는 자신을 아무도 알아주지 않았기 때문에 불쾌한 마음이 있다면 그는 진정한 봉사를 했다고 할 수 없습니다. 주님은 우리의 중심을 보시기 때문입니다.

저는 목회 초기에 어떤 선배와 대화를 하다가 이런 이야기를 나눈 적이 있습니다.

"형님, 저는 아무리 생각하고 성경을 연구해 봐도 주일에 돈을 쓰는 것이 왜 죄가 되는지 모르겠습니다."

그러자 그는 지극히 심각한 표정으로 나를 응시하면서 말했습니다.

"조심해라. 너는 지금 이단으로 가고 있어."

신앙의 경직성은 참으로 무서운 것입니다. 어떤 사람이 진정으로 주를 사랑하기 원하고 그분의 뜻을 따르기 원하여 그분께 자기의 삶을 내어드리려고 애써도 몇 가지의, 별로 본질적이지도 않은 아주 단순한 한두 가지의 견해 차로 이단이 되어 서로 벽이 생기고 정죄하는 사이가 됩니다.

적지 않은 성도들과 교회들이 서로 아주 사소한 것들 때문에 벽을 가지고 있는 모습을 많이 봅니다. 피아노의 위치에 대한 견해가 달라서 갈라진 교회도 있고, 예배시간의 헌금순서에 대한 이견 때문에 갈라진 교회도 있습니다.

어떤 교회는 크리스마스에 교회의 떡을 누가 하느냐 하는 문제로 두 파로 나뉘어져서 치열하게 싸우다가 결국 갈라져 버렸습니다. 그것들이 그렇게 중요한 문제일까요? 목숨을 걸고 사수해야 하는 진리일까요?

신앙을 가지고 주님을 실제적으로 가까이 경험하고 누릴수록 그 사람은 부드럽고 자연스러우며 따뜻해지게 됩니다. 그것이 정상입니다. 그렇지 않고 반대로 가고 있다면 그것은 무엇인가 잘못되어 있는 것입니다.

우리는 형제들을 사랑해야 하며 관용에 있어서 자라가야 합니다. 가까이 있는 사람을 사랑하지 못하는 사람이 교회의 바깥에 있는 세상 사람을 사랑하고 우리를 해롭게 하는 원수를 사랑할 수는 없기 때문입니다.

그리스도인들은 융통성과 넓은 마음을 배워가야 합니다. 우리가 옳다고 굳게 믿는 것이 그렇지 않을 수도 있으며 우리가 몹시 중요하다고 생각하는 것이 의외로 사소한 것일 수도 있습니다. 그렇기 때문에 우리는 사소한 것들 때문에 가장 중요한 것을 잃어버릴 수도 있는 것입니다.

어떤 목사님이 신학대학원에 가서 주일에 돈 쓰는 문제에 대하여 강의를 했습니다. 그러면서 '주일에 주님의 일을 하다가 배가 고프면 짜장면을 사먹어도 괜찮다'는 이야기를 했습니다. 그 순간 어느 학생 하나가 (교회에서는 전도사님이겠지요) 손을 들고 경건하게 질문했습니다.

"목사님, 짬뽕은 안 됩니까?"

참으로 단순하고 경직된 의식입니다. 짜장면을 먹어도 된다고 하면 그저 짜장면만을 먹어야 하는 줄 압니다. 그런데 우스운 것 같지만 열심히 신앙생활을 하는 이들 중에서 이처럼 융통성이 없는 이들을 흔하게 볼 수 있습니다. 그것이 이론과 교리에 강하고 실제적인 삶에서는 약한 피상적인 신앙의 모습인 것입니다.

이러한 사고의 경직성에서 우리는 벗어나고 발전해가야 합니다. 주님을 진정 기쁘시게 하는 것은 어떤 외적 행위 자체보다 그 마음의 중심이기 때문입니다.

어떻게 하는 것이 주일 성수를 바르게, 제대로 하는 것일까요? 주일에 결코 돈을 쓰지 않고 예배 시간을 엄수하며 열심히 봉사에 힘쓰고 많은 시간을 교회에서 보내는 것일까요?

외적인 행위도 필요합니다. 그러나 더 중요한 것은 그 행위에 포함된 마음의 자세입니다. 주님은 외적인 행위에 지치신 분입니다. 성경은 말합니다.

"여호와께서 말씀하시되 너희의 무수한 제물이 내게 무엇이 유익하뇨 나는 수양의 번제와 살진 짐승의 기름에 배불렀고 나는 수송아지나 어린양이나 숫염소의 피를 기뻐하지 아니하노라 너희가 내 앞에 보이러 오니 이것을 누가 너희에게 요구하였느냐 내 마당만 밟을 뿐이니라"(사1:11,12)

어떻게 하면 우리는 단순히 성전 마당만을 밟는 것이 아니라 주님께 참된 예배를 드리며 주님의 마음 가운데 깊이 나아갈 수 있을까요?
그것은 바로 우리 마음의 중심을 드리는 것입니다. 우리 마음 중심의 사랑을 오직 주님께 깊이 바치는 것입니다. 간절함과 사모함으로 주님을 구하고 소원하는 것입니다. 행위 한두 가지가 아니라 우리의 전 인격이 간절하고 뜨겁게 주님께 드려질 때 우리는 참된 예배자로서 주님께 나아갈 수 있는 것이며 하루 종일 주님을 누리고 맛보며 교통할 수 있는 것입니다.
참된 주일 성수, 그것은 마음과 심령 속의 간절함에서부터 옵니다. 그렇게 중심이 분명할 때 우리는 사소한 것으로 인하여 흔들리지 않게 될 것입니다.

4. 감동이 흐르는 예배를 향한 갈망

예배는 성도들이 하나님께 나아가는 행위입니다. 예배를 통해서 하나님은 성도들을 만나주십니다. 하나님은 영이시므로 성도들은 온 마음과 영혼을 다하여 찬양하고 예배하며 하나님께 나아갑니다. 그 만남에는 놀라운 감동이 있고, 그 감동은 오랫동안 헤어져 있었던 이산가족의 상봉보다 더 찬란하고 아름다우며 영광스러운 것입니다. 그것이 정상입니다. 그러나 오늘날 많은 예배에 이러한 역동성과 감동을 찾아보기 어렵습니다.

많은 사람들이 영화나 텔레비전 드라마를 좋아합니다. 많은 사람들이 자신들이 즐겨보는 드라마의 방영시간을 기다립니다. 왜 그럴까요? 그들은 무엇 때문에 실제도 아닌 가공의 이야기에 그렇게 빠져드는 것일까요?

그것은 그들이 그 드라마를 통해서 자신의 소망이나 욕구를 실현하기 때문입니다. 그들은 연기자들의 연기를 통해서, 연기자들의 좌절과 슬픔, 그리고 성취를 통해서 그들 자신의 아픔과 즐거움을 같이 느끼고 경험하며 그들 안에서 좌절한 소망들을 부분적으로 충족시키는 것입니다.

거기서 중요한 요소는 연기자, 특히 주인공의 매력과 연기력입니다. 그들은 시청자들의 마음을 잘 표현해주는 역할을 합니다. 연기를 잘하는 사람일수록 그들은 실제처럼 연기를 합니다. 주인공의 울분, 억울함, 슬픔, 고통을 그들은 그대로 연기합니다.

배우들은 드라마 속에 몰입되어 자기를 잊어버리며 청중들도 연기자를 통하여 드라마에 몰입됩니다. 그래서 연속극을 보다가 우는 사람도 있고 분노하는 사람도 있습니다. 그들은 연기자를 자기와 동일시하며 그의 모습에서 자신의 모습을 발견하게 되는 것입니다.

그러나 연기자의 연기가 서툴러서 대사를 말하는 것이 국어 책을 읽는 것 같다면 어떨까요? 아마 시청자들은 채널을 돌릴 것입니다. 연기자가 울지만 정말 슬픈 것처럼 그의 감정이 배어 나오지 않으며, 사랑하는 연기를 하지만 그의 연기 속에서 애절함이 흘러나오지 않는다면 시청자들은 같이 거기에 몰입할 수 없으며 그 드라마를 아주 따분한 것으로 여기게 될 것입니다. 아마 그 드라마를 방영하는 방송국의 홈페이지 게시판에는 온갖 비판하는 글들이 올라오게 되겠지요.

나는 많은 예배들이 서투른 연기자의 연기와 같은 것이라고 생각합니다. 우리가 드리는 많은 예배 속에 설교와 찬양은 있으나 그 중심에서 흘러나오는 감동을 찾아보기 어렵습니다. 주님께 대한 그리움도, 애절함도, 사모함도 찾아보기 어려운 예배가 많이 있습니다.

설교자도, 성가대원들도 그저 딱딱하고 무표정한 모습으로 교과서를 읽는 듯이 느껴집니다. 마치 어설픈 초보 연기자의 연기처럼 감동도 열정도 부족한 것입니다.

많은 설교 속에서 설교자의 중심의 영이 흘러나오지 않습니다. 많은 감동적인 예화가 있고 많은 지식이 있지만 그것은 영혼의 중심에서 나오지 않습니다. 다만 그의 겉사람이 하나의 사상과 지식을 전달해줄 뿐입니다.

그러한 이야기는 소리를 지르고 웅변적으로 외쳐도 가슴 깊은 곳에서 부딪치는 부딪침이 없습니다. 메아리가 없습니다. 그것은 왠지 부자연스럽고 왠지 어색합니다.

책에서 본 이야기, 그저 단순히 이해하고 있는 지식의 전달에 그치는 것에는 감동이 없습니다. 어떤 사람이 주의 영에 사로잡혀 있어서 그 깨달음과 메시지가 심장과 중심과 세포에까지 스며들어있다면 그것은 그의 안에서 흘러나옵니다. 그것은 청중들에게 감동을 줍니다. 아주 조용히 작은 목소리로 말해도 그것은 사람들을 사로잡게 됩니다.

삼손이 들릴라의 요구에 시달리다 못해 드디어 그의 힘의 비결을 이야기하였을 때 들리라는 블레셋의 군사들에게 이렇게 말했습니다.

"삼손이 내게 진심을 알려 주었으니 이제 한 번만 올라오라"(삿16:18)

어떻게 그녀는 삼손의 말이 이번에는 진실이라는 것을 알았을까요? 들어본 사람은 그것을 알 수 있을 것입니다. 어떤 사람이 진정을 토할 때 그의 말을 들어본 사람은 그것을 알 수 있습니다. 그것이 거짓인지, 그저 하는 말인지, 접대를 위한 멘트인지 듣는 사람은 알 수 있습니다.

중심에서 나오는 말은 사람의 중심에 메아리치며 그렇지 않은 말은 그저 스쳐지나가기 마련입니다. 언어가 그 사람, 그 영혼의 중심에서 나오지 않을 때, 거기에 웅변이 있고 제스처가 있고 감동적인 예화가 있어도 그것은 껍데기와 같은 것입니다. 거기에는 생명의 흐름이 없습니다.

청년 시절에 동양철학에 심취된 친구에게 전도를 한 적이 있습니다. 나는 많이 전했던 내용들.. 하나님의 천지창조, 인간의 타락, 예수 그리스도의 성육신, 그를 믿음으로 얻어지는 자녀 됨, 영혼의 신생, 거듭남, 변화, 섬김 등에 대해서 이야기했습니다. 그의 반응은 몹시 인상적인 것이었습니다.

"너는 어떻게 그렇게 엄청난 일들을 쉽게 이야기하니?"

아직까지 그의 말은 나의 귓전을 때립니다. 그렇습니다. 어쩌면 우리는 익숙해진 나머지 엄청난 일들을 그저 따분하고 평범한 일로 여기고 있는 것은 아닐까요?

우주의 왕이신 그분을 경배하면서도 우리는 태연합니다. 우리는 놀라우신 그분을 뜨겁게 열망하지도 않고 그저 담담하게 교회에 옵니다. 아니, 주님 외에도 우리가 좋아하는 것들, 우리의 마음을 채우고 있는 것들이 너무 많아서 주님께 대해서는 무덤덤해 졌는지도 모릅니다.

날마다 밥을 먹고 잠을 자고, 아침에 일어나면 세수를 하듯이 우리는 그렇게 교회에 갑니다. 그리고 익숙한 찬송가를 몇 개 부르고 순서에 따라 일어서기도 하고 앉기도 하며 외울 것을 외우고 따라할 것을 따라합니다. 잠시 졸면서 기다리면 우리들은 해방되어 집으로 갑니다.

우리의 예상을 뛰어넘는 어떠한 일도 우리는 기대하지 않습니다. 우리를 위협하는 어떠한 일도 생기지 않습니다. 우리는 하나의 일상적인 의식을 마친 것이고 우리가 그리스도인인 것을 확인했으니 다시 우리의 편안한 일상으로 돌아가야 되는 것입니다. 집에서 뒹굴면서 텔레비전을 보든지, 아니면 친구를 만나러 가든지, 건강을 위하여 가까운 산에 오르든지 하는 일상 말입니다.

이것은 예배일까요? 물론 예배입니다. 그것으로 충분할까요? 아니, 충분하지 않습니다. 그것은 뭔가가 빠져 있는 것입니다.

그것은 사람이 흙으로 만들어져서 몸이 된 상태와 같은 것입니다. 외형으로는 완전합니다. 그러나 아직 하나님께서 숨을 불어넣지 않으셨습니다. 그러므로 완전하지만 아직 살아있는 것이 아닙니다.

예배가 살아있기 위해서 필요한 것은 갈망입니다. 그리움입니다. 주님과 주님의 임재에 대한 그리움입니다. 미칠 것 같고 진정 간절하게 사모하고 사모하는 갈망과 그리움입니다. 그것이 예배를 새롭게 합니다. 주님의 임재가 오게 합니다.

우리가 진정한 기독교를 원한다면, 진정 주님의 은총을 원한다면 주님과의 살아있는 관계를 원한다면, 우리는 이 간절한 그리움을 회복해야 합니다. 익숙하게 길들여진 외적인 형식으로 만족하지 말고 거기에서 더 나아가 주님의 임하심과 채워주심을 사모해야 합니다.

예배의 목적은 예배가 무사히 제시간에 끝나 내 시간이 방해받지 않는 것이 아닙니다. 예배를 통하여 주님은 성도들을 만지기를 원하십니다.

예배의 중심은 하나님의 임재입니다. 하나님의 만지심입니다. 찬양에서, 고백에서, 메시지에서, 기다림에서, 그분은 임하십니다. 이 접촉을 사모하며 추구하며 성도들은 교회로 와야 합니다. 오늘 무엇인가 놀라운 일이 생길 것을 기대하며 교회로 와야 합니다.

예배는 드라마보다 더 흥분되고 감동되는 것이어야 합니다. 찬송은 열린 음악회보다 더 감미로워야 합니다. 메시지는 영화보다 더 실제적이어야 합니다. 드라마, 영화는 모두 허상이고 거짓이지만, 사람들에게 거짓된 위안을 주는 것이지만, 주님과 그분의 임재, 그분의 말씀은 우리에게 실상과 생명을 주는 것이기 때문입니다.

우리가 의식으로 만족하지 않을 때, 진정한 주님의 실상을 원할 때 주님께서는 임하실 것입니다. 주님께서는 예배가운데 임재하시고, 예배자들은 간절함과 사모함으로 뒤덮여질 것입니다.

실상이 오게 될 때, 그리움은 회복됩니다. 기독교는 단순한 이론이나 형식이 아니며 살아있는 생명, 영광의 세계이며 우리들의 내면, 본성, 모든 것을 바꾸어버리는 놀라운 것이라는 사실을 우리들은 알아가게 될 것입니다.

5. 자연스러운 예배

　말씀과 율법에 대한 바리새인의 시각은 일리가 없는 것은 아니었습니다. 그것은 하나님께서 주신 말씀과 법을 바르고 정확하게 지키려고 하는 열정과도 관련이 있었으니까요. 그러나 그들의 생각은 옳았을지는 모르지만 결코 따뜻한 것은 아니었습니다.
　옳기는 하지만 냉정하고 따뜻하지 않은 것, 이와 같은 냉정함은 융통성이 없는 경직됨과 밀접하게 관련이 있습니다. 냉정하다는 것과 융통성이 없다는 것, 관용이 부족한 것과 경직되어 있다는 것은 서로 비슷한 성격을 가지고 있는 것입니다.
　엄격한 경직성은 따뜻함과 반대인 경우가 많습니다. 정확한 것을 좋아하고 매사에 분명한 법칙을 찾는 사람이 있다고 합시다. 우리는 그가 정확하기는 하지만 매정한 면이 있는 것을 보게 될 것입니다.
　예를 들어서 밥은 반드시 몇 시에 먹어야 하고, 잠은 몇 시에 자야하고 항상 청결을 유지해야 하며.. 이런 식의 정확한 틀을 좋아하는 이들은 자신과 같이 정확하지 않은 스타일의 사람들에 대하여 판단하는 경향이 있습니다. 그러므로 따뜻해지기 위해서, 우리는 경직된 틀에서 벗어나 자연스러움을 훈련할 필요가 있는 것입니다.
　그리스도인의 신앙생활에서 가장 중심에 있는 것은 교회에 가는 것이며 예배를 드리는 일일 것입니다. 어떤 사람이 그리스도인인 것을 나타내주는 가장 일반적인 표지는 그가 주일에 교회에 간다는 사실입니다.
　이것은 조금 슬픈 사실이기는 합니다. 그리스도인들이 그리스도인으로서 알려지는 것이 그들의 따뜻한 마음, 상대방을 항상 섬기고 배려해 주는 마음, 어떤 틀에 묶여있지 않은 자연스러운 삶과 인격에 의해서 알려지는 것이 아니라 단순히 그들이 일요일에 교회에 가는 것에 의해서 알려진다는 것입니다.

교회에 가는 것 외에는 그리스도인들과 비그리스도인들을 구분하는 것이 별로 쉽지 않은 것이 현실입니다. 그러므로 사람들은 신앙에 대해서 물을 때 주님을 사랑하느냐고, 삶의 우선순위가 무엇이냐고, 영혼의 성장을 추구하느냐고 묻지 않고, 교회에 다니느냐고 묻습니다.

그처럼 불신자들은 신자들을 '아름다운 사람'이라거나 '따뜻한 사람'이라거나 '지혜로운 사람', 이런 식으로 느끼는 것이 아니라 '교회에 가는 사람'으로만 여기는 것입니다. 세상의 사람들이 그리스도인들을 그들과 다른 어떠한 긍정적인 특징도 느끼지 못하고 그저 '교회에 다니는 사람'으로만 인식한다는 것, 그것은 정말 안타까운 일이 아닐 수 없습니다.

열심이 있는 그리스도인들은 신앙 표현이나 고백을 자주 하는 것을 볼 수 있습니다. 그들은 전도에 힘쓰며 주위에 있는 이들을 교회에 데려가려고 몹시 노력합니다. 종교 문제로 심각한 논쟁이 생기기도 하며 기독교에 대한 공격이 있을 경우 열심히 변호를 하거나 화를 내거나 상대방의 주장을 반박하기도 합니다.

그러나 그들의 주장이나 고백은 그들의 삶과 인격 속에 용해되어 자연스럽게 흘러나오지 않고 그저 그들의 영적 지도자들에 의해서 입력된 것으로 보이는 경우가 많습니다. 그래서 불신자들은 신자들이 세뇌되었다고 느낍니다.

열심이 있는 신자의 경우에도 그의 신앙 자체에 대한 열정적인 자세와는 달리 그들의 삶은 세상 사람과 그다지 다르지 않은 이들이 많습니다. 그들의 삶은 비신자들과 비교하여 그리 아름답지 않습니다. 다른 이들과 똑같이 불평하고 원망하고 욕심을 부립니다.

뭔가 경직되어 있는 그리스도인들의 자세, 평소의 삶에 있어서는 불신자와 별로 차이를 발견하기 어렵고 종교적인 주장에 대해서는 몹시 일방적이고 경직된 자세를 가지고 있는 것, 이러한 경향은 어디에서 나오는 것일까요?

나는 그리스도인이 가지고 있는 이러한 이중적인 면은 그리스도인들이 항상 드리고 있는 예배와 많은 연관이 있다고 생각합니다. 만약 그리스도인들이 항상 드리는 예배가 형식 중심이라면 그리스도인들의 삶도 외식하는 삶이 될 것이며 실제적인 변화를 동반하지 않을 것입니다.

만약 그리스도인들의 예배가 형식에 그치지 않고 실제적인 주님을 경험하는 것이라면 그리스도인들의 삶은 변화될 것입니다. 그리스도인들이 드리는 예배가 딱딱하고 경직된 것이라면 그의 삶도 그러할 것입니다. 또한 예배가 아름답고 따뜻하며 사랑스러운 것이라면 그들의 삶도 그러할 것입니다. 예배의 패턴과 형태는 곧 그리스도인들의 삶의 패턴과 형태를 결정하게 되는 것입니다.

그리스도인들이 예배를 통해서 단순히 교리를 배우고 지식을 얻을 뿐이며 그 영혼의 움직임을 느끼지 못하고 주님을 실제적으로 경험하지 않는다면 그리스도인들의 삶은 변화될 수 없습니다. 그들은 지식뿐인 냉랭한 신자가 될 수밖에 없는 것입니다.

그리스도인들이 교회에 와서 예배를 드리며 실제적인 주님의 임재를 경험하며 주님을 사랑하는 삶, 사람을 사랑하는 법, 실제적이고 자연스러운 삶의 형태를 배우지 않고 단순히 하나의 의식을 마치는 것에 만족한다면 그는 신앙의 연륜이 오래될수록 실제는 없고 형식과 습관과 규칙만을 가진 피상적인 그리스도인이 될 수밖에 없는 것입니다.

　목회를 하고 있던 초기에 잠시 교제를 나눈 적이 있는 어떤 여집사님이 우리 교회의 예배에 참석한 적이 있었습니다. 우연히 알게 되어 한번정도 아내와 함께 실제적인 믿음에 대하여 잠시 나눌 기회가 있었는데, 그녀는 나의 이야기에 몹시 감동을 받고는 우리 교회의 저녁집회에 참석을 하러 오신 것입니다. 예배시간을 잘 몰라서 30분이나 기다리면서 말입니다.

　그러나 그녀는 예배시간에는 별로 감동을 받지 못하고 오히려 깜짝 놀랐던 것 같습니다. 그녀는 자연스러운 예배의 경험이 별로 없었기 때문입니다.

　나는 혼자서 일방적으로 예배를 이끌어 가는 것을 좋아하지 않습니다. 그래서 예배를 인도하면서 성도들에게 여러 가지 질문도 하고 그들의 이야기를 듣기도 합니다. 오늘은 어떻게 지냈는지, 삶 속에서 주님의 인도하심이나 가르침을 받은 것이 있는지 물어보기도 하고 성도들에게 잠시 간증을 할 수 있는 기회를 주기도 합니다. 그런데 그녀는 이러한 스타일의 예배 형식에 너무 놀랐던 것입니다.

　그녀는 성도들과 목회자는 예배가 끝난 후에는 자유롭게 대화를 할 수는 있으나 예배시간에 그렇게 나눔을 가지는 것은 이상하다고 생각했습니다. 그래서 그녀는 개인적인 대화와 교제에서는 감동을 받을 수 있었으나 예배를 드릴 때는 적응이 몹시 어려웠던 것입니다.

　평소에는 자유롭게 무슨 이야기든지 나눌 수 있으나 일단 예배가 시작되면 모두가 일정한 순서에 따라 조금 치의 오차도 없이 예배가 진행되어야 한다는 인식, 그것은 아주 보편적인 인식입니다.

　신앙생활을 오래한 사람일수록 그들은 어떤 경직된 형식과 고정된 예배의 틀에 익숙해집니다. 예배전의 묵상기도, 한 두 곡의 찬송가, 그리고 대표기도, 그리고 정확히 규정된 시간에 끝나는 설교.. 그렇게 모든 것은 한 치의 오차도 없이 정확하게 진행됩니다.

찬송가도 다 아는 곡으로 정확한 박자로 변화가 없이 4절까지 진행되어야 하며 대표기도의 내용도 거의 천편일률적인 것으로 채워집니다. 그리고 거기에 변화의 여지는 별로 없습니다. 예배의 순서나 틀에 약간의 변화가 있다면 성도들은 적응을 잘 하지 못하는 것이 보통입니다.

그것은 참 이상한 인식입니다. 예배 후에는 웃을 수도 있고, 농담을 할 수도 있으며 여러 가지 자연스러운 대화를 하는 것이 가능해도 예배 때에는 안 되는 것입니다. 그들은 예배는 주님 앞에서 드리는 것이므로 주님 앞에서는 모두가 그저 잠잠하게 있어야만 하며 예배가 끝나면 주님은 사라지시고 우리만 남기 때문에 마음대로 행동하고 말해도 된다고 생각하는 것 같습니다. 이들은 주님과의 실제적인 교제, 친밀한 만남에 대해서 너무나 멀리 있는 것입니다!

성경적으로 볼 때 신약의 예배는 구약과는 달리 성령의 인도하심과 운행에 따라 드려져야 하는 것입니다. 예배의 형식에 대한 성경의 인용은 주로 구약 성경에서 인용되는데, 신약에서는 구약과 다르게 예배의 형식에 대한 어떤 규정을 찾아보기 어렵습니다. 시와 찬미, 예언, 가르침 등이 성령 안에서 다양하고 자연스럽게 어우러지는 것입니다.

나는 우리 영혼의 자유로움과 주님의 영의 임하심을 위하여 자연스럽게 찬양을 인도합니다. 때에 따라서는 찬송가도 사용하며 영이 깊어지면 경배곡을 사용하기도 합니다. 후렴을 반복할 때도 있고, 침묵기도를 드릴 때도 있으며, 열정적인 기도를 드리기도 합니다.

그 공간에 주님이 임하실 때 우리는 때로는 울고 때로는 웃습니다. 모두가 천편일률적으로 다 같이 동일하게 박수를 치고, 모두가 똑 같은 모양으로 손을 들고.. 그런 식은 별로 자연스러운 것이 아닙니다. 그러한 기계적인 방식의 찬양은 우리 영의 충만함과 풍성함을 제한할 수 있습니다.

사람이 인위적으로 하는 것이 적을수록, 우리의 영에 주님이 임하시는 것을 자연스럽게 기다릴수록 주님의 영은 직접 임하시고 성도들을 만지십니다. 거기에는 깨달음이나 평화로운 마음이나 눈물과 기쁨 등이 동반되는 것이 보통입니다.

나는 예배는 주님의 임재와 역사하심을 맛보고 즐기는 것이며 또한 주님을 붙들고 사는 일상의 삶을 훈련하는 것이라고 생각합니다. 예배는 우리와 주님의 교제이며 또한 동시에 성도와 성도의 교제입니다. 그러므로 나는 예배 중에 서로 인사를 시키기도 하고 포옹을 하도록 인도하기도 하며 짝 기도를 시키거나 서로 간단하게 교제를 나눌 수도 있게 합니다.

예배가 형식적으로 진행되면 성도의 삶도 형식적인 신앙으로 형성되기 때문에 예배에서 실질적으로 사람들을 섬기는 법을 배우고 훈련해야 합니다. 그러므로 예배에서 서로를 향하여 웃고, 미소를 지으며 격려하고 자연스럽게 따뜻함을 나누는 훈련을 할 필요가 있는 것입니다. 예배에서 이것을 훈련할 수 있으면 우리는 밖에 나가서도 그러한 행동을 잘 할 수 있습니다. 그들에게 서로 포옹과 기도를 시키고, 나는 조용히 찬양을 합니다. 그들의 두 세 명이 손을 잡고 소곤거리며 기도할 때, 나는 그 공간에 임하시는 주님의 풍성하신 임재를 느낍니다.

이러한 자연스러움, 아름다움, 자유함이 자연스러운 예배에 익숙하지 않은 사람에게 몹시 고통이 된다는 것은 너무나 마음 아픈 일인 것입니다.

어떤 형제가 우리 교회에 예배드리러 왔다가 항의를 한 적이 있었습니다. 그 이유는 예배를 시작하면서 인도자가' 다 같이 묵도하심으로 예배를 시작하겠습니다.' 하면서 시작하지 않았다는 것입니다. 그 형제는 열정적인 신앙을 가지고 있는 형제였지만, 안타깝게도 신앙의 경직성이라는 증상에서 헤어 나오기 어려운 것 같았습니다.

어떤 가정에서, 저녁이면 온 가족이 모입니다. 피곤한 아빠가 집에 돌아옵니다. 그들은 식탁주위에 둘러 앉습니다. 어머니가 선언합니다. '지금으로부터, 오늘의 세 번째 식사, 즉 저녁식사를 시작하겠습니다. 다 같이 묵념!' 그렇게 그들의 식사는 시작됩니다. 과연 그것이 자연스러운 식사일까요? 아마 그렇지 않을 것입니다.

우리 집에서는 이런 식으로 합니다. 아내와 나, 초등학교 6학년인 아들과 4학년인 딸이 식탁주위에 둘러앉습니다. 아무나 한사람이 식사기도를 합니다. 가위 바위 보를 해서 이긴 사람이 기도를 하기도 합니다.

식사기도는 간단합니다. 모두들 배가 고프니까요. 그리고 나면 하루에 있었던 일을 이야기합니다. 제일 재미있었던 일, 또는 속상했던 일도 이야기합니다. 대부분 웃음꽃이 핍니다. 자, 이것이 자연스러운 식사가 아닐까요? '묵념을 한다, 실시! 이제 숟가락을 든다, 시작!' 이런 식보다 낫지 않을까요?

왜 사람들은 일상의 삶 속에서는 자연스럽고 편안한 것을 좋아하면서 오직 예배시간만큼은 경직된 태도를 가지는 것을 좋아할까요? 왜 그들은 주님은 평소에는 하늘에 계시고, 예배시간에만 이 땅에, 교회에 머무르신다고 생각할까요? 그래서 예배가 끝남과 동시에 우리에게서 멀리 떨어질 것이라고 생각할까요? 평소에는 막 살아도 되지만, 예배 후에는 아무렇게나 말해도 되지만, 왜 예배 때만 죽음 같은 침묵 속에서 의식을 거행해야 한다고 생각할까요?

주님의 존재가 당신에게 있어서 하나의 개념이나 환상이 아니라 실제적인 존재가 될 때, 당신은 더 이상 의식적인 예배, 의식적인 기도를 드릴 수 없게 될 것입니다. 당신은 좀 더 자연스러운 일상의 언어로 주님께 나아가며 주님께 기도하게 될 것입니다. 당신의 기도는 좀 더 실제적이고 자연스러워질 것입니다. 이러한 식의 기도는 어떨까요?

오, 주님.
지난 한 주간동안, 정말 어떻게 살았는지 모르겠군요.
정말 피곤하고, 뭔가 쫓긴 것 같이.. 그렇게 살았던 한 주일이었습니다.
그러나 주님.. 지금 이 자리에 앉아서 생각해보니 당신께서 너무나 저와 가까이 계셨음에도 불구하고 저는 제 안에 계신 주님을 잊어버리고 바쁘게 정신없이 뛰어다닌 것 같이 느껴집니다.
하지만 지금 이제 다시 당신을 바라보면서 이렇게 머리 숙일 수 있다는 것, 그리고 당신께 뭔가 이야기하고 있다는 것.. 이것이 얼마나 기쁘고, 행복하게 느껴지는지 모르겠습니다.
정말 감사를 드리고 싶습니다.. 주님.
아직 여러 가지의 복잡한 상황들이 저를 둘러싸고 있지만 주님, 당신께서 저를 버리지 않으시고 제가 기억하지 못하는 순간에도 항상 같이 계셔 주시는 것을 감사드립니다.
주님, 제가 좀 더 주님을 의지하고 환경을 바라보지 않도록 저를 좀 도와주시겠습니까? 주님, 진정 제 마음이 흔들리려고 할 때 저를 조금 더 붙잡아 주실 것을, 약속해 주시겠습니까?
주님.. 항상 저를 받아주시는 것을 얼마나 제가 감사하고 있는지요.

자연스럽고, 솔직하게 자신의 감정, 마음을 주님께 하나씩 고백해 나갈 때, 이때쯤 해서 당신의 얼굴이 눈물로 젖기 시작하는 것은 하나도 이상한 일이 아닙니다. 따뜻하고 자연스럽게 마음을 털어놓고 드리는 기도 가운데 주님이 임하시고 당신은 그것을 느낄 수 있기 때문입니다.

진정 당신이 주님을 실제적으로 접촉하게 된다면 당신은 삶도, 인격도 자연스럽게 됩니다. 당신은 더 이상 경직된 존재가 되기 어렵습니다. 당신은 예배를 즐기게 됩니다. 신앙을 즐기고 텔레비전 드라마나 영화보다 기도를 더 재미있어 하게 될 것입니다. 그리고 당신의 이러한 자연스러움, 융통성이 증가될수록 당신의 삶의 자세도 바뀌게 될 것입니다. 예배 때만이 아닌 삶의 모든 순간에서 주님의 임재를 점차로 느끼게 될 것입니다.

그리하여 당신은 모든 삶 속에서 좀 더 편안하고 좀 더 따뜻하고 좀 더 자연스러운 사람으로 변화되어가게 될 것입니다.

6. 교회는 법원이 아니고 병원입니다

언젠가 믿음의 열정이 뛰어난 친분이 있는 노부인에게 어느 잡지에서 읽은 내용을 들려준 적이 있었습니다. 신실한 그리스도인 여성이 집에 들어온 강도에 의해 성폭행을 당한 이야기였습니다. 그 여성은 '나는 주님을 사랑하고 신뢰하는데, 왜 이러한 일이 나에게 생겼는가?' 하는 의문과 씨름하며 새롭게 주님께 가까이 나아가게 되는 내용의 이야기였는데 그 이야기를 듣고 있던 이 노부인의 얼굴은 별로 달가운 빛이 아니었습니다. 충분히 이야기의 결론을 마치기도 전에 그녀는 성급하게 물었습니다.

"그래서, 그 여자는 회개했대요?"

나는 나의 귀를 의심했습니다. 내가 읽어주었던 내용은 우리가 살아가면서 가끔씩 경험하게 되는 도저히 납득이 되지 않는 고통에 대한 것이었습니다. 이 이야기는 그러한 고통의 배후에서 우리의 지각을 초월하여 역사하시는 하나님의 보호하심과 인도하심을 담은 것이며 나는 그것을 함께 나누려고 했던 것입니다.

누구에게 문제가 있느냐 하는 이야기를 하기 위한 것은 물론 아니었습니다. 그런데 갑자기 회개라니요! 이 부인은 그녀가 죄가 많기 때문에 그런 일을 당한 것이라고 여겼던 것입니다. 하지만 그녀는 피해자이지 가해자가 아닙니다. 따라서 회개가 아니라 치유와 위로가 필요한 사람인 것입니다. 그러나 그 후 시간이 흐르면서 나는 이 상처받은 사람에 대한 노부인의 태도가 이 시대를 살고 있는 그리스도인들의 보편적인 태도가 아닐까하는 생각을 가지게 되었습니다.

과연 이 시대의 교회는, 그리스도인들은 가해자와 피해자를 구분할 줄 아는가요? 가난한 자, 무명한 자, 패자의 편에 서 있는가요? 상하고 망가져 있는, 아무런 힘이 없는.. 그래서 정말 위로와 치유가 필요한 사람의 입장에 서 있는가요? 어쩌면 우리도 상처받은 사람들을 신앙의 이름으로 더 정죄하고 심판의 판결을 내리는 것은 아닌지요?

오래 전에 언론에서 가정파괴범에 대한 보도를 집중적으로 많이 한 적이 있었습니다. 가정파괴범이란 신조어로서 여러 명의 떼강도가 집에 들어와 금품을 빼앗고 남편을 묶어놓은 다음 남편의 면전에서 아내를 성폭행하는 것을 말하는 것입니다. 아마 경찰에 신고를 할 수 없도록 하기 위한 행동인지는 모르지만 그 충격적인 잔인함으로 인하여 한동안 많이 보도가 되었었습니다.

가정 파괴라는 용어가 사용된 것은 실제로 그 사건에 대한 상처의 후유증이 너무 커서 가정이 깨어지곤 했기 때문입니다. 폭행을 당한 여인들은 그 충격으로 정신병원에 입원하기도 했고 친정으로 돌아가서 오랫동안 정상적인 생활을 하지 못하고 두문불출을 하기도 했습니다.

놀라운 것은 이 때 남편들의 태도였습니다. 물론 이런 경우 대부분의 남편들은 아내의 상처를 위로하고 치유하기 위하여 애썼겠지만 어떤 남편들은 더 이상 아내와 함께 있기를 원치 않았던 것입니다.

물론 그들도 아내가 피해자라는 것을 압니다. 그리고 아내를 지켜주지 못했던 자기의 모습에서도 무력감과 죄책감을 느꼈을 것입니다. 그러나 그러한 비극적인 사건 이후로 그들의 관계는 악화되어 갔고 그로 인하여 가정들은 깨어져 갔던 것입니다. 가장 위로가 필요하고 가장 섬세한 돌봄과 애정이 필요했을 때 아내들은 가장 의지할 대상에게서 버림을 받았던 것입니다.

오늘날의 교회는 어떨까요? 그곳은 상한 영혼들이 치유와 안식을 얻을 수 있는 곳일까요? 아니면 오히려 더 고통을 받는 장소일까요? 죄인들이 안식을 얻을 수 있는 곳일까요? 아니면 정죄를 받는 곳일까요? 교회는 과연 병원인가요? 아니면 재판소, 법원일까요?

약간의 안면이 있는 분에게 나는 권면합니다.

"교회에 나오시지요."

그는 쑥스럽다는 듯이 말합니다.

"저는 죄가 많아서 못나갑니다."

나는 다시 되묻습니다.

"때가 너무 많으니까, 목욕탕에 갈 수 없다구요?"

그는 껄껄 웃습니다.

"그렇군요. 참."

어떤 이는 말합니다.

"지금, 문제가 너무나 복잡해서 갈 수가 없어요."

나는 다시 묻습니다.

"아픈 데가 너무 많아서 병원에 갈 수가 없다구요?"

그럴듯한지 상대방들은 미소를 짓습니다. 아무튼 사람들의 이와 같은 대답을 보면 그들은 교회를 자연스럽고 편안한 부담이 없는 곳으로 생각하지는 않는 것 같습니다.

교회에 가려면 경건해야 하고 거룩해야 하며 자연스러운 삶을 많이 희생해야 하고 많은 자유를 포기해야 하고 이것, 저것 재미있는 것들을 다 포기해야 하고.. 그러므로 급한 문제가 있거나 사경을 헤매는 상황이 되거나 인생의 황혼에 이르러 별로 할 것이 없을 때 그 때에야 교회도 가고 신앙에 대해서도 생각해보려는 마음을 가지는 것입니다.

어떤 성도님이 목사님을 찾아와서 말했습니다.

"목사님, 이 교회가 너무 더러워서 다닐 수가 없습니다. 다른 교회로 가야겠습니다."

목사님은 대답했습니다.

"교회는 원래 죄인들이 모인 곳입니다. 그러니 당연히 더럽지요. 교회는 쓰레기장 같은 곳이지요."

성도님은 의견을 굽히지 않았습니다.

"하지만 정도가 너무 심합니다. 저는 깨끗한 교회를 찾아가겠습니다."

목사님은 웃으며 되물었습니다.

"세상에 더럽지 않은 교회도 있나요? 또 아주 깨끗한 교회를 찾아보았댔자 성도님 덕분에 곧 더러워질 텐데요."

목사님은 그 성도님께 이 세상에 완전한 교회는 없다는 것을 말씀하고 싶었던 것입니다. 이 세상에 완전하고 깨끗한 사람만 모이는 교회는 없습니다. 더럽고 부분적으로 악하고 연약한 사람들이 가득한 곳이 교회입니다. 그러므로 자기만 깨끗한 척하고 다른 이들을 판단하는 것은 그리스도인들의 바른 태도가 아닐 것입니다. 자신의 죄를 감추는 위선자들이 모인 교회보다는 더러운 죄인들이 모인 교회가 차라리 나을 것입니다.

묘하게도 예수님께서는 바리새인과 서기관들의 위선을 통렬하게 공격하시면서도 모든 사람들이 죄인으로 알고 있는 세리와 창기들은 별로 정죄하지 않으셨습니다. 그렇기 때문에 주님은 세리와 죄인의 친구라는 비난을 들었던 것입니다.

"인자는 와서 먹고 마시매 너희 말이 보라 먹기를 탐하고 포도주를 즐기는 사람이요 세리와 죄인의 친구로다 하니" (눅7:34)

1부 사랑의 눈

왜 주님은 그들을 정죄하지 않으셨을까요? 겉으로 경건해 보이는 바리새인들의 숨겨진 죄를 낱낱이 아시고 지적하시는 주님께서 왜 세리와 창기들의 죄는 지적하지 않으셨을까요?

세리와 창기는 분명 죄인입니다. 그러나 세리와 창기는 굳이 주님이 말씀하시지 않더라도 자신이 더럽고 나쁜 존재라는 것을 잘 알고 있었습니다. 그러므로 그들에게는 굳이 죄인이라고 말씀하실 필요가 없었습니다. 반면에 바리새인과 서기관들은 자신이 죄인이라고는 전혀 생각하지 않았기 때문에 주님으로부터 그러한 깨우침을 받을 필요가 있었던 것입니다.

죄인을 병자로 볼 것이냐, 악인으로 볼 것이냐 하는 것은 신앙관의 문제입니다. 병자로 본다면 그는 치유의 대상이 될 것입니다. 악인으로 본다면 그는 정죄의 대상이 될 것입니다.

바리새인과 당시의 종교지도자들은 죄인을 정죄의 대상으로 보았습니다. 그러나 주님은 그들을 치유의 대상으로 보셨습니다. 그러므로 주님께서는 바리새인과 저희 서기관들이 그 제자들을 비방하여 가로되 '너희가 어찌하여 세리와 죄인과 함께 먹고 마시느냐' 고 물었을 때 이렇게 대답하셨습니다.

"건강한 자에게는 의사가 쓸데없고 병든 자에게라야 쓸 데 있나니 내가 의인을 부르러 온 것이 아니요 죄인을 불러 회개시키러 왔노라" (눅5:31-32)

오늘날 교회와 그리스도인은 죄인에 대한 주님의 시각을 회복해야 합니다. 죄인을 사랑하고 용납하지 않는 한 우리는 그들을 도울 수도 새롭게 할 수도 없는 것입니다.

어쩌면 드러난 죄를 가지고 있는 죄인보다 드러나지 않은 죄를 가진 채

드러난 죄인을 정죄하는 우리가 주님의 더 무서운 심판을 받을 수도 있는 것입니다.

심령이 맑고 예민하며 주님과 가까이 교통하는 어떤 여집사님으로부터 이런 이야기를 들은 적이 있습니다. 그녀는 어느 날 지하철을 타고 가다가 불구의 몸으로 구걸을 하고 있는 거지를 보았습니다. 그녀는 주님께 물었습니다.

"주님, 저 사람은 너무나 불쌍하군요. 왜 저 사람은 저렇게 고통을 받아야 할까요."

주님은 그녀에게 대답해 주셨습니다.

"그 사람은 불쌍한 사람이긴 하지만 그러나 그렇게 많이 비참한 것은 아니다. 그 사람은 어느 정도의 고통의 기간이 끝나면 그의 고통은 회복될 것이다. 그러나 가장 비참하고 불쌍한 사람들은 교회 안에 있다. 그들은 나와 상관이 없으면서도 자기들이 가장 잘 믿는 줄로 알고 있다. 그들이 진정으로 가장 불쌍한 자들이다."

우리는 우리에게 두려운 심판이 임하지 않도록 기도하고 자신을 돌아보아야 할 것입니다. 우리가 신앙인의 외형을 가지고 있으며 종교의 울타리 속에 있다 하더라도 우리의 마음 가운데 주님의 자비로운 시선과 사랑의 마음이 없다면 우리는 실제적으로 주님을 아는 것이 아닙니다.

우리가 주님께 속한 사람이라면 우리는 주님의 심장을 가지고 있을 것입니다. 주님의 시선을 가지고 있을 것입니다. 그렇지 않다면 우리는 자신을 돌아보고 믿음을 새롭게 해야 합니다. 왜냐하면 주님의 마음, 주님의 눈은 사랑의 눈이며 치유의 눈이며 그분은 사랑의 치유자이시기 때문입니다.

7. 주님은 정죄하지 않으십니다

 십여 년 전 나의 목회초기 무렵 마포에서 목회를 하고 있을 때 어떤 자매가 상담을 위하여 찾아왔었습니다. 그녀는 개인 병원의 간호사로서 다른 간호사 아가씨와 함께 병원에서 생활을 하고 있었습니다.
 그녀는 우리 교회에 나온 지 얼마 되지 않은 아가씨로 기독교 가정에서 자랐는데 그녀와 같이 살고 있는 아가씨는 신앙생활에 관심이 없었습니다.
 그 아가씨는 전도를 해도 듣지 않았을 뿐더러 삶의 방식도 이 자매와 너무 맞지 않아서 자매는 고민하고 있었습니다. 그녀는 일이 끝나고 방에 같이 있으면 요란한 음악이 나오는 라디오를 귀가 찢어져라 크게 틀어 놓았습니다. 찬송가와 경배곡 외에는 다른 음악을 듣지 않는 이 자매에게 그것은 몹시 고통스러운 것이었습니다.
 게다가 처녀인 그녀는 어떤 나이가 많은 유부남과 부적절한 관계를 가지고 있었습니다. 그녀는 그에게 깊이 빠져 있어서 토요일마다 오는 전화가 오지 않거나 좀 늦어지거나 하게 되면 온갖 짜증을 부리며 안달을 하는 것이었습니다.
 그녀는 이 자매를 위해서 많이 기도했지만 이제 더 이상 참을 수 없는 한계에 이르렀습니다. 그녀의 신실한 그리스도인 남자친구와 의논을 했더니 그 형제도 병원에 와서 그 아가씨를 보고 나서는 더 이상 함께 살아서는 안 된다고 경고했다는 것입니다. 좋지 않은 물이 든다는 것이지요.
 이 그리스도인 자매는 온유하고 사랑이 많으며 불우한 사람에 대한 헌신이 있고 세상의 때가 전혀 묻지 않은 것 같은 성실하고 순박한 자매였습니다. 그러나 나는 그녀에게서 뭔가 말로 표현할 수 없는 어떤 정죄감, 성적으로 타락한 사람에 대하여 느끼는 불결감과 같은 것이 그녀에게 있음을 느꼈습니다.

나는 그녀의 말을 쭉 들은 후에 아무 말 없이 성경을 열어 요한복음 8장을 펼쳤습니다. 그리고 1절부터 11절까지의 내용을 읽기 시작했습니다.

이 내용은 간음하다가 현장에서 붙잡힌 여인에 대한 이야기입니다. 주님께서 성전에서 백성들을 가르치고 있을 때, 서기관들과 바리새인들이 간음하다 잡힌 여인을 붙잡아 주님께로 끌고 왔습니다. 그리고 물었던 것입니다.

"선생님, 이 여자가 간음하다가 잡혔습니다. 율법에 의하면 이 여자는 돌로 쳐서 죽여야 합니다. 자, 이제 당신은 어떻게 하기를 원하십니까?"(요8:4~5)

물론 그들은 이 여인에 대한 애정이나 연민 때문에 그렇게 물은 것은 아닙니다. 또한 율법을 수호하려는 정의감에 불타서 묻는 것도 아닙니다. 진리를 알고 싶어서 주님께 온 것도 아닙니다. 그들은 그저 그들의 위치를 위협하고 있는 예수님께 시비를 걸고 모함거리를 만들기 위해서 온 것입니다.

그들이 간음하다 현장에서 붙잡힌 그녀를 만났을 때 그들은 내심 '아, 이것 참 좋은 기회다' 라고 생각했을 것입니다. 예수께 그녀의 처리방법을 묻는 것은 참으로 좋은 아이디어였을 것입니다.

예수님이 어떻게 대답하든 흠을 잡는 것은 쉬웠습니다. 주님께서 그녀를 용서해 주실 것을 말씀하시면 모세의 율법을 무시하고 정면 도전하는 자라고 공격하면 됩니다. 또한 그녀를 법대로 돌로 치라고 하면 그를 무정한 자로 비난하며 그가 가르쳤던 사랑의 법은 거짓이며 인기작전일 뿐이라고 공격할 수 있습니다. 그들은 쾌재를 불렀을 것입니다.

그러나 주님은 그들의 질문에 한동안 아무런 말씀도 하지 않으셨습니다. 그들의 교활한, 잔인한 마음의 상태가 주님의 마음을 아프게 했기 때문일까요? 주님은 그저 조용히 땅에다가 무엇인가를 쓰고 계셨을 뿐입니다. 아마 그러한 시간의 공백은 그들의 집을 떠난 영혼이 제 자리로 돌아오게 하기 위한 준비였을지도 모릅니다. 그들이 계속 대답을 재촉하자, 주님은 드디어 말씀하십니다.

"너희 중에 죄 없는 자가 먼저 돌로 치라." (요8:7)

주님은 그녀의 죄를 인정하셨습니다. 그리고 그 죄에 대하여 심판할 필요성도 인정하셨습니다. 그러나 그 심판의 집행자는 죄가 전혀 없는, 완전히 깨끗한 사람만이 해야 하는 것이었습니다. 그렇다면 과연 누가 그 여자를 심판할 수 있으며 정죄할 수 있는 자격이 있겠습니까?

주님의 말씀은 그들의 양심을 깨웠습니다. 그들의 죄책감을 깨웠습니다. 그들의 양심은 눈을 뜨고 일어났습니다. 그리하여 그들은 모두 서둘러 그 자리에서 떠났습니다. 왜냐하면 그 아무도, 어느 누구도 결코 깨끗하지 않았기 때문입니다.

왜 사람들은 남들의 죄에 대해서 신랄하게 비판하며 민감하게 비판할까요? 그것은 그들 자신의 죄책감 때문입니다. 그들은 사실 다른 이를 치는 것이 아니라 자기 자신을 치고 있는 것입니다.

많은 사람들이 다른 사람의 죄를 지적하고 비난합니다. 그것은 진정 주의 영으로부터 오는 것일까요? 그럴 수도 있습니다. 그러나 적지 않은 경우에 죄에 대한 그러한 공격은 인간적인 분노이며 정죄입니다.

그것은 자신의 죄책감에서 오는 것입니다. 자신에 대한 하나님의 완전한 용서, 완전한 사랑을 받아들이지 못한 사람은 다른 사람을 온전히 용서할 수도, 받아들일 수도 없습니다.

어떤 사람이 높은 성취와 꿈을 이루었다면 그는 과거에 자기에게 고통을 준 사람을 쉽게 용서할 것입니다. 지난날이야 어떻든 그는 지금 몹시 행복하고 기분이 좋으니까요. 그러므로 그는 쉽게 너그러워질 수 있는 것입니다. 아마 그렇기 때문에 총리가 된 요셉이 어려운 시절에 자기를 고통스럽게 한 보디발의 아내를 감옥에 보냈다거나 형들을 혼내주지 않았을 것입니다.

그러나 지금 자기의 신세가 비참하고 한심스럽다면, 그는 용서하는 것이 쉽지 않을 것입니다. 그는 'A 때문에 이 꼴이 되었다'고 하면서 상대방을 미워하고 분노를 계속 가지고 있기가 쉬울 것입니다. 마찬가지로 하나님의 완전한 용서를 받아들여 마음에 풍요와 기쁨이 가득한 사람은 죄인을 향하여 정죄하지 않습니다. 그는 오히려 죄인을 불쌍히 여기게 됩니다.

그러나 죄사함의 확신, 체험, 하나님의 완전한 받아주심에 자신이 없는 사람은 남을 공격하게 되는 것입니다.

모두가 떠나고 주님과 여자 둘만 남았을 때 주님은 물으십니다.

"여자여, 너를 고소하던 그들이 어디 있느냐, 너를 정죄한 자가 없느냐."

그녀는 대답합니다.

"주여, 없나이다."

예수께서는 선언하십니다.

"**나도 너를 정죄하지 아니하노니 다시는 죄를 범치 말라.**" (요8:10, 11)

어떤 이는 이 대목에서 예수님은 그녀에게 회개하라는 말씀을 하지 않았다고, 그녀를 결코 죄인 취급하지 않았다고 주장합니다. 그녀를 오직 환경의 피해자로서 인식하셨다고 주장합니다. 그러나 그것은 사실이 아닙니다. 주님께서는 그녀의 죄를 분명히 죄로 인정하셨습니다. 그리고 다시는 그러한 죄를 짓지 말 것을 명령하셨습니다. 그러나 주님께서는 그녀가 죄를 지었음에도 불구하고 그녀를 사랑하셨고, 불쌍히 여기셨던 것입니다.

나는 간호사 자매에게 그 내용을 손으로 짚어서 다시 읽어 주었습니다.

"나도 너를 정죄하지 아니하노라."

그리고 말했습니다.

"자매님, 자매님의 친구는 성적으로, 또 여러 면에서 문제가 있지만 그것을 정죄할 자격이 우리에게는 없습니다. 왜냐하면 우리도 똑같은 죄인이기 때문입니다. 주님께서도 정죄하지 않은 사람을, 어떻게 우리가 판단할 수가 있겠습니까? 우리는 우리가 본 모든 죄에 대해서 그것을 우리의 죄로 여겨 대신 회개하고 아파할 수 있을 뿐입니다.

우리가 만일 진정 깨끗하다면 그녀를 불쌍하게, 사랑스럽게 볼 수가 있을 것입니다. 자매가 그녀와 함께 있는 것이, 그녀의 죄가 고통스럽게 느껴진다면 그것은 같은 요소, 같은 죄가 자매님의 안에도 있기 때문입니다.

혈기가 많은 사람은 혈기가 많은 사람을, 인색한 사람은 인색한 사람을 견디지 못합니다. 자매 속에도 같은 죄가 있다면 친구 자매는 그것을 몸으로 행했고, 자매는 마음으로 죄를 범한 것인데 과연 주님께서 속에 숨어있는 죄를 겉으로 드러난 죄보다 낫게 여기실까요? 자매는 친구를 위하여 기도하거나 돕기 전에 먼저 그녀를 판단한 것을 주님께 고백해야 할 것입니다."

그녀는 울기 시작했습니다. 그녀는 몹시 순박한 아가씨였고 나의 말을 그대로 받아 들였습니다. 한참을 울다가 그녀는 병원으로 돌아갔습니다.

나중에 듣기로는 그녀는 그날 밤에 병원에서 친구를 만나 많은 대화를 했다고 합니다. 그녀는 친구에게 말하기를 그 동안 마음으로 너를 판단했었다고 고백하며 울면서 용서를 구했습니다. 그리고 바른 그리스도인의 모습을 보여주지 못한 것을 사과했습니다.

그 날은 수요일이었습니다. 이틀 후 금요 기도회에 그녀는 그 자매를 데리고 교회에 왔습니다. 그녀가 오랫동안 전도하려고 애썼으나 전혀 듣지 않던 친구가 친구에 대한 그녀의 마음이 바뀌자 전도하지도 않았는데 먼저 교회에 가고 싶다고 해서 같이 오게 된 것입니다.

나는 친구자매와 대화를 나누었습니다. 그녀는 아름다운 외모를 가진 아가씨였고 외로움이 많이 느껴지는 사람이었습니다. 나이 차이가 많이 나는 유부남에게 빠졌던 것은 그러한 고독의 결과였겠지요. 그녀가 몹시 애처롭고, 사랑스럽게 느껴졌습니다. 나는 그녀에게 주님의 사랑, 그의 값없이 주시는 은혜와 그 안에 있는 자유함에 대해서 말해주었습니다.

나는 그녀에게 유부남과의 관계를 정리하라고 이야기하지 않았지만 그녀가 주님의 용서와 사랑에 대하여 깨닫게 된 것으로 충분했습니다. 그녀는 많이 울었고 유부남과의 관계도 곧 끝났습니다. 그녀는 그 때부터 우리 교회에 나오게 되었고 우리 교회가 멀리 이사를 간 후에도 그녀는 계속 찾아왔고 전화로 교제를 나누곤 했습니다.

그녀는 신앙생활을 계속 했고 시간이 좀 흐른 후에 나는 그녀가 결혼을 한다는 소식을 들었습니다. 지금은 어디선가 행복하게 살고 있겠지요. 그녀의 친구 간호사의 회개와 용납을 통하여 그녀는 새 삶을, 새 신앙을 갖게 된 것이었습니다.

그 비슷한 시기에 기억나는 이야기가 또 있습니다.

지방에서 올라와 여동생과 함께 자취를 하면서 직장에 다니던 자매가 우리 교회에 출석하고 있었는데 이 자매도 동생과 비슷한 갈등관계를 가지고 있었습니다. 언니는 신앙생활에 열심이었으나, 동생은 관심이 없었습니다. 언니도 키가 큰 미인이었지만 동생은 더 키가 크고 미모가 돋보이는 편이었는데 그래서 그런지 행동에 절제가 부족한 것 같았습니다. 남자 친구와 사귀는 것 같은데 밤늦게 들어오기가 일쑤였고 아무리 언니가 야단을 쳐도 듣지를 않았습니다.

어느 날 밤에는 새벽 3시에 집에 와서 바깥에서 문을 열어달라고 두드렸습니다. 그때는 몹시 쌀쌀한 날씨의 가을이었는데 그녀는 아침 일곱 시까지 문을 열어주지 않았습니다. 성질이 불같은 언니는 그 날 밤, 동생을 앉혀놓고 한바탕 입씨름을 벌였습니다.

"너 당장 다른데 가서 살아라, 더러워서 너하고는 못살겠다."

동생은 말을 함부로 하지 말라고 맞섰습니다. 언니인 자매가 어느 날 밤 내게 이 문제를 가지고 수척한 얼굴로 왔을 때 내가 했던 모든 말을 기억할 수는 없습니다. 다만 나는 동일한 성경말씀 요한복음 8장을 읽은 후에 주님은 정죄하지 않으시며 오직 우리와 죄인을 불쌍히 여기신다는 것을 이야기했습니다.

나는 그녀가 몹시 추운 날에 집에 들어가지도 못하고 문 앞에서 새벽 일곱 시까지 밤을 꼬박 세우고 덜덜 떨면서 느꼈을 여러 가지 감정과 생각에 대해서 말해주었습니다.

어떤 사람이 우리에게 나쁘게 하거나 어떤 죄를 지었을 때 영적 수준이 어려서 그것이 죄인지도 모르는 사람도 있습니다. 그렇다면 그것을 나무랄 수는 없는 것입니다. 몰라서 죄를 짓기 때문에 그가 성장하도록 사랑하고 도와야 하는 것입니다. 또한 어떤 사람이 죄인 줄 알면서도 죄를 짓는다면 영적으로 약해서 죄를 이길 힘이 없기 때문에 그런 것이므로 역시 나무랄 수는 없는 것입니다. 그들이 강해져서 죄를 이길 수 있도록 그를 사랑하고 격려하며 그의 성장을 도와야 하는 것입니다.

나는 그녀에게 주님의 마음으로 동생을 보지 못한 것을 반성하라고 이야기했습니다. 그리고 동생에게 그녀가 한 행동을 사과하라고 말했습니다.

그녀는 자신이 잘못했다고는 생각지 않았기 때문에 몹시 놀랐습니다. 그리고 자기의 마음속에 있는 자기의, 미움, 분노, 정죄하는 마음을 깨닫고는 울었습니다.

주님의 가르치심은 단순합니다. 그분은 자기의 죄로 고통하며 신음하는 사람에게는 '괜찮다'고 말씀하십니다. (눅18:9-14) '너는 의롭다함을 받았다. 내가 너를 위해서 죽었느니라' 하고 말씀하십니다.

그러나 자신이 별로 죄인이 아니며 신앙이 좋고 의로운 쪽이라고 생각하는 자들에게는 무서운 심판을 선포하십니다.

"이와 같이 너희도 겉으로는 사람에게 옳게 보이되 안으로는 외식과 불법이 가득하도다" (마23:28)

울다가 그녀는 돌아가고, 다음날 그녀에게서 전화가 왔습니다.
"목사님, 목사님, 기적이 일어났어요!"
"뭐가 기적인데요?"
"제가 동생한테 용서해 달라고 이야기 하다가 울어버렸어요. 그래서 동생도 같이 울었어요!"

언니, 동생이 화해하고 같이 운 것이 기적적인 일이었을까요? 하여튼 그러한 모습은 그들에게 있어서는 참 오랜만인 것 같았습니다. 그녀들은 따뜻한 관계를 회복했고 즐겁게 살게 되었습니다.

놀라운 것은 동생이 곧 신앙생활을 시작했다는 것입니다. 언니와 같은 교회를 다니지는 않았지만 그녀는 곧 회사의 신우회에 참석하게 되었고 중요한 역할을 맡아서 열심히 활동을 하게 되었습니다.

수없이 전도를 하고 권면을 해도 듣지 않던 동생이 어떻게 교회에 가자는 얘기도 하지 않았는데 갑자기 심경의 변화를 일으켰을까요? 아마 100번의 권면보다 그를 진정 사랑하고 이해하고 용납하게 된 언니의 마음이 그녀에게 전달되었고 그것이 그녀의 마음 문을 열게 된 것이 아니었을까요? 수많은 말보다, 교리보다, 자신이 진정 사랑 받고 있다는 느낌이 그녀를 하나님께로, 믿음의 길로 가게 한 것은 아니었을까요?

오늘날 그리스도인들은 교회에 초신자가 오면, 사랑과 미소와 따뜻함보다 어떤 지식들을 그들의 머릿속에 집어넣으려고 애를 씁니다. 마치 아기가 엄마 배에서 나오면 안아주기 전에 먼저 학교나 유치원에 보내려고 하는 것 같습니다.

그리스도인들은 전도 대상자를 만나면 그들에게 중요한 진리를 이해시키려고 목을 맵니다. 그러나 대부분의 경우 그들은 진리에 대해서 들을 준비가 되어 있지 않다는 것입니다. 우리는 먼저 그들의 마음을 열어야 합니다. 그들과 먼저 관계를 맺어야 합니다. 이를 위해서 중요한 것은 우리가 그들을 진정으로 사랑한다는 사실을 느끼게 해주는 것이 아닐까요?

그들이 설사 악한 사람들이고, 어떤 잘못된 행동을 하는 사람들이라도 우리는 그들의 친구이며 그들의 편이고 그들을 정죄하거나 판단하지 않고 그들을 돕는 사람이라는 확신을 그들에게 심어주는 것이 중요하지 않을까요?

예수님께서 그들을 정죄하지 않는 것처럼 우리도 그들을 정죄하지 않으며 사랑한다는 것을 심어 주어야 하지 않을까요? 주님께서 그들을 사랑스럽게, 아름답게, 애처로운 시선으로 보듯이 우리도 그들을 그렇게 보아야 하지 않을까요?

상대를 정죄하고 판단할 때, 그들을 싫어할 때 우리는 그들과 관계를 맺을 수 없습니다. 그러한 관계들은 파괴됩니다. 그러나 사랑과 용납과 긍휼히 여기는 마음은 누구와도 아름다운 관계를 형성하게 됩니다. 그리고 그 관계의 기초 속에서 사람의 마음은 열리고 그 영혼 가운데 주님께서 임하실 수 있습니다.

그렇기 때문에 우리는 어리고 약한 영혼들을 위해서 그들을 진정 사랑하며 정죄하지 않는 따뜻한 시선을 가져야 하며 그러한 사랑의 눈을 달라고 주님께 항상 구해야 하는 것입니다.

8. 거절의 지혜를 구하라

　청년시절 나는 어느 큰 교회의 청년부에서 신앙생활을 하고 있었습니다. 당시 청년부의 담당 목사님은 군목 출신의 신실하시고 훌륭하신 분으로 매사에 정확하고 철저하신 목사님이셨습니다. 그는 어느 날 청년들을 향한 강의에서 그리스도인의 사회생활, 술 문제에 대한 언급을 하시다가 자신의 군목 시절의 경험을 들려주었습니다.
　우리나라 사회의 인격적인 수준은 많이 부족하다고 할 수 있습니다. 인격적으로 성숙될수록, 성숙한 사회일수록 사람들은 약자에게 친절하며 다른 이들을 잘 배려합니다. 그러나 이 사회는 일반적으로 다른 사람에 대한 배려가 부족하며 강요와 억압이 많은 편입니다. 강자는 약자를 억압하며 윗사람은 아랫사람에게 자기의 뜻을 강요합니다. 더러는 그것을 애정으로 여기기도 합니다.
　특히 우리 사회의 술 문화에서 억지로 술을 권하며 강요하는 습관은 고질적입니다. 상대방의 입장이나 취향은 생각지도 않고 무조건 술을 강요하고, 그것을 거절하면 분위기와 화합을 깨뜨리는 일종의 반역자 취급을 하는 경향이 많습니다. 그러므로 술을 마시지 않는 그리스도인들에게 있어서 술자리에서의 처신은 몹시 어려운 숙제가 되는 것입니다. 규율과 통제의 사회인 군대에서는 더 말할 나위도 없는 것입니다.
　이 목사님은 군종 장교로 복무하고 계셨는데 어느 날 사단장까지 참석하는 일종의 단합대회와 같은 모임이 있었습니다. 그러한 모임에는 의례 술이 등장하기 마련입니다.

스타급, 영관급, 위관급의 대부분의 장교가 참석했습니다. 물론 별이 두 개인 사단장이 가장 높은 위치입니다. 이 목사님은 위관 급인 중위의 계급이니 장교사회에서는 말단 졸병에 가깝습니다.

사단장님은 한사람씩 돌아가면서 술을 따라주고 있었습니다. 물론 상대방이 그리스도인이냐, 술을 안 마시느냐는 묻지도 않습니다. 모든 사람은 황공한 자세로 받아 마십니다. 마침내 이 목사님의 차례까지 왔습니다. 목사님은 단호하게 거절합니다.

"사단장님, 저는 군목입니다. 저는 술을 안마십니다."

사단장이 직접 따르는 술잔을 감히 거절하다니! 그것은 아무도 예상하지 못했던 행동이었습니다. 사단장은 움찔 놀라서 그를 쳐다본 후, 호기를 부리듯 큰소리로 말합니다.

"김 목사, 목사가 술 한두 잔 했다고 해서 천국 가는데 지장 없어! 못 가면 내가 책임겨! 빨리 받아!"

그러나 목사님은 조금도 기가 죽지 않고 받아쳤습니다.

"사단장님! 목사가 술을 마시면 천국 가는데 지장이 있습니다! 그리고 사단장님은 절대로 책임질 수가 없으십니다! 도대체 목사에게 술을 권하는 버릇을 어디에서 배우셨습니까?"

강도 높은 날카로운 반박에 갑자기 장내가 쥐 죽은 듯이 고요해졌습니다. 사단장님은 눈을 부릅뜨고 목사님을 노려보고 목사님도 같이 쳐다봅니다. 분위기가 너무 살벌하니 감히 누가 중재하려고 끼어들 수도 없습니다. 한참의 침묵이 지난 후에 사단장이 물러섭니다.

"김 목사, 이거.. 안 되겠구만!"

그리고는 다음 사람에게 술을 권하려 돌아섭니다. 좌중의 모든 사람들은 '휴!' 하고 안도의 한숨을 쉽니다. 그 이후로 어떤 파티에서도 목사님께 술을 권하는 사람은 없어졌습니다. 왜냐하면 소문이 다 퍼졌기 때문입니다. 사단장님의 술을 거절하는 사람이, 다른 사람이 주는 술을 마시겠습니까? 목사님은 몹시 자랑스럽게 무용담을 전하듯이 자기의 경험을 이야기하시면서 그리스도인의 단호한 자세에 대하여 설교를 하셨습니다.

나는 그 목사님을 존경합니다. 그분이 어떤 불이익을 받을 수 있음에도 불구하고 그렇게 단호한 행동을 취할 수 있었던 것은 진정 주님을 사랑하기 때문이라고 생각합니다. 그리고 그와 같이 단호하고 굳건한 믿음을 가지고 있는 분들 덕분에 오늘날의 교회들이, 신앙들이 든든하게 세워져 있다고 생각합니다. 그러나 나는 동시에 마음이 몹시 슬펐습니다.

그것은 과연 최선의 행동이었을까요? 그리고 그리스도인의 모범적인, 하나의 규범이 될 수 있는 예화였을까요? 그것은 과연 그렇게도 자랑스러운 거절이었을까요?

나는 그와 비슷한 이야기를 한 자매로부터 들은 적이 있습니다. 그녀의 친구인 어떤 자매는 그런 비슷한 상황에서 술잔을 받고 모든 사람이 보는 앞에서 그 술잔을 던져 버렸다고 했습니다. 그리고 다시는 그녀에게 그러한 유혹이 오지 않았다는 것이었습니다. 영적 리더인 그녀는 매우 자랑스럽게 그 이야기를 하면서 이렇게 모든 유혹의 소지를 초기에 봉쇄해 버려야 신앙을 안전하게 지킬 수 있다고 강조했습니다.

나는 그 이야기를 듣고 그 술잔을 권했던 사람의 입장을 생각해 보았습니다. 그가 권했던 술잔이 땅으로 던져져서 깨졌을 때 그의 기분은 어땠을까요? 과연 그는 자기의 의사를 그렇게 무시해 버린 상대방의 신앙에 존경심을 갖게 되었을까요? 아니면 분노와 미움 같은 마음의 벽을 가지게 되었을까요?

과연 술잔을 던진 것, 상대방을 정면으로 공박해서 망신을 준 것, 그것은 지혜로운 행동일까요? 그들은 자신의 신앙을 잘 지켰을지 모릅니다. 그러나 아마 그들은 좋은 관계를 형성하지는 못할 것입니다.

세상 사람들이 그리스도인들에게 무례한 행동을 할 때가 많이 있습니다. 그러나 상대방이 무례하게 대한다고 해서 우리도 같이 행동할 수는 없는 것입니다. 그들은 자신의 무례는 곧 잊어버리고 우리의 무례를 오랫동안 기억하기 마련이니까요.

우리가 기억해야 할 것은 그들은 마귀가 아니며 사탄의 자식이 아니라는 것입니다. 그들은 구원받아야 하며 함께 하나님의 품으로 돌아와야 하는 하나님의 피조물들입니다. 우리가 그들을 사랑하지 않는다면, 그들은 주님께로 올 수가 없는 것입니다.

그들은 왜 술을 좋아할까요. 왜 그렇게 열심히 술을 마시며 그것을 다른 사람들에게 권하는 것일까요.

모든 사람들은 평소에는 긴장되어 있습니다. 술을 마시고 그것이 몸 안으로 들어오면 그로 인하여 혈액순환이 촉진되고 긴장이 풀리며, 기분이 좋아지고 억압되었던 내부의 마음을 잘 표현할 수 있게 됩니다.

회사에서 딱딱하고 사무적이던 사장님도, 부장님도, 술을 마시면 인간적인 모습을 보여줍니다. 회사에서 업무를 이야기할 때는 딱딱한 모습이 있을지 모르지만 술집에서 이야기를 할 때는 부인이나 자식의 이야기를 하기도 하며 자기 나름대로의 고뇌와 아픔을 이야기하기도 합니다. 평소에 거리감을 느꼈던 대상이 그러한 분위기에서 인간적인 사람으로 느껴지기도 하는 것입니다.

그래서 사람들은 같이 술을 마시고 그 분위기 속에 들어가면 서로 친하게 마음을 나눌 수 있다고 생각합니다. 그러므로 그들은 그러한 자리를 거절하는 그리스도인들을 볼 때 그러한 교제와 인간적인 만남을 도외시하는 차갑고 융통성 없고, 냉정한 사람으로 여기게 되는 것입니다.

그들의 속마음을 이해할 수 있다면 우리는 술을 마시지 않고도 그들을 사랑할 수 있으며 그들과 어울릴 수 있을지 모릅니다. 그들의 마음을 상하게 하지 않으면서 또한 우리의 믿음을 손상하지도 않으면서도 우리는 그들과 교제하고 그들의 이야기를 들어줄 수 있는 것입니다. 우리가 그들의 마음을 알아주고 대할 수 있다면 시간이 지나고 그들은 우리가 술이 주는 것보다 더 큰 위안과 힘을 주는 근원을 알고 있다는 것을 깨달을 수도 있습니다.

그리스도인들이 세상에 살면서 부딪치는 여러 가지 문제들, 술 문제, 제사 문제, 안식일문제 등.. 과연 우리는 그것에 어떻게 대처해야 할까요? 나는 그 해결책의 근본원리는 사랑이라고 생각합니다. 그 해답은 주님을 사랑하고 사람을 사랑하는 자세에 있다고 생각합니다.

우리는 주님만 사랑하고 사람들을 도외시해서는 안 됩니다. 또한 사람들만 배려하고 그들의 눈치를 보느라고 주님의 법을 타협해서는 안 됩니다. 이렇게 주님을 사랑하는 것과 사람을 사랑하는 것에 대한 균형을 잘 잡아나가는 것, 그것이 그리스도인의 지혜일 것입니다. 하지만 현실의 삶에서 그렇게 지혜로운 그리스도인을 보는 것은 쉽지 않은 일입니다.

이와 같은 상황을 묵상하다가 나는 자연스럽게 한사람이 떠올랐습니다. 그 사람도 비슷한 상황에 처해있었습니다. 그는 주위에 그리스도인은 아무도 없는, 그러한 이방 문화에 둘러싸여 있었습니다.

그는 끝없이 신앙과 타협의 문제에 직면하였습니다. 그것은 그의 목숨을 위태롭게 할 정도로 심각한 도전이었습니다. 그러나 그는 그 상황에서도 기도하면서 매우 지혜롭게 대처했습니다. 그는 매우 지혜롭게, 그러면서도 원칙에서 타협하지 않았습니다. 그는 지혜로운 사람으로, 또 깊은 영성인으로 불릴 수 있을 것입니다.

　하지만 나는 그를 따뜻한 사람이라고 부르고 싶습니다. 왜냐하면 그는 진정 따뜻한 사람이기 때문입니다. 지혜롭고, 정확하며, 깊은 영성의 소유자이면서 동시에 따뜻한 사람, 그의 이름은 다니엘입니다. 우리는 다음 장에서 그의 이야기를 살펴볼 것입니다.

9. 따뜻한 사람, 다니엘

다니엘은 이스라엘 귀족 가문 출신의 영리하고 똑똑한 소년이었습니다. 대부분의 소년들에게 있어서 그의 자라난 환경이 끼치는 영향은 매우 엄청난 것입니다. 다니엘도 그의 유복한 환경덕분에 의식주 걱정 없이 훌륭한 교육, 특히 경건한 신앙의 분위기 속에서 자라났으며, 그의 삶은 만족할 만한 것이었습니다.

그러나 어느 한순간 다니엘은 이 모든 행복을 상실하게 됩니다. 그의 조국 이스라엘이 대적 바벨론과의 전투에서 패배하여 멸망했고 그는 적국의 포로가 되었으며 고향에서 쫓겨나 머나먼 원수의 나라에서 살게 되었던 것입니다.

하루아침에 행복했던 나날들, 추억이 어린 모든 것들을 빼앗겨 버린 이 젊은이의 아픔을 우리는 충분히 짐작할 수 있습니다. 어린 시절의 꿈이 서려있는 낯익은 거리들, 사랑하는 이들과 함께 드리는 경건하고 아름다운 예배, 정다웠던 친구들과의 우정.. 다니엘에게 그 모든 것들은 한낱 꿈처럼 사라져 버리고 말았습니다.

이러한 비극적인 상황은 신실한 믿음의 청년 다니엘에게 많은 신앙적 갈등과 의문을 던져주었을 것입니다.

'우리는 하나님을 믿는 민족이 아닌가? 우리는 하나님의 선택하신 백성이 아닌가? 그러나 우리가 지금 당하고 있는 현실은 무엇인가? 우상을 섬기고 불경건과 죄악을 밥 먹듯이 자행하는 이들에게 우리가 굴복됨은 어쩐 일인가? 엘리야의 하나님은 어디계신가? 모세의 하나님은 어디 계신가? 그

많은 기적과 역사는 다 어디로 갔는가? 진정 하나님은 우리를 버리셨는가? 아니면 우리의 신앙은 헛것인가? 우리는 환상을 믿고 있는가?

다니엘과 같은 상황에 처하면 누구나 그러한 갈등과 번민 속에 잠기게 될 것을 예상할 수 있습니다. 그러나 성경의 분위기를 살펴보면 청년 다니엘의 고뇌하고 갈등하는 모습은 별로 보이지 않습니다. 그가 어떻게 극복했는지는 모르지만, 그는 포로가 된 이후에도 여전히 고요하고 잔잔하며 지혜롭고 사려 깊으며 흔들리지 않는 모습을 보여주고 있습니다.

그는 전쟁의 와중에서 가족들을 잃었을지도 모릅니다. 또한 나라를 잃었습니다. 모든 안락함을 잃었습니다. 그러나 이상하게도 그에게서는 불타오르는 복수심이나 하나님께 대한 원망 등을 엿볼 수가 없는 것입니다. 그는 오히려 그러한 상황을 하나님의 섭리로 생각하는 것 같이 보입니다.

그는 여전히 하나님을 신뢰하고 찬양하며 기도의 삶을 삽니다. 그는 깊은 기도로 하나님께 나아가 주의 은총을 받고 들으심을 얻으며 계시를 얻고 중보의 도구로 주의 뜻을 이루는 도구로 쓰입니다.

그는 이방세계 속에서 그의 신앙으로 인하여 인정을 받는 것이 아니라 그의 훌륭한 인품, 성실함, 지혜로움 등으로 인정을 받아 최고의 관직으로까지 수직 상승합니다.

당시 바벨론의 대제국은 정치상황이 몹시 불안했으며 그 와중에 여러 번의 쿠데타가 일어났으며 정권이 여러 번 바뀌었습니다. 그러나 그러한 상황에서도 다니엘은 여전히 최고의 위치를 유지하고 있었던 것입니다.

다니엘, 과연 그는 어떤 사람일까요? 그는 어떻게 이방의 악한 문화 속에서도 자신의 신앙의 정절을 지키며, 또 그런 가운데서도 만인의 추앙을 받는 위치까지 올라설 수 있었을까요? 그의 몇 가지 사람됨의 특성을 살펴보기로 하겠습니다.

다니엘은 지혜로운 사람이었습니다

다니엘은 몇 가지 점에서 요셉과 매우 흡사합니다. 행복한 어린 시절을 보내다가 어느 날 갑자기 고통의 나락으로 떨어진 점, 이방나라에 끌려간 점, 왕이 아닌 일반 백성으로서는 최고의 위치까지 올라간 점, 그리고 두 사람 다 탁월한 영성의 소유자였으며, 꿈의 해석과 이상 현상에 대하여 일가견이 있었다는 점 등입니다.

특히 다니엘은 탁월한 영성으로 인한 초자연적인 계시의 깊은 곳까지 도달하였으며 그것이 다니엘의 가장 일반적인 이미지요, 특성이겠으나 여기서 다루는 주제는 아니므로 제외해 놓기로 합니다.

다니엘의 이와 같은 영성, 계시능력을 제외하고 그의 삶에서 가장 인상적인 것은 그의 지혜로운 태도일 것입니다. 그것은 융통성이라고도 할 수 있습니다. 융통성이 없는 사람은 본질적이 아닌, 그리 중요하지 않은 것을 사수하려고 목숨을 겁니다. 그러나 융통성이 있는 사람은 본질적인 것이 아닌 한 타협의 지혜를 열어놓습니다.

그에게 처음으로 신앙의 위기가 닥친 것은 음식과 술로 인한 것이었습니다. 그가 탁월한 총명과 지혜덕분에 바벨론 왕궁에서 교육받을 수 있게 되었을 때 그는 왕의 진미와 포도주를 마셔야 하는 문제에 직면하게 됩니다. 보통의 사람에게 있어서 왕이 먹는 진미와 포도주를 마시게 된다는 것은 엄청난 영광에 속하는 일일 것입니다. 그것은 그들에 대한 왕의 배려요 호의인 것입니다. 그러나 그것은 다니엘에게는 우상에게 드려진 음식, 자기를 더럽히는 것으로 여겨졌습니다. 이는 그의 믿음이 세상의 영광과 명예와 쾌락에 결코 굴복되지 않았음을 보여주는 것입니다.

"다니엘은 뜻을 정하여 왕의 음식과 그가 마시는 포도주로 자기를 더럽히지 아니하리라 하고" (단1:8)

왕의 진미와 포도주를 먹어야 하는 상황에서 그는 그것을 거절하기로 마음을 먹었습니다. 그렇다면 그는 어떤 방법을 사용해야 할까요? 그에게는 어떤 선택이 있을까요? 일반적으로 이러한 상황에 부딪치면 보통의 선택에는 두 가지가 있을 것입니다.

첫째로, 무조건 왕의 음식과 포도주를 거절하는 것입니다. 그러나 그런 선택의 결과는 너무도 자명할 것입니다. 환관장이 '**너희** 까닭에 내 머리가 왕 앞에서 위태하게 **되리라**(단1:10)'고 고백하듯이 다니엘도, 그들의 건강과 교육을 책임지는 환관장도 목숨이 위태롭게 될 것입니다.

둘째의 선택은 그냥 타협하고 왕의 진미를 먹는 것입니다.

'하나님도 이해하시겠지, 살려면 어쩔 수가 없잖아. 하지만 주님께서는 내 속마음, 중심을 이해하실 거야' 하고 타협하는 것입니다. 이 경우에는 고난을 겪지는 않겠지만 그것은 비겁한 굴복으로서 결코 세상에 어떤 영향력도 행사할 수 없으며 마음속 깊은 곳에서 결코 평안을 찾지 못할 것입니다. 이와 같이 두 가지의 선택 모두 다 완전한 해답이 될 수는 없는 것입니다. 다니엘은 다른 방법을 선택하기를 원했습니다. 이 두 가지 외의 제 3의 방법은 무엇일까요?

나는 이와 비슷한 상황의 이야기를 어디선가 들은 적이 있습니다.

한 신실한 그리스도인 여성이 있었습니다. 그녀의 직업은 사장을 보필하는 비서였습니다. 그런데 그녀는 그녀의 직업과 관련되어 심각한 고민을 가지고 있었습니다.

그녀는 사장님을 찾는 전화를 받는 경우가 많았는데, 그중 많은 경우에

'사장님요? 지금 안 계시는데요'라고 대답해야 했었던 것입니다. 물론 사장님이 멀쩡하게 계신데도 말입니다. 어쩌면 그녀의 문제는 사소한 것일지도 모릅니다. 그러나 그녀에게 있어서 신앙인이 거짓말을 한다는 것은 매우 고통스러운 일이었습니다.

그녀는 그 상황에서 어떻게 처신해야 할지 망설였습니다. 첫 번째의 선택은 '나는 하나님을 믿으니 이렇게 죄를 짓는 일은 하지 않으리라' 결심을 하고 사표를 쓰는 것입니다. 이것은 신앙을 지키는 것에는 확실한 길일지 모르지만, 매사에 이렇게 살려면 지구를 떠나야 할 것입니다.

두 번째 방법은 타협하고 사는 것입니다. '세상에 살다보면 거짓말을 좀 할 수도 있지. 주님도 이해하실 거야.' 하는 방식입니다. 그러나 이것은 삶과 신앙의 이중적인 괴리를 형성할 것입니다. 그녀는 이 두 가지의 방법이 아닌 세 번째의 방법을 선택했습니다.

그녀는 기도하는 길을 선택했습니다. 그리고 주님께 어떻게 해야 하는지를 여쭈었습니다. 그녀는 기도 중에 '사장님께 너의 입장을 솔직하게 말해보아라' 는 감동을 받았습니다.

그녀는 그것을 주님의 음성으로 생각하고 사장님을 찾아갔습니다. 그녀는 사장님께 면담을 요청한 후 이야기를 시작했습니다.

"사장님, 저는 사장님을 모시고 있는 것을 무척 영광으로 생각하며 제가 맡은 일에도 무척 긍지를 가지고 있습니다. 하지만 제가하고 있는 일 중에서 거짓말을 해야 하는 경우가 많은데, 그것이 제가 가지고 있는 신앙과 위배되는 일이기 때문에 어떻게 해야 될지를 몰라서 사장님의 조언을 부탁드리고 싶습니다."

그녀는 겸손하고도 차분한 자세로 자신의 입장을 밝혔습니다. 주의 깊게 그녀의 이야기를 들어주던 사장은 오히려 그녀의 진실함에 감탄했습니다. 그는 신앙이 없었지만 그녀의 신앙과 정직함에 대하여 칭찬을 해주고 그녀를 다른 부서로 옮겨 주었습니다.

그녀는 비서 일에 비해서 약간 고된 일을 하게 되었지만 나중에 보니 월급은 전보다 훨씬 더 많이 올라있었고 이 일을 통하여 하나님의 개입하심을 감사하고 간증을 하였습니다. 그녀는 극단적인 두 가지의 방법이 아닌 세 번째의 지혜, 세 번째의 길을 구하였고, 하나님은 그녀에게 응답하셨던 것입니다.

다니엘도 두 가지의 극단적인 방법을 버리고 세 번째의 지혜를 찾았습니다. 그는 왕의 진미와 포도주를 거절하기는 했지만 무작정 거절하지 않고 책임을 맡은 환관장에게 하나의 조건을 제시했습니다.

왕의 음식을 먹지 않고 채식을 먹는 대신 십 일간의 시험기간을 제시한 것입니다. 그는 자신이 좋은 음식을 거절하여 몸이 초췌해지면 환관장의 목숨이 위험한 것을 알고, 자기도 신앙을 지키고 환관장의 목숨도 보존할 수 있는 방법을 찾았던 것입니다.

다니엘에게는 세상의 출세와 영광보다 자신의 몸과 영혼을 순결하게 지키는 것이 더 중요하다는 분명한 가치관이 있었습니다. 또한 우상에게 드려진 기름진 음식을 먹지 않고 보잘 것 없는 채식을 먹어도 하나님께서 그와 함께 하셔서 충분한 건강을 주실 것을 신뢰하는 굳건한 믿음이 있었습니다. 또한 그의 결심을 상대방의 입장을 고려해서 잘 설득하는 지혜로움이 있었습니다.

그의 지혜로운 선택과 기도에 하나님은 응답하셔서 그들의 몸은 좋은 음식을 먹지 않고도 아름답고 윤택하여졌으며 그들은 신앙을 지켰고 환관장도 어려움을 겪지 않게 되었으며 이는 살아 계신 하나님에 대한 간증거리가 되었던 것입니다.

이와 같이 다니엘은 지혜로운 사람이었습니다. 그는 자기의 입장만을 고집하는 융통성이 없는 사람이 아니었습니다. 그는 상대방의 입장을 배려할 줄 알았습니다. 그는 위기가 왔을 때 거기에 당황하지 않고 오히려 하나님의 살아계심을 경험할 수 있는 좋은 기회로 삼았습니다.

그러나 다니엘이 모든 문제에 있어서 항상 융통성이 있었던 것은 아니었습니다. 그리고 이것도 다니엘의 중요한 특성이었습니다.

다니엘은 원칙에 충실한 사람이었습니다

다니엘은 그가 경험했던 여러 인생의 위기 상황에서 항상 융통성 있고 유연한 방법을 선택했던 것은 아닙니다. 오히려 어떤 경우에는 정반대로 아주 우직하고 타협의 여지가 없는 정면 돌파의 방식으로 대처하기도 하였습니다.

다니엘서 6장에 보면 다니엘의 삶 속에서 가장 위험했던 도전의 순간이 나옵니다. 바로 이 사건을 통하여 다니엘은 사자 굴에 들어가게 되고 그 가운데서도 살아나는 유명한 사건이 등장하게 되는 것입니다.

다니엘이 그의 충성심과 지혜로 인하여 왕 밑의 가장 높은 지위에까지 승격하자 다른 경쟁자들은 그를 제거하기 위하여 함정을 만듭니다.

신앙 외의 다른 문제에서 다니엘의 흠을 찾을 수 없던 그들은 왕을 설득해서 30일간 기도를 금지하는 법을 제정했던 것입니다.

"왕이여 그것은 곧 이제부터 삼십일 동안에 누구든지 왕 외의 어떤 신에게나 사람에게 무엇을 구하면 사자 굴에 던져 넣기로 한 것이니이다" (단6:7)

어찌 생각하면 이 문제는 아주 쉽게 넘어갈 수 있는 문제일지도 모릅니다. 주님께 기도하는 것을 30일만 그만두면 되는 것이요, 또한 주님은 중심을 보시는 분이시니 기도하더라도 공개적으로 기도하지 않고 은밀하게 기도하면 아무도 그 사실을 알 수 없으니 이 위기는 쉽게 통과할 수 있는 것일 것입니다. 사고의 패턴이 유연하고 자유로운 지혜자 다니엘의 경우에 있어서는 더욱 그러하겠지요. 그러나 다니엘이 보여준 행동은 우리의 예상과 정반대입니다.

"다니엘이 이 조서에 왕의 도장이 찍힌 것을 알고도 자기 집에 돌아가서는 윗방에 올라가 예루살렘으로 향한 창문을 열고 전에 하던 대로 하루 세 번씩 무릎을 꿇고 기도하며 그의 하나님께 감사하였더라"(단6:10)

그는 이 법이 제정되고, 이 땅의 모든 권력을 가진 왕이 도장을 찍은 것을 알고도 그는 여전히 평소대로 기도합니다. 더구나 그 기도의 내용은 감사와 찬양입니다! 게다가 모두에게 보란 듯이 창문을 활짝 열고 기도합니다!

그는 자신이 처한 상황을 모르는 것일까요? 그의 목숨을 노리는 원수들의 계략을 모르는 것일까요? 그러한 융통성 없는 행동이 가져오는 결과에 대해서 이해하지 못했던 것일까요?

그가 기도하다가 적발되면 그가 이제껏 쌓아왔던 명성과 지위가 물거품이 될 뿐 아니라 자기를 총애하던 왕에 대한 배신 행위로 간주되며, 심지어 그의 목숨까지도 위태롭다는 사실을 그는 간과했던 것일까요?

아닙니다. 다니엘은 이 모든 것을 잘 알고 있었습니다. 그는 자기가 기도하다가 잡히면 지금 자기가 가지고 있는 모든 것을 다 잃어버린다는 사실뿐만 아니라 자기가 사자 굴에 들어갈 수밖에 없다는 것, 그리고 이 모든 궤계가 자신을 제거하기 위한 대적자들의 술수라는 사실을 너무도 잘 알고 있었습니다. 때문에 자신이 드리고 있는 이 기도가 그의 마지막 기도일수 있다는 사실을 그는 잘 알고 있었던 것입니다.

다니엘은 매우 지혜로운 사람입니다. 그러나 그는 타협할 때와 타협하지 않을 때를 잘 알고 있었습니다. 그는 본질적인 것과 비본질적인 것을 구분할 줄 알았습니다.

날마다 하나님께 기도하고 감사를 드리는 것은 그의 삶의 가장 중요한 원칙이었고, 그 가장 근본적인 원칙에 대해서 그는 타협하지 않았던 것입니다. 그리고 그는 자기가 타협하지 않은 부분에 대해서는 기꺼이 그 대가를 지불할 준비가 되어있었던 것입니다.

그의 기도하는 모습 속에서는 자기의 운명에 대한 한탄도, 자기의 대적들에 대한 분노도 찾아보기 어렵습니다. 그는 다만 고요하고 단정하게 자기의 삶과 죽음을 주님께 의탁하고 감사하는 것 뿐 이었습니다.

그는 최고의 위치에 있었으나 거기에 매이지 않았습니다. 그는 모든 것을 가지고 있었으나 그것에 대해서 자유로웠고, 그것을 지키기 위하여 애쓰지 않았습니다. 그에게는 오직 주님, 그분 한 분만이 소중했고, 그 근본적인 부분에 대해선 어떠한 타협도 원하지 않았던 것입니다.

바람처럼 자유롭고 부드러운 성품의 다니엘, 그는 또한 바위처럼 굳건하고 흔들리지 않는 견고함을 가지고 있는 아름다운 사람이었습니다.

다니엘은 따뜻한 사람이었습니다

다니엘은 매우 아름답고 매력적인 인품의 소유자입니다.

그는 아주 지혜로우며, 또 요령을 부리지 않는 충성스러운 사람이고, 주님을 사랑하고 헌신하는 믿음의 견고성에 있어서도 확실한 아름다운 사람입니다.

그러나 나는 그의 인품 중 가장 매력적이고 인상적인 부분을 살펴보고 싶습니다. 그것은 그가 아주 따뜻한 사람이라는 것입니다. 아주 정이 많은 사람이며, 흔히 지혜자가 가질 수 있는 차갑고 냉랭한 이미지가 아닌, 부드럽고 사랑스러운 따뜻한 분위기를 그는 소유하고 있었다는 것입니다.

그의 이러한 측면은 앞서의 모함사건에 뒤이은 사자굴 사건에서 잘 나타나고 있습니다. 다니엘은 대적자의 각본에 있는 대로 기도하다가 잡히게 되고 결국 사자 굴에 들어가게 됩니다.

여기서 우리가 주의하여 볼 것은 왕의 태도입니다. 다니엘의 대적들이 왕에게 다니엘의 범법사실을 알리고 그를 죽여야 한다고 주장했을 때 그는 심히 근심하고 괴로워합니다.

"왕이 이 말을 듣고 그로 말미암아 심히 근심하여 다니엘을 구원하려고 마음을 쓰며 그를 건져내려고 힘을 다하다가 해가 질 때에 이르렀더라" (단6:14)

그러나 신하들이 계속적으로 규례와 법도를 주장하며 다니엘의 처형을 요구할 때, 그는 비로소 그들의 궤계를 깨닫습니다. 그러나 왕이라고 해서 자신이 세운 법의 체계, 전통적으로 형성되어 왔던 법의 권위를 무시할 수는 없는 것입니다.

그는 자신이 신하들의 간계에 넘어진 것을 느낍니다. 그는 신하들이 자기의 권위를 한껏 높여주자 기분이 좋아져서 별 생각 없이 거기에 동의하고 도장을 찍었는데, 지금 겪고 있는 상황은 결코 그가 원했던 상황이 아니었던 것입니다.

결국 왕은 어쩔 수 없이 다니엘을 사자 굴에 넣도록 허용합니다. 그리고는 궁에 돌아가서 음식도 먹지 않고, 마시지도 않고, 모든 파티, 노래 소리를 다 물리칩니다. 그는 다니엘에 대한 고통과 염려로 밤을 꼬박 새웁니다. 그 다음날 새벽 그는 일찍이 일어나 급히 사자 굴로 가서 슬프게 말합니다.

"살아 계시는 하나님의 종 다니엘아, 네가 항상 섬기는 네 하나님이 사자들에게서 능히 너를 구원하셨느냐"(단6:20)

물론 왕은 다니엘이 살아있으리라는 것을 전혀 기대하지 않았을 것입니다. 마치 사랑하는 옛 친구를 잃은 사람과도 같이 그는 고통스러운 넋두리를 표현하는 것에 지나지 않았을 것입니다. 그러나 놀랍게도 사자 굴에서 다니엘의 살아있는 음성이 들려왔습니다.

"다니엘이 왕에게 아뢰되 왕이여 원하건대 왕은 만수무강 하옵소서 나의 하나님이 이미 그의 천사를 보내어 사자들의 입을 봉하셨으므로 사자들이 나를 상해하지 못하였사오니 이는 나의 무죄함이 그 앞에 명백함이오며 또 왕이여 나는 왕에게도 해를 끼치지 아니하였나이다 하니라"(단6:20-21)

그의 음성을 듣고 왕은 놀람과 기쁨으로 가득하여 다니엘을 굴에서 꺼내게 하고 그를 모함했던 사람들을 그 사자 굴에 던져 넣게 합니다. 왕이 이 신하들을 사자 굴에 던져 넣을 때 그는 다니엘의 경우와는 달리 전혀 갈등을 하지 않았습니다.

과연 다니엘에 대한 왕의 태도는 무엇을 의미할까요? 모든 권력을 갖고 있는 왕이 무엇이 아쉬워서 다니엘의 문제로 그토록 괴로워했을까요?

명령만 하면 모든 신하들을 살릴 수도 죽일 수도 있는 그가, 모든 사람들이 그에게 충성을 했을 텐데, 유독 그가 다니엘을 편애한 이유는 무엇이었을까요?

세계 최고의 권력을 갖고 있는 그가 한 신하의 죽음 때문에 금식하고, 밤을 꼬박 세워야 하는 이유는 무엇이었을까요? 무엇 때문에 그는 밤을 꼬박 세운 후 사자 굴에 가서 가슴아파하면서 그의 이름을 불렀을까요?

우리는 그 해답을 쉽게 알 수 있을 것입니다. 따뜻한 정을 준 사람만이 따뜻한 정을 받을 수가 있습니다. 따뜻한 애정과 부드러운 친절을 상대로부터 받은 사람은 그것을 잊기가 어렵습니다.

오늘날의 부모들은 자식들에게 진정한 따뜻함을 주고 표현하는 것에 서투릅니다. 돈을 주고 아이들을 교육시키며 물질적인 필요를 공급하면 모든 의무를 다한 것으로 여깁니다. 아이들을 조용히 안아주고 너는 얼마나 귀한 존재이며 엄마가, 아빠가 너를 얼마나 사랑하고 있는지를 표현할 줄 모릅니다.

그러나 물질을 공급하고 자녀들의 필요를 채워준다고 해도 그 행위에 진정한 따뜻함이 흐르지 않는다면 그것은 상대방에게 깊은 영향을 주지 못합니다. 그러므로 이들은 노년이 되었을 때 무정한 자식들을 원망하며 고독하게 늙어 가는 것입니다. 그들은 '내가 그놈을 어떻게 키웠는데..' 하면서 눈물짓게 되는 것입니다.

진정한 영혼의 교류, 내적인 친밀감이 없을 때 그 관계는 형식과 껍데기에 지나지 않는 것입니다. 그러한 관계는 의무감에 의해서 외형적으로 지탱될 수는 있지만 그것은 아름다움과 사랑과 그리움이 흐르지 않는 피상적인 관계가 되는 것입니다.

왕에게 있어서 다니엘은 단순한 신하가 아니었습니다. 단순히 유능한

참모, 충실한 부하가 아니었습니다. 다니엘의 옆에서 왕은 어떤 편안함을 느꼈었습니다. 다니엘의 지혜로운 조언과 충실함은 느부갓네살왕에게 있어서 단순한 업무능력의 탁월함 이상이었습니다.

왕은 그것을 우정이라고 느꼈습니다. 다니엘의 눈동자에서 왕은 그의 따뜻한 마음을 느낄 수 있었습니다. 때로는 왕과 신하의 위치에서 벗어나 그들은 많은 친밀감 있는 대화를 나누었습니다. 다니엘은 이제 왕에게 하나의 분신과 같은 존재였던 것입니다.

아무 것도 부족함이 없는 왕, 그에게 있어서 유능한 신하는 하나 잃어버릴 수도 있고, 똑똑한 참모는 또다시 대체할 수 있는 것이겠으나, 그와 우정을 나누고 그를 진심으로 아껴주고 사랑하는 친구, 마음껏 가슴에 담긴 모든 말을 할 수 있는 사람을 잃는다는 것은 견디기 어려운 고통이었을 것입니다. 그러기에 그는 다니엘의 죽음 앞에서 그토록 슬퍼했고, 다니엘이 되 살아났을 때 그토록 기뻐했던 것입니다.

그것은 다니엘의 죽음이 아닌 곧 자신의 죽음이었고, 다니엘의 부활은 또한 그 자신의 부활이었던 것입니다.

나는 오늘날의 그리스도인들을 생각해 봅니다.

과연 우리는 다니엘과 같이 따뜻한가요? 사람들은 우리와 함께 있을 때 따뜻함을 느끼고 있을까요?

옳다, 그르다, 이것이 맞고, 저것은 틀리다.. 이것을 떠나서 우리는 오늘 상황에서, 심지어 술자리에서 우리를 괴롭히는 사람들을 진정 사랑하고 따뜻하게 대해주고 있는지요. 우리가 직장을 떠났을 때 과연 사람들은 그 왕과 같이 잠을 이루지 못하고 슬퍼할까요. 그들이 어떤 말을 해도 우리가 그들을 사랑하며 그들의 이야기를 들어주고 마음을 알아주며 그들의 편이 되어줄 수 있다는 확신을 우리는 그들에게 주고 있는지요.

진정 따뜻한 기독교를 위하여, 따뜻한 그리스도인이 되기 위하여 우리는 자신을 돌이켜 보아야 할 것입니다. 그리고 주님께 그분의 긍휼을 구해야 할 것입니다. 왜냐하면 그분의 은총이 없이는 그분과의 실제적인 관계를 갖지 않고는 우리는 결코 따뜻한 사람, 아름다운 사랑의 사람이 될 수 없기 때문입니다.

오, 부디 주님께서 우리에게 은총을 베풀어 주셔서 우리 모두가 그러한 사람이 될 수 있기를 간절히 구합니다. 아멘.

2부 영적 전쟁

신앙은 하나님께 대한 측면과
마귀에게 대한 측면이 있습니다.
하나님을 향해서는 순종과 경배,
헌신의 관계를 가져야 하며
마귀에 대해서는 믿음을 굳게 하여
그들의 궤계를 대적하고 깨뜨려야 하는 것입니다.
그러므로 성경은 '하나님을 가까이 하라.
그리하면 너희를 가까이 하시리라.
마귀를 대적하라. 그리하면 너희를 피하리라'
하고 권면하고 있는 것입니다. (약4:7,8)

그러나 이러한 전쟁은
그 우선순위가 분명해야 합니다.
우리는 하나님과의 바른 관계를 통해서만
마귀를 물리치고 승리할 수 있는 것입니다.
또한 이 전쟁은
진리의 기초 위에서 행해져야 합니다.
바른 지식과 이해가 없는 영적 전쟁은
신앙의 중심방향에 있어서 혼란이 오거나
지나친 두려움이나 긴장, 경직됨 등의
다양한 부작용을 낳을 수 있으며
무엇보다도 그리스도인의 누림과 따뜻함을
소멸시킬 수도 있기 때문입니다.

1. 어떤 정죄

    청년시절의 어느 날, 나는 장충단 공원으로 전도를 나갔습니다. 나는 벤치에 앉아있는 사람들에게 전도지를 나눠주면서 반응을 보이는 사람들과 잠시 대화도 하면서 한쪽 끝에서 공원의 중앙 쪽으로 나아가고 있었습니다. 반대편 쪽에서는 어떤 스님이 전도지 같은 종이를 나눠주면서 중앙 쪽으로 나오고 있었습니다.
    우리는 중앙에서 마주치게 되었습니다. 마침 목도 말랐고. 조금 쉬고 싶었던지라 내가 먼저 스님에게 말을 건넸습니다.
    "안녕하세요, 스님. 날도 더운데 음료수나 한 잔 하실 까요?"
    스님은 선선히 고개를 끄덕였습니다.
    "좋소. 그렇게 합시다."
    공원의 중앙에는 간이식 매점이 하나 있었습니다. 내가 음료수 캔을 두 개 신청하자 주인이 갑자기 거친 톤으로 말을 하는 것이었습니다.
    "마귀새끼와 무슨 이야기를 하는 거요?"
    나는 영문을 몰라서 주인 아저씨의 얼굴을 쳐다보았습니다.
    "네? 마귀새끼라뇨?"
    주인 아저씨는 험악한 얼굴로 나의 옆에 서있는 스님을 가리켰습니다.
    "저기, 저 중 말이오. 저런 사람들과는 대화해도 소용없어요. 저들은 다 마귀 자식들이요."
    나는 그제야 주인 아저씨의 말뜻을 이해했습니다. 나는 그에게 물었습니다.

"아저씨는 예수 믿는 분이세요?"

그는 수긍했습니다.

"그렇소. 나도 믿는 형제요. 형제가 전도하는 것을 보았는데, 저런 사람과는 상대하지 말아요."

나는 매점 주인 아저씨의 얼굴을 가만히 쳐다보았습니다. 그분의 얼굴은 매우 경직되어 있었고 사납게 보였습니다.

그는 내게만 들리게 조용히 이야기한 것이 아니라 큰소리로 외치듯이 말했기 때문에 그의 말은 스님에게도, 옆에 있던 다른 사람들에게도 다 같이 들렸습니다.

스님은 자기를 가리켜 마귀라고 말하는 그 주인아저씨의 말에 빙그레 미소를 지을 뿐이었습니다. 마치 가소롭다는 듯, 아저씨의 무례한 말에도 불구하고 그의 얼굴은 매우 온화하고 부드럽게 보였습니다.

나는 얼굴이 뜨거워지는 것을 느꼈습니다. 옆에 있는 다른 사람들은 이 두 사람을 과연 어떻게 평가할까요? 사납고 경직된 모습으로 상대방을 가리키며 마귀라고 이야기하는, 예수 믿는 사람과 이에 대하여 그저 허허 웃으며 여전히 여유와 웃음을 간직하고 있는 그 스님에 대해서 말입니다. 나는 자리를 옮긴 후 스님에게 사과의 말씀을 드렸습니다.

"스님, 죄송합니다. 제가 대신해서 사과드리겠습니다."

스님은 여유 있게 말했습니다.

"괜찮소, 청년. 저렇게 어린 중생이 많이 있지요."

벤치에 앉아서 나는 그와 여러 가지 이야기를 나누었습니다.

내가 물었습니다.

"스님, 신의 존재를 인정하십니까?"

그는 애매하게 대답합니다.

"신? 있다면 있고, 없다면 없지. 우리 모두가 신이고 또 아닐 수도 있지."

"그러면 이 눈에 보이는 모든 세계는 다 무엇입니까?"

"모든 게 다 무지, 무야. 이 우주는 허무로 가득 차 있는 게야."

"그러면 스님, 살아가는 이유는 무엇입니까?"

"모르지. 무야. 허무로 돌아가는 거야."

"그러면 스님, 도대체 무엇을 전파하시는 것입니까?"

"허무지, 허무. 무의미를 전하는 거야."

그는 비슷한 이야기를 반복하더니 목례를 하고 사라져갔습니다. 그의 이야기를 듣다 보니 정말 허무한 생각이 들었습니다. 사람은 참 착하고 좋아 보이는데 저렇게 애매한 인생 철학과 목적을 가지고 살아가며, 또 그것을 진리라고 전하고 다니는 모습이 몹시 측은하게 느껴졌습니다.

그러나 나는 또 다른 우울함이 다가오는 것을 느꼈습니다. 그것은 조금 전에 만난, 자신을 믿는 형제라고 주장하던 매점주인 아저씨에 대한 안타까움이었습니다. 저렇게 허무하고 비참한 철학을 가지고 있던 스님도 따뜻한 인간미와 온화한 부드러움을 가지고 있었습니다. 그러나 진리를 알고 있다고 자처하는, 하나님을 아버지라 부르며 믿음을 가지고 있다고 자부하던 그는 적어도 외적으로 보기는 거칠음과 사나움, 정죄 의식과 날카로움으로 가득 차 있었던 것입니다.

과연 우리는 스님에 대하여, 그리고 타 종교인에 대해서 사탄이라고, 마귀라고 할 수 있을까요? 물론 그들은 바른 진리를 발견하지 못하였습니다. 그들은 거저 주시는 하나님의 은혜와 사랑, 이 땅에 오셔서 우리를 위해 피 흘리심으로 속죄하신 하나님의 용서를 깨닫지 못하였습니다.

그러나 그들이 아직 비진리 가운데 있고, 심지어 거짓 종교에 빠져 있다고 해도 그들은 여전히 구원의 대상이며 사랑의 대상입니다. 여전히 그들을 지으신 분은 하나님이시며 그런 의미에서 그들은 하나님의 자녀입니다. 아니, 아직 하나님의 자녀라 부를 수 없다면 언젠가는 그렇게 불려야 될 사람들입니다. 그리고 그것을 위해서 우리는 부름을 받은 것입니다.

만약 우리가 바른 진리를 가지고 있다면, 만일 우리가 가지고 있는 것이 참된 실제라면, 그것은 우리의 삶을 통해서 드러나야 합니다. 날카로운 정죄의 표현과 언사에 의해서가 아니라 부드러움과 관용과 사랑으로써 우리의 믿음이 입증되어야 합니다. 적어도 그들을 마귀 취급하는 것은 그들을 구원하는 데도, 그들의 마음을 여는 데도 아무런 도움이 되지 않을 것입니다.

나는 우울한 마음으로 장충단 공원을 나왔습니다. 우리는 세상에 대해서 변화될 것을 외치기 전에 우리 자신이 먼저 변화되어야 할 것입니다. 우리의 마음도, 의식도 경직되지 않은 자유하고 풍성한 그리스도인의 모습을 가지게 될 때 우리는 좀 더 사람의 마음을 열 수 있을 것이며 많은 영혼들을 그리스도에게로 이끄는 아름다운 통로로 쓰일 수 있게 될 것입니다.

2. 주님의 임재와 영적승리

　신앙은 한쪽 측면에 하나님과의 관계가 있으며 이 관계에서 우리는 예배와 헌신으로 주님께 나아가며 그 결과 교제와 누림을 갖습니다. 신앙의 다른 한쪽에는 마귀와의 관계가 있으며 우리는 그들을 향하여 대적하고 싸우며 제압합니다.
　그러므로 신앙은 하나님을 아는 것이며 마귀를 물리치고 대적하는 것입니다. 신앙은 그러므로 부분적으로 누림이며 부분적으로 전쟁입니다. 하나님께 나아갈 뿐 아니라 또한 마귀를 대적하고 싸우는 측면도 신앙의 중요한 분야인 것입니다.
　이 영적 전쟁에는 균형 잡힌 시각과 통찰력이 필요합니다. 성경에는 많은 부분에서 이 영적 전쟁에 대하여 언급하고 있으며 계시록 2, 3장에 나오는 일곱 교회에도 빠짐없이 '이기는 자들'에 대한 언급이 나옵니다.
　어떤 이들은 이 영적 전쟁에 대하여 아주 무지하거나 하나의 개념 정도로만 이해합니다. 반면에 어떤 이들은 노이로제에 가까울 정도로 이 마귀와의 싸움에 몰두합니다. 그러나 어느 쪽이든 한쪽으로 지나치게 기울어지는 것은 믿음의 성장에 도움이 되지 않습니다. 그러므로 균형과 조화 속에서 영적 전쟁은 수행되어야 하는 것입니다.
　나는 기도를 많이 하고 영적인 경험을 많이 한 분일수록 영적 전쟁에 대하여 지나치게 민감한 경우를 많이 보았습니다. 오히려 기도를 많이 하는 사람들이 기도를 별로 하지 않거나 거의 하지 않는 사람들 보다 많이 속을 수 있는 경향이 있는 것입니다.

다음과 같은 이야기는 영적 전쟁 노이로제의 한 극단적인 모습을 잘 보여줍니다. 어떤 신실한 그리스도인 사역자 두 명이 그들의 사역을 위하여 여행을 하게 되었습니다. 그들은 한 호텔에 숙소를 정하고 방의 열쇠를 받은 후 방으로 들어가려고 했습니다. 그러나 방문이 잘 열리지 않았습니다. 방문의 손잡이가 너무 미끄러웠던 것입니다. 한 사역자가 동료에게 말했습니다.

"형제, 우리 같이 기도해야 하겠소. 마귀가 우리의 사역을 방해하기 위하여 역사하고 있는 것 같소. 같이 마귀를 쫓읍시다."

그는 열심히 기도하며 마귀를 대적했습니다. 그러나 여전히 문은 잘 열리지 않았습니다. 그러나 그의 동료 그리스도인이 말했습니다.

"걱정 마세요. 나에게 맡겨 보십시오."

그리고는 그는 손잡이를 잠시 어루만지는 것 같더니 쉽게 문을 열었습니다. 앞의 사역자는 환성을 터뜨렸습니다.

"대단하군요! 마귀의 역사를 그렇게 쉽게 물리치다니! 정말 당신은 신령한 사역자요. 도대체 어떻게 한 거요?"

동료는 태연하게 말했습니다.

"신령하기는요. 문의 손잡이에 기름이 묻어 있기에 휴지를 꺼내서 닦았지요. 그러니까 잘 열리더군요."

이 이야기가 너무나 어처구니없게 들리겠지요? 그러나 나는 이와 비슷한 경우를 많이 접해보았습니다. 어쩌면 우리는 더욱 더 신령해 질수록 바보가 되는 것인지도 모릅니다.

우리가 주님과 멀어질수록 우리는 따뜻함과 부드러움을 잃어버리고 긴장하여 경직된 태도를 가지게 됩니다. 우리가 영혼의 실상이 아닌 형식이나 개념, 원리에 지나치게 몰두할 때 우리는 자연스럽지 않고 묶여지게 됩니다. 주님으로부터 시선을 돌려 마귀와 그의 실재에 초점을 맞추고 대적과의 싸움에만 몰입하게 되면 우리는 강하고 이기는 것 같이 보이지만 사실은 쫓기게 되며 긴장되고 여유가 없는 신앙생활을 하게 되는 것입니다.

영적 현상에 몹시 민감한 어떤 목사님이 있었습니다.

영적인 체험을 좋아하는 이러한 성향은 기질이나 사명과도 관계가 있는 것으로 보입니다. 왜냐하면 사람들은 어릴 때부터 어떤 사람은 생각이 많고, 어떤 이는 느낌과 감상이 많으며 어떤 이는 행동이 많기 때문입니다.

즉 어떤 사람은 깨닫는 것과 가르치는 것을 좋아하고, 어떤 이는 감동을 받는 것을 좋아합니다. 어떤 사람은 무조건 움직이려고 하며 가만히 있는 것을 견디지 못합니다. 그러므로 태어날 때부터 어떤 이는 진리적이며, 어떤 이는 정서적이며 어떤 이는 행동적입니다. 영적인 느낌과 분위기, 체험을 좋아하는 것은 이러한 기질과 연관이 있습니다.

지적인 사람들은 영적인 현상이나 느낌에 대하여 예민한 사람들을 불편해하는 경향을 가지고 있는 것이 보통이지만, 그러나 모든 사람들은 다 기질적인 장단점을 가지고 있으며, 그것으로 다른 사람을 돕거나 도움을 받을 수 있는 것입니다.

지적인 사람의 냉정함은 정서적인 사람의 따뜻함과 행동적인 사람의 열정으로 보완될 수 있으며 정서적인 사람의 치우침은 지적인 사람의 지혜로운 가르침을 통해서 보완될 수 있습니다. 행동적인 사람도 일을 벌이기에 앞서 깨달음과 사랑, 의미 등을 진리적인 사람과 정서적인 사람의 도움을 받아야 하는 것입니다.

이 목사님은 영적인 분위기와 영적 현상에 몹시 민감해서 예배를 드릴 때마다 항상 그들의 예배를 방해하기 위해서 악한 영이 그들을 누르고 있는 것을 느꼈습니다. 그는 예배를 시작할 때마다 모든 성도들에게 머리를 숙이게 하고 예수 이름으로 악한 영을 꾸짖는 기도를 했습니다.

"나사렛 예수 그리스도의 이름으로 명하노니, 오늘 성도들에게 붙어있는 악한 영과 이 곳에 와 있는 마귀들은 떠나갈 지어다!"

그는 이것을 힘차게 여러 번 반복했고, 그러면 성도들은 뭔가 짓눌리는 듯한 느낌이 사라지고 시원한 기분이 되었습니다.

그러나 마귀의 집요한 공격은 예배 때마다 반복되었고 그리하여 마귀를 쫓아내는 시간은 조금씩 더 길어졌습니다. 어느 날 기도 중에 주님께서 그 목사님에게 말씀하셨습니다.

"A목사야, 왜 너는 나를 예배하지 않고, 마귀를 예배하고 있느냐?"

물론 그 목사님은 기절할 정도로 놀랐습니다. 그래서 그는 항의했습니다.

"주님, 마귀를 예배하다니요. 어떻게 그럴 수가 있습니까! 저는 오직 주님만을 예배할 뿐입니다."

"너는 예배를 드리면서 성도들로 하여금 눈을 감고 고개를 숙이게 한 후 마귀의 능력과 임재에 대해서 이야기했다. 너는 그럴 의도가 없겠지만 마귀는 이것을 자기에 대한 예배로 인식하고 있다. 그래서 너의 교회에서 예배를 드릴 때마다 그 주변에 있는 크고 작은 마귀들이 예배를 받기 위해 너희에게로 모여들고 있다."

목사님은 기가 막혀서 졸도할 지경이었지만 마귀를 대적할 때마다 그때뿐이었고, 그들의 압력이 점점 더 커졌던 것을 기억해냈습니다. 목사님은 울부짖듯이 주님께 물어보았습니다.

"주님! 정말 너무 죄송합니다. 그러면 저는 어떻게 해야 하나요?"

"너의 관심을 마귀에게 지나치게 쏟지 말아라. 나는 십자가에서 이미 그들을 모두 처리했느니라. 너는 오직 나만을 바라보라. 나만을 찬양하라. 그리할 때 마귀는 너희를 털끝 하나도 건드리지 못할 것이다."

그 날 이후로 그들의 예배는 바뀌었습니다. 그들은 예배를 드리면서 어떤 억압이나 부자유가 있더라도 그것을 무시했습니다. 그들은 오직 주님을 바라보고 그분의 살아 계심과 그분의 승리를 찬양했습니다. 그분의 끝없는 사랑과 자비와 긍휼을 높여드렸습니다. 그들은 아무런 느낌이 없을 때에도 주님의 임재를 바라보았습니다.

점차로 그들의 예배에서 압박감이 사라지게 되었습니다. 그들의 예배에는 하나님의 임재하심이 충만하게 되었습니다. 그들은 마귀를 무시하고 오직 주님의 임재에 초점을 맞추었기에 마귀는 더 이상 그들의 관심을 끌거나 그들을 방해할 수 없었습니다.

이것은 마귀의 공격이나 방해에 대해서 신경을 쓸 필요가 없으며 가만히 내버려두어야 한다는 의미가 아닙니다. 성경에는 영적 전쟁에 대하여 분명하게 언급하고 있으며 그것은 그리스도인들의 중요한 사역입니다.

다만 진정한 영적 전쟁의 승리는 하루 종일 마귀와 싸우며 큰 목소리를 내고 침을 튀기며 흥분과 열정과 담대함을 가지는 것, 오직 그러한 방식을 통해서만 오는 것은 아닌 것입니다.

그것은 우리의 의식, 믿음에 달려 있는 것입니다. 우리의 눈을 들어 주님께 고정시킬 때, 받을 자격이 없는 우리에게 무한한 은혜를 주시고 주의 이름을 부를 때마다 임재하시고 찾아오시는 그 영광의 주님을 높여드릴 때, 그 사랑의 주님께 사랑을 고백할 때 진정한 승리는 오는 것입니다.

아무리 긴장하고 흥분하고 싸워도 패배할 수가 있으며 그저 부드럽고 고요하게 안식을 취하여도 승리할 수가 있습니다.

그러므로 진정한 승리를 위해서 우리는 아름답고 따뜻한 주님의 사랑 가운데 더 깊이 나아가야 하는 것입니다.

3. 믿음으로 보이는 것을 이김

기도에는 여러 가지의 단계와 체험들이 있습니다.

기초적인 기도 중에 능력기도, 은사적인 기도가 있는데 이것은 기도자의 영성이 별로 발전되어 있지 않아서 주님께서 그의 영혼과 교통하시기가 어려우므로 그의 육체에 은사를 부어주시는 과정에서 나타납니다. 그러므로 일반적으로 이러한 은사적인 기도는 내면의 영성이 그리 발달하지 않은 영성 발전단계 초기의 성도들이 많이 경험하게 됩니다. 그것은 주님께서 영적인 어린아이들을 좀 더 자신에게로 이끄시도록 기도의 맛을 보여주는 단계입니다.

이러한 기도에는 환상이나 음성 등의 다양한 느낌이나 신기해 보이는 경험이 동반되기도 하므로 기도의 초보자들은 우쭐하기도 합니다. 그러나 몸에 임하는 느낌이나 무엇을 보거나 듣는 것이 영의 성장에 그리 도움이 된다고 할 수는 없습니다.

영이 좀 더 자라면 더 이상 신기한 장난감들을 찾아다니지 않습니다. 오직 주님 자신을 구하며 그분의 뜻에 자기를 복종시키기 원할 뿐입니다. 몸에 임하는 체험 자체를 기대하거나 자신을 드러내려는 것에 차츰 흥미를 잃어버리게 되는 것입니다.

기도의 세계에 조금 들어가서 영적 전쟁을 알게 되고 그 싸움의 현장을 보게 되고 여러 악한 영의 움직임들을 느끼게 되면 사람들은 긴장하고 전쟁에 몰두합니다. 그러나 이 단계는 하나의 과정으로 가능하면 여기서 머물지 말고 그 다음의 단계로 발전해가야 합니다.

영적 현상과 느낌에 사로잡혀 마귀와 싸우는 데에 몰두하다 보면 어느 정도 승리감과 자유함의 열매가 따라오기는 하지만 거기에만 집중하고 있으면 사랑과 누림, 안식, 여유, 따뜻함 등을 상실해 버릴 수 있기 때문입니다.

전투의 목적은 전투가 끝난 후 이 사랑의 관계를 누리기 위한 것입니다. 전투 자체가 목적은 아닙니다. 그러므로 신령한 세계가 열린 결과 전투 자체에 지나치게 몰두하여 따뜻함과 부드러움을 잃어버리게 된다면 그는 이기고 있는 것 같지만 사실 속고 있는 것입니다.

어떤 목사님이 사업하시는 집사님의 사무실에 방문하였습니다. 그 사업가는 매우 심각한 표정을 짓고 있었습니다. 목사님이 그에게 물었습니다.

"집사님. 몹시 우울해 보이는군요. 무슨 문제라도 있나요?"

사업가는 침울한 표정으로 대답했습니다.

"기도를 많이 하고 영이 맑은 분이 다녀가셨는데, 우리 사무실을 용 몇 마리가 포위하고 있다는군요. 그래서 요즘 사업이 안 풀리나봐요."

목사님은 쓴웃음을 짓더니 성경을 꺼내어 한 군데를 펼쳐보았습니다.

"마태복음 28장 20절을 읽어보세요. '볼지어다. 내가 세상 끝날까지 너희와 항상 함께 있으리라' 라고 되어있지요? 용이 100마리가 여기 있어도 괜찮습니다. 주님이 우리와 함께 계시니까요."

집사님은 갑자기 눈을 크게 떴습니다.

"정말일까요? 정말 주님이 같이 계신가요?"

목사님은 크게 웃으면서 대답했습니다.

"주님께서 거짓말하는 것 보셨어요?"

사람들은 주님께서 성경에 직접 하신 말씀을 잘 믿지 않고 그래서 기분이나 느낌, 영적이라고 생각되는 사람들의 말을 더 신뢰합니다. 그렇게 되면 믿음이나 마음이 혼돈을 겪게 되는 것은 당연한 일인 것입니다.

사람들은 기도하다가 보이는 뱀이나 호랑이의 형상, 용이나 귀신의 모습을 몹시 두려워합니다. 그러나 그러한 것들은 그리 대단한 것이 아닙니다. 성경에서 사탄은 이 세상 신이나 임금이라고 묘사되어 있습니다. (고후4:4, 요12:31) 그러므로 이 세상과 세상의 악한 문화의 배경에는 사탄이 있고 그것은 일반적인 일입니다. 우리는 주님의 나라에 속한 자들로서 당연히 이 세상에 속한 영들과 전쟁이 있습니다. 그것은 자연스러운 일이며 별로 대수로운 일이 아닌 것입니다.

그러나 전쟁이 있을지라도 우리는 주님으로부터 받은 권세와 능력을 가지고 있으며 주님을 의뢰하는 사람들은 주님께서 그를 지켜주시고, 또한 그의 성장에 필요한 만큼의 고난과 훈련을 주님께서 허용하시므로 우리가 귀신이나 마귀의 공격에 대하여 걱정할 필요는 없는 것입니다.

어떤 유명한 영성인 목사님이 계셨습니다. 그분은 주님을 신뢰하고 믿음으로 사는 분이셨습니다. 어느 날 그는 자기의 침대가 몹시 흔들리는 바람에 잠이 깼습니다. 그가 눈을 떠보니 커다란 마귀의 형상을 한 자가 그를 노려보고 있었습니다. 이 목사님은 어떻게 반응했을까요? 그는 크게 입을 벌리면서 하품을 했습니다.

"오, 너였구나."

그는 다시 잠을 청했고 바로 잠들어 버렸습니다.

어떻게 그는 마귀를 무시하고 태연하게 잠이 들 수 있었을까요? 그의 믿음과 영성은 이제 이런 사소한 일에 놀라지 않을 만큼 강하고 충만했고, 그는 주님만을 온전히 신뢰하므로 주님의 허락이 없이는 자기의 머리카락 하나도 땅에 떨어지지 않는 것임을 잘 알고 있었기 때문입니다.

오래 전 어떤 형제가 전화를 해왔습니다.

"형님, 기도 좀 해주세요. 지금 마귀가 얼마나 극도로 역사하는지 온 몸이 너무 아파요. 머리가 깨질 것만 같아요."

나는 물었습니다.

"마귀가 어디 있는데?"

"제 주변을 포위하고 있어요. 공중에 전선줄이 있는데 거기에도 여러 놈들이 앉아있는데 가지를 않아요. 오늘 기도를 얼마 못해서, 영력이 떨어져서.."

나는 그에게 시중에서 떠도는 우스개 이야기를 하나 해 주었습니다. 그리고 물었습니다.

"머리가 좀 맑아진 것 같지 않아?"

전화기 너머로 의아해 하는 그의 음성이 들려왔습니다.

"정말, 신기하네. 머리가 안 아픈 것 같아요. 왜 그러지?"

나는 설명을 합니다.

"계속 마귀를 생각하니까 머리가 아프지. 잠깐 생각을 마귀로부터 우스운 다른 얘기로 돌리니까 맑아진 거야. 하지만 이제는 빛의 생각을 해야지, 성경을 펼쳐봐요."

나는 그에게 성경 요한일서 4장 4절을 찾게 했습니다.

"'자녀들아 너희는 하나님께 속하였고 또 그들을 이기었나니 이는 너희 안에 계신 이가 세상에 있는 자보다 크심이라' 고 기록되어있지? 주님께서 십자가에서 마귀를 깨뜨렸기 때문에 이미 우리는 이긴 거예요. 그러니 이 말씀을 계속 주장해야 돼. 사탄아, 나는 이미 이겼다, 주님은 이미 이기셨다! 하고 믿고 선포해야 돼요. 몸이 아픈 느낌, 그 감각을 믿으면 안돼요. 우리의 감각은 실제가 아니지만 주님의 말씀은 실제이니까."

많이 좋아진 목소리로 형제가 대답했습니다.

"형, 형이 그 말씀을 하니까, 전선줄 위에 앉아 있는 마귀들이 지금 눈이 뱅뱅 돌아서 헤매고 있어요."

"마귀 얘기 그만 하고 주님을 생각하라니까."

이 세상에는 많은 좋은 생각들이 있습니다. 적극적인 사고방식, 희망적인 사고.. 그러나 그것들은 생명에 속한 진리가 아닙니다. 그것은 잠시 위안이 되는 육체의 위로에 불과하며 주님께로부터 나온 것이 아닙니다. 참된 빛의 생각은 바로 주님 자신입니다. 주의 이름을 부르며 주님을 생각할 때 우리는 빛으로 둘러싸이게 되는 것입니다.

긍정적이고 희망적인 생각은 심리적인 것이며, 사람의 정신과 육체를 강하게 하는 것이므로 마귀는 그런 것을 전혀 두려워하지 않습니다. 그러나 우리가 주님을 바라보고 그분을 신뢰함으로 경배를 드리며 마귀의 역사를 무시하고 대적하면 그는 도망갈 수밖에 없는 것입니다.

신령한 것, 투시, 영적 세계를 보는 것을 대단하게 생각하는 사람들이 있습니다. 그러나 그것은 실상 별것이 아닙니다. 그것은 영적인 세계를 이해하는 데 약간 도움이 될 뿐입니다.

어떤 사람이 누군가를 미워하고 있다면, 영안이 열린 사람은 그 사람을 볼 때 으르렁거리는 호랑이의 모습이 보이거나 그의 가슴속에서 악한 불길이 움직이는 것이 보일 것입니다. 누군가 간교하게 처신할 때 영안이 열렸다면 여우의 형상이 보일 것입니다. 그러나 사실 그런 정도는 영이 열리지 않더라도 어느 정도 사회경험, 사람 경험을 해 본 사람은 쉽게 느낄 수 있는 것입니다.

우리가 예배를 드리면서 찬양을 하고 통성 기도를 할 때, 영안이 열린 사람이 보면 예배당 안에 천사가 가득하고 금빛 가루가 마구 쏟아지는 것을 볼 수 있을 것입니다. 그러나 보이지 않더라도 그것은 당연한 현상입니다. 주님께서는 마태복음 18장 20절에 '두세 사람이 내 이름으로 모인 곳에는 나도 그들 중에 있느니라' 고 말씀하셨기 때문입니다.

나는 예전에 어떤 자매가 내가 예배를 드리고 있는 중에 영이 열려 내게서 빛이 환하게 쏟아져 나가는 것을 보았다는 말을 듣고 무척 기분이 좋았던 적이 있었습니다. 그러나 나중에 깨닫고 보니 그것은 별로 자랑스러운 일이 아니었습니다. 왜냐하면 대부분의 예배에서 대부분의 목회자가 기도하거나 찬양할 때 정도의 차이는 있으나 빛과 불의 역사가 흘러나오기 때문입니다.

빛은 진리를 깨닫게 하는 힘이며 불은 말씀을 실천케 하는 역동적인 에너지입니다. 그러므로 집회에서 진리를 깨달았다면 이는 빛을 받은 것이며, 어떤 감동이나 도전을 받았다면 이것은 불을 받은 것입니다.

물론 그 빛과 불의 느낌은 신체적으로 반드시 느껴지는 것은 아닙니다. 또한 그 빛과 불은 각 사람의 수용 수준에 따라 경험되는 차원이 다르므로 그렇게 마냥 자랑스러워 할 것은 못 됩니다. 그러나 이런 것을 전혀 보지 못하는 사람도 이 집회가 감동이 되고 있는지, 아니면 지루하고 따분한 집회인지는 쉽게 느낄 수 있는 것입니다.

예배가 지루하다면 그것은 그 예배 가운데 뭔가 영의 흐름이 막혀있기 때문입니다. 분노와 미움, 용서하지 않음, 두려움, 근심 등이 목회자나 성도들 가운데 있을 때 이를 처리하지 않게 되면 영의 흘러나옴이 제한을 받게 되므로 영이 답답하여 고통을 느끼게 되는 것입니다.

어떤 형제는 아내가 워낙 센 마귀가 붙어서 예수를 믿지 않는다고 하소연합니다. 기도할 때마다 험상궂은 중의 모습이 보이는데 그것이 그녀의 믿음을 방해한다는 것입니다.

나는 한숨을 쉬고 나서 그에게 조언을 해줍니다. 주님을 믿지 않는 것은 마귀가 붙어서 괴롭히는 면도 있지만 또한 고집이 세기 때문이라고. 그리고 그 중인지 뭔지 하는 마귀를 쫓아낼 수 있는 비결을 가르쳐주겠다고 했습니다. 형제는 귀가 번쩍 뜨이는 모양입니다.

"정말요? 어떤 비결?"

"그녀에게 붙은 마귀를 쫓는 방법은 아주 간단합니다. 아주 부드럽고, 친절하게 대해 주세요. 진심으로 사랑하고, 섬기고, 백화점에서 고객 감동 세일하듯이 아내 감동세일작전."

형제는 어떤 신령한 비법이 있는 줄로 생각했다가 실망한 것 같았습니다. 내가 장난을 치고 있는 줄 알았겠지요. 하지만 나는 농담이 아니었습니다. 악한 영들은 사납고, 거칠고, 전투적인 분위기에서는 잘 소멸되지 않습니다. 그들은 일시적으로 쫓겨나지만 곧 다시 돌아옵니다. 그러나 사랑스러움, 부드러움, 따뜻함, 상대에 대한 섬세한 배려가 있을 때 마귀는 견디지 못하고 달아나는 것입니다. 그들은 그러한 분위기에서 몹시 고통을 느끼기 때문입니다. 그러므로 어떤 사람이 이를 갈면서 우리를 해하려고 달려와도 조용한 시선으로 부드럽게 응시해주면 그들 속의 악의 기운이 순식간에 꺾여 버리는 것입니다.

따뜻함, 사랑스러움 - 그것은 영적인 전쟁에서의 놀라운 힘입니다. 무기입니다. 그러므로 나쁜 것이 보여도 그것을 무시하십시오. 그리고 주님의 말씀, 영원한 사랑을 신뢰하십시오.

우리는 신실하지 않아도 주님은 언제나 신실하시니 항상 우리를 떠나시지 않고 우리를 버리시지 않으실 것입니다. 이렇게 그분에 대한 조용한 감사와 신뢰가 삶을 누리게 하며 신앙생활을 부드럽고 행복하게 할 수 있는 원동력이 되는 것입니다.

4. 주님의 임하심의 특성

　순진한 그리스도인들에게는 잘 알려져 있지 않지만, 기독교외의 이방세계에도 많은 영적인 현상과 체험이 있습니다. 그러므로 신자들은 영적 현상이나 경험에 대하여 조심하고 분별하는 것이 필요합니다.
　어떤 영적 현상에 너무 몰두하여 쫓아다니는 것도 문제가 있지만 그러한 현상에 대하여 전혀 무지한 것도 좋지 않습니다.
　하나님은 영이시므로 우리의 영이 그분을 접촉할 때 다양한 영적 경험이 생길 수 있습니다. 그러므로 다양한 영적 현상에 대한 어느 정도의 이해와 지식은 균형 잡힌 믿음을 위하여 필요한 것입니다.
　그리스도인과 상관없는 이방 세계에도 최면술, 기공, 마인드 컨트롤, 요가, 명상 등에 의하여 많은 영적인 현상이 나타납니다. 그러한 것들은 악한 영들, 속이는 영들로부터 오는 것이기 때문에 정상적인 그리스도인들은 그러한 것들을 불쾌하게 여기며 멀리할 것입니다. 그러나 그것을 직접 경험하는 비그리스도인들은 그렇게 느끼지 않습니다.
　기 훈련이든, 명상이든, 요가든, 훈련이 어느 정도의 수준에 들어가면 거기에는 황홀경이 있습니다. 속이는 영들이 일으키는 그 감동과 희열로 인하여 그들은 자신을 대단한 존재로 여기게 됩니다. 그들은 기독교인들의 영적경험도 그들과 비슷한 것으로 생각합니다. 더 나아가 자신들이 하나님의 능력을 받았다고 생각하기도 합니다.
　모든 영적 현상은 바른 영계로부터 오는 것, 주님과 천국으로부터 오는 것, 어두움의 영역인 미혹의 세계에서 오는 것과 사람의 안에 있는 잠재능력이 개발되는 것의 세 종류가 있습니다. 그러나 직접 마귀로부터 오지 않는 잠재능력의 개발이라 해도 그것은 하나님의 말씀과 바른 영적 세계에 대한 지식이 없이는 미혹의 영에 빠지는 것이 일반적입니다. 거듭나고 주님께 속하여 말씀의 진리 가운데 거하지 않은 사람은 미혹의 영에 빠지지 않을 수가 없습니다.

오늘날 기독교 안에도, 기독교의 집회 가운데에도 그 근원이 분명하지 않은 힘들이 많이 움직이고 있습니다. 영성을 추구하는 이들 가운데 어떤 이들은 신령한 은사나 능력을 너무 사모하는 나머지 무분별하게 이 세상의 영, 속이는 영들의 능력을 받아들입니다. 기도의 힘이 아닌 잠재능력의 힘을 사용하기도 합니다.

무지로 인하여 자기도 모르게 최면적, 암시적인 힘을 사용하는 사역자들도 많습니다. 그러한 것은 주님으로부터 나온 것이 아닙니다. 그것은 결코 주님의 열매를 맺을 수 없으며 나중에 많은 비참한 대가를 지불하게 될 것입니다.

그렇다면 어떤 영적 경험이 있을 때, 그것이 주님께로부터 온 것인지 세상의 영으로부터 온 것인지 어떻게 분별할 수 있을까요?

어떤 기독교 출판사에서 일하던 한 전도사가 '기 체험과 성령 체험은 똑같다' 는 말을 하는 것을 전해들은 적이 있었습니다. 정말 어처구니가 없는 말입니다.

기 훈련을 하는 사람들은 보통 몇 개월 정도만 훈련하면 진동현상이나 환상을 경험하고 되고 영적인 춤을 추게 되거나 약간의 치유능력이 나타나기도 합니다. 그러한 능력을 더 발전시킨 이들은 투시현상이나 영혼이 몸 밖으로 빠져나오는 유체이탈 현상을 경험하기도 합니다.

물론 기독교에도 이러한 경험들이 있습니다. 그렇다면 일견 외적으로 비슷하게 보이는 이 두 세계의 영적 경험은 어떤 잣대로 분별할 수 있을까요?

성경의 잣대는 분명합니다. 주님께로부터 온 체험은 그 사람의 삶 속에 아름다운 열매를 맺게 합니다. 그는 주님을 더욱 사랑하고 갈망하게 되며 주님과 좀 더 친밀한 관계를 가지게 됩니다. 형제를 사랑하게 되며 죄를 싫어하게 되며 주님께 더욱 헌신하고 섬기는 것을 원하게 됩니다.

또한 이방세계와 뚜렷이 다른 하나의 분별 표지는 인격적인 변화이며 따뜻함입니다. 주의 영의 경험에는 주님의 인격이 나타나며 주님의 인격은 매우 아름답고 따뜻한 것이기 때문입니다.

예전에 나의 책을 읽고 한 청년이 잠시 내가 사역하던 교회에 나온 적이 있었습니다. 그는 일찍부터 영적 현상에 심취하여 명상 등을 많이 하였고 명상 중에 머리 위에 빛을 받고 몸이 일시적으로 둥둥 떠다니기도 했다고 합니다. 이것은 공중 부양이라고 하는 현상인데 상당히 오랜 기간 수련을 해야 그런 현상이 나타난다고 합니다. 물론 그가 경험한 빛이 주님께로부터 온 빛은 아닙니다.

그는 그 경험 후에 왠지 두려운 생각이 들어 더 이상 그러한 수련을 하지 않게 되었고 이후에 기독교에 귀의하여 삼 년을 교회에 다녔습니다. 그러나 확신이 없어서 다시 불교로 돌아가려고 하다가 나의 책 〈그리스도인의 아름다운 영성〉을 읽고 거기에 나타나있는 주님의 아름다우심을 경험하고 싶어 내게 찾아왔습니다.

그 당시 나의 사역은 주님의 기름 부으심, 임재하심에 초점이 맞추어져 있었습니다. 목회자의 사역방향은 목회자의 영적 탐구상황에 따라 자주 바뀌기 마련인데 나는 그때 모든 예배에서 주님이 임하시기를 계속 기다리는 기도를 드리고 인도하곤 했습니다.

형제는 예배 참석 세 번째에 주님의 강한 만져주심을 경험했습니다. 그는 금요일 밤 기도회 때 주님의 영에 사로잡혀 몸이 굳어진 채 땅에 쓰러져 오랫동안 일어나지 못하고 많이 흐느껴 울었습니다.

한참 후에 일어난 그에게 소감을 물었더니 이제는 불교로 돌아가지 않아도 되겠다고 하면서 여러 가지의 이야기를 했습니다.

나는 그에게 묻고 싶은 것이 있었습니다. 그가 전에 경험했던 기 체험과 성령 체험이 어떻게 다른지 그가 어떻게 느꼈는지가 궁금했습니다.

세상의 영에 대한 경험과 주님이 주시는 영적 경험을 비교할 수 있으려면 양쪽의 세계를 다 체험한 사람이 있어야 하는데 그런 사람은 거의 찾기 어렵기 때문입니다. 성령 체험이 있는 사람은 기 체험 같은 것을 할 리가 없고, 또 그런 체험이 있는 사람은 이미 미혹되어 있어서 주님을 추구하지 않기 때문입니다. 그래서 나는 그 형제에게 물어보았습니다.

"형제님, 형제님은 예전에 명상과 기 훈련을 통해서 여러 가지 경험을 했었지요. 그런데 지금 주님께서 형제님에게 임하신 것과 과거의 그 경험을 비교해 보면 어떤 차이가 있나요?"

형제는 잠시 생각해 보더니 대답했습니다.

"예전의 체험에도 빛이 있었고, 몸이 가볍게 느껴졌고, 내가 마치 도가 튼 것 같은 느낌이 있었지요. 그러나 왠지 불안했어요. 그리고 뭔가 즐겁기는 했지만, 감동적이진 않았어요. 그 체험을 하면서 울어본 적은 없는 것 같아요. 그러나 주님께서 임하셨을 때, 그때는 인격적으로 감동이 되더군요. 사랑하는 아버지의 품에 안긴 것 같은.. 너무나 피곤하고 지쳐있는데 그분이 꼭 안아주신 것 같은, 그런 따뜻한 느낌이에요. 정말 이제 나는 더 이상 혼자가 아니구나 하는 그런 느낌이죠."

나는 형제가 내가 알고 싶은 것을 제대로 대답해 주었다고 느꼈습니다.

그렇습니다. 주님의 경험은 세상의 영의 경험과 다릅니다. 그것은 미혹된 착각이 아닙니다. 내가 위대해지고 신이 된 것 같은 그러한 초월경이 아닙니다. 그것은 우리를 만져주시고 감싸주시며 우리의 모든 죄에도 불구하고 용납하시고 사랑하시는, 놀라우신 주님의 포근한 손길인 것입니다.

그것은 기계적이 아니며 인격적인 것입니다. 그것은 논리가 아니며 감동입니다. 그것은 끝없는 눈물을 일으키는 만져주심이며 우리에게 더욱 그분의 소유가 되고 싶은 충동을 일으키게 하는 거룩한 접촉인 것입니다.

주님의 만지심, 임재하심..

그것은 따뜻함입니다. 사랑스러움입니다.

너는 더 이상 혼자가 아니다 라고 말씀하시는 주님,

거기에는 따뜻함이 있습니다.

그 빛을, 불을 받은 사람은 따뜻해지고 풍성해지고 자유로워집니다.

그리하여 모든 긴장과 경직됨, 묶임은 사라져버리고

더욱 더 간절히, 간절히

주님만을 사모하는 사람이 되어가게 되는 것입니다. 할렐루야!

5. 영적 전쟁의 3가지 측면 1)능력대결

　미성숙한 그리스도인들은 영적 전쟁에 대해서 잘 모르면서도 자기에게 불리한 것은 전부 마귀 취급을 하는 경향이 있습니다. 나와 기질이 잘 맞지 않는 남편도 마귀, 나를 괴롭히는 직장 상사도 마귀, 이런 식으로 생각하는 경향이 있습니다. 이렇게 단순하고 자기중심적인 의식은 영적 성장에도, 좋은 인간관계를 가지는 데에도 방해가 될 것입니다.
　정보와 지식이 충분하지 않으면서도 자기의 지식이나 교리에 대한 확신이 많은 그리스도인들도 적지 않습니다. 실제적으로 자신이 깨닫고 경험한 것이 아닌, 사역자나 지도자로부터 조금 배운 것을 가지고 큰 확신과 긍지를 가지며 그와 반대되는 의견을 가진 다른 교파나 형제들을 배척하며 이단시하는 이들도 적지 않습니다.
　그러나 이러한 경직됨은 그리스도의 몸 된 교회를 분열시키고 고통스럽게 하는 것입니다. 그러므로 그리스도인들은 무엇보다도 관용과 사고방식의 유연함을 가지는 것이 필요합니다. 분명한 지식이나 근거 없이 다른 이들을 함부로 정죄하거나 판단해서는 안 됩니다. 잘못된 부분이 있으면 그러한 부분에 대하여 온유하고 진실하게 지적을 할 수는 있겠지만 비인격적이고 공격적인 태도를 가지는 것은 좋지 않습니다.
　교회사를 보면 교회가 약할 때는 핍박을 받았지만 세력이 커지면 영적으로 타락하게 되고 교권을 사용해서 신앙적 견해가 다른 사람들을 공격하고 괴롭혔습니다. 역사를 보면 종교전쟁으로 죽은 사람은 2차대전시에 죽은 사람보다도 더 많았습니다. 이것은 어떤 위험한 사상보다, 아집보다 종교적 광신이 가장 위험하고 무서운 것임을 보여줍니다. 자기만이 옳고 자기의 견해가 진리이며 하나님은 우리 편이고 상대방은 마귀 편이라는 의식은 항상 무서운 열매를 맺게 되는 것입니다.

구원의 길은 오직 예수님뿐이며 진리는 오직 성경 안에 있습니다. 이것은 명백한 타협할 수 없는 진리입니다. 그러나 우리는 이 진리를 적용하는 데 있어서 지혜롭고 융통성이 있어야 합니다. 우리는 지혜롭고 넓은 마음을 가져야 하며 겸손해야 합니다. 불신자나 심지어 무신론자에게도 배울 것이 있음을 잊어서는 안 됩니다. 관용하고 넓어지는 것, 그것만이 그리스도인들이 참다운 자유함의 세계로 들어가는 길인 것입니다.

영적 전쟁에 대한 이해를 위하여 이것을 세 가지 측면으로 살펴보고 싶습니다. 그것은 능력 대결의 측면, 진리 대결의 측면, 사랑 대결의 측면입니다. 이 영적 전쟁에 대한 고찰은 개인적, 사역적인 구분이며 빛과 어둠의 영계에서 벌어지는 전체적인 전쟁을 다루는 것은 아닙니다.

오늘날 적지 않은 신자들이 귀신과의 싸움, 영적 전투 등에 대해서 거의 관심이 없거나 무지합니다. 그러므로 이들은 자기의 삶 가운데 많은 묶임이 있어도 그 원인에 대해서 잘 모릅니다.

그들은 꿈에서 악몽에 시달리거나 가위눌리는 경험을 하거나 할 때 어렴풋이 악의 존재를 느낄 뿐입니다. 그들은 귀신이나 마귀가 성경 속에서나 나오는 이야기이거나, 아니면 미신 같은 것이라고 생각합니다. 그러나 실제로 영의 기능이 눈을 뜨게 되면 보이지 않는 영적인 세계가 우리의 삶에 엄청난 영향을 끼치고 있다는 사실을 알게 되는 것입니다.

복음을 듣지 못한 불신자 가운데는 죽을 때까지 이 사실을 알지 못하고 이 땅을 떠나는 사람도 많습니다. 그들은 영혼이 육체를 떠나기 직전, 5분 전이나 10분전쯤에 갑자기 영안이 열려 어둠의 세계와 자기를 끌고 가려는 어둠의 존재들을 비로소 보게 되고 공포에 질리지만 평생을 살면서 영적 세계를 무시하면서 살았기 때문에 그 때는 이미 늦은 것입니다.

사람은 원래 영적인 존재로 지어졌으나 범죄함으로 인하여 타락하였습니다. 그러나 복음을 듣고 예수님과 관계를 맺으면서 영혼이 새로 태어나 거듭나게 되고, 그 후에 계속해서 영적 발전을 사모하며 살아가야 합니다. 그리고 그 과정에서 영의 기능이 깨어나면서 영적 세계가 실재하는 것과 악한 영들의 공격과 유혹과 전쟁이 있음을 알게 되는 것입니다. 그리하여 천국을 향하여 나아가면서 이 악한 영들과의 전쟁을 시작하게 되는 것입니다.

영적 전쟁의 첫 번째 단계는 능력 대결입니다. 이것은 은사와 능력과 권능으로 마귀를 물리치는 것입니다. 주님께서는 가는 곳마다 병든 자들을 고치시고 귀신을 쫓아내셨습니다. 사람들은 이것을 보고 몹시 놀랐으며 제자들은 그들도 주님의 이름으로 귀신을 물리치게 되자 몹시 고무되었습니다.

"칠십 인이 기뻐하며 돌아와 이르되 주여 주의 이름이면 귀신들도 우리에게 항복하더이다" (눅10:17)

그러나 제자들이 이 영적 전투에서 항상 승리했던 것은 아니었습니다. 어떤 경우에는 악한 영이 사람을 붙들고 있는 것이 분명했음에도 불구하고 제자들은 그 귀신을 쫓아내지 못했습니다. 주님께서 그 귀신을 쫓아내신 후에 제자들이 자신들의 실패한 이유를 물었습니다. 그러자 주님은 오직 기도를 통해서만 이러한 능력을 얻을 수 있다고 말씀하셨습니다.

"집에 들어가시매 제자들이 조용히 묻자오되 우리는 어찌하여 능히 그 귀신을 쫓아내지 못하였나이까 이르시되 기도 외에 다른 것으로는 이런 종류가 나갈 수 없느니라 하시니라"(막9:28,29)

기도에는 능력이 따릅니다. 많은 기도에는 많은 능력이, 적은 기도에는 적은 능력이 따릅니다. 기도에 대해서 책을 쓰고 설교를 해도 실제로 기도를 하지 않으면 그에게서는 능력이 나타나지 않습니다. 그러나 기도에 대한 많은 지식을 가지고 있지 않아도 기도를 많이 하면 그에게는 주님의 권능이 묻어 나오게 됩니다.

어떤 집사님은 기도할 때 항상 "아버지, 아버지, 아버지……"만을 되풀이해서 기도했습니다. 그래서 모든 사람들이 그분이 기도만 하면 도망을 갔는데 막상 그 집사님이 기도만 하면 병이 낫고 귀신이 떠나는 역사가 있었습니다. 이와 같이 단순한 기도도 능력이 나타나는 것입니다.

능력대결이란 이와 같이 기도하고 권능을 얻어 마귀를 물리치는 것을 말합니다. 이것은 가장 기본적인 단계라고 할 수 있는 것입니다.

언젠가 어느 기도원에서 기도를 하던 중 그 곳에서 알게 된 남자 집사님에게 기도 요청을 받았던 적이 있습니다. 몸이 많이 아프다고 하면서 여러 가지 증상을 호소하며 귀신이 괴롭히는 것 같으니까 쫓아달라는 부탁이었습니다.

나는 잠시 주님의 보혈로 나를 보호해 주시기를 기도하고, 나를 통해서 주님의 빛이 임하게 해 달라고 기도한 후 그 집사님께 조용히 나를 응시하라고 했습니다. 그러자 나를 쳐다보던 그분의 눈이 흰자위만 남고 경련을 일으키기 시작했습니다.

악한 영이 사람의 속에 들어가서 사람을 보면 그 사람의 시각이 아닌 귀신의 시각으로 보게 되므로 주님께 속한 사람을 보면 상대가 사람으로 보이지 않고 예수님으로 보인다고 합니다. 그러므로 그들은 주님의 빛을 견디지 못하기 때문에 떨게 되는 것입니다. 나는 그에게 물었습니다.

"너는 누구냐? 네 이름이 뭐냐?"

그는 풀이 죽어서 대답합니다.

"나는 그저 떠돌이야. 나는 이름도 없어."

그는 그저 힘들고 피곤하니까 제발 여기서 살게 해 달라고 애원합니다. 나는 허락하지 않았습니다.

"안 돼. 너 절 좋아하지? 거기 네 친구들이 많잖아, 거기로 가."

그는 그래도 하소연합니다.

"아니야. 거기도 터줏대감이 있어. 나 같은 떠돌이는 안 끼워 줘."

그는 계속 머물게 해달라고 부탁합니다. 조금 더 대화를 하다가 나는 주님의 이름으로 꾸짖습니다. 그는 경련과 함께 쓰러지고 잠시 후에 집사님은 일어납니다.

"휴, 시원하다. 이제는 살 것 같군요."

그는 곧 회복되었습니다. 나는 이와 같은 구체적인 사례들을 많이 이야기하고 싶지는 않습니다. 나는 마귀에 대해서 가르치는 것보다는 주님을 가르치는 것이 더 좋기 때문입니다. 그리고 이러한 싸움에는 위험이 따르며 피곤한 일입니다.

그러나 우리가 좋아하든 싫어하든 간에 주님께서 제자들에게 주신 중요한 임무 중의 하나가 이와 같은 악한 세력을 쫓아내고 사람들을 자유롭게 하는 것이었습니다. 그러므로 이러한 영적인 세계를 바르게 이해하는 것이 균형 잡힌 신앙생활에 도움이 되는 것입니다.

악한 영들과 대화를 하는 것은 결코 권장하고 싶은 일은 아닙니다. 그러나 사역자들은 그러한 경험들을 하나님의 말씀과 비추어보아서 분별의 지혜를 얻어가게 되는 것입니다.

신학생 시절 나에게 좋은 경험이 되었던 비슷한 일화가 있었습니다.

어떤 큰 교회에 다니던 집사님의 딸이 악한 영에 사로잡혀서 정신이 이상해 졌습니다. 우연히 기도원에서 만난 그 여집사님은 나의 도움을 간절하게 요청하는 것이었습니다.

모든 정신병이 다 귀신에 의한 것은 아닙니다. 단순히 뇌 기능, 신경의 장애도 있고 정서적인 상처나 충격도 있으며 또 대부분 이런 원인 위에 악한 영이 복합적으로 역사합니다. 그러므로 사람을 도우려면 의학적 지식, 심리학적 지식, 영적 지식과 경험이 다 요구되는 것입니다.

모든 병이 다 귀신이라고 주장하시는 분들도 있으나 그것은 성경의 지원을 받는다고 보기 어렵습니다. 그러나 귀신으로 인한 질병도 분명히 있습니다. 일반적인 질병과 마귀로 인한 질병은 그 증상 면에서 분명한 차이가 있습니다. 일반적인 정신병과 마귀로 인한 정신병도 마찬가지입니다. 그러나 이것은 이 책의 주제는 아니므로 다른 곳에서 다룰 것입니다. (주 : 저의 저서 대적기도 시리즈를 보면 이러한 주제를 상세하게 다루고 있습니다. 관심이 있는 분들은 그 책들을 참고하실 수 있을 것입니다.)

나는 여러 번 그 집에 가서 20대 중반인 그녀와 대화도 하고 기도도 해주곤 했었지만 그녀를 도울 수가 없었습니다. 아마 경험, 분별력, 기도와 영력, 모든 것이 부족해서 효과적인 도움을 줄 수 없었던 것 같았습니다.

이제 와서 생각하면 그녀의 문제는 기도뿐만이 아니라 정신의학적인 도움이 필요했던 것 같습니다. 그러나 그녀와의 만남은 내게 영적 전쟁의 이해에 있어서 귀중한 가르침을 주었습니다.

내가 집에서 텔레비전을 보고 잡담하고 시간을 낭비하고 대충 살다가 그녀의 집으로 가면 그녀는 내게 전혀 위협을 느끼지 않았습니다. 그녀는 내게 다가와 스스럼없이 이야기를 하고 때로는 비웃기도 했습니다. 그러나 내가 여러 시간 장시간의 기도, 특히 방언기도를 많이 하고 그녀의 집에 가면 그녀는 나를 보는 즉시 숨어버렸습니다. 때로는 벽에 붙어서 덜덜덜 떨기도 했습니다. 그녀는 몹시 고통스러운 듯이 보였습니다.

재미있는 것은 그녀가 그녀를 위하여 누군가가 기도해주려 오면, 그 상대방이 도착하기도 전에 그 상대방의 영력을 어느 정도 파악하고 있었다는 것입니다. 그녀는 누가 온다는 얘기를 들으면 피식 웃기도 하고, 어떤 사람의 이름을 들으면 얼굴이 긴장되어 도망갈 궁리를 하기도 했습니다.

그녀는 예배를 한번 드리면 예배가 끝난 후에 쓰러져서 일어나지를 못했습니다. 평소에 별로 기도를 많이 하지 않는 사람이 와서 예배를 인도하면 예배 후 서너 시간은 쓰러져 누워 있다가 그 후에 일어나서 예배 인도자를 욕을 하곤 했습니다.

그녀가 쓰러져 있는 시간은 그녀 속의 악한 영이 회복되기 위한 시간인 것 같았습니다. 어떤 다른 분이 와서 예배를 인도하면 하루 종일 쓰러져 있기도 했고, 강력한 영감의 소유자가 인도했을 때는 거의 일주일 가까이 탈진상태에 있을 때도 있었습니다.

지금 생각하면 그렇게 그녀가 탈진 상태에 있었을 때에 그녀에게 치유와 사랑과 돌봄을 베풀었다면 그녀는 아마도 많이 회복되지 않았을까 생각이 듭니다. 왜냐하면 그러한 탈진의 시간은 그녀 안에서 역사하고 있었던 악령들이 아주 약해진 상태였기 때문입니다. 하지만 나는 그 당시에 이러한 지식이 별로 없었습니다.

또한 재미있었던 것은 그녀가 선호하는 교회와 싫어하는 교회가 있었다는 것입니다. 잘 알려진 대형 교회, 지적인 가르침을 중시하는 교회 등에 데려가면 그녀는 별로 저항이 없이 교회에 따라가서 뒷좌석에 앉아 찬송가도 같이 따라 불렀습니다. 그러나 능력을 강조하는 교회, 예배에 하나님의 임재와 능력이 나타나는 교회에는 그녀는 어떤 일이 있어도 가지 않았습니다. 그녀는 그런 교회로 자신을 데려가려 하면 상대방을 물어뜯거나 심지어 옷을 발가벗는 등 격렬하게 저항했습니다. 그녀의 눈에는 극심한 공포가 나타나곤 했었습니다. 그녀 속에 있는 악한 영은 그런 곳에 가면 쫓겨날 수밖에 없다는 것을 잘 알고 있는 것 같았습니다. 그녀에 대한 경험은 영적 전쟁이 얼마나 구체적이고 실제적인 것인가를 내게 깨닫게 해주었습니다.

영적 전투, 그리고 능력대결은 분명히 존재합니다. 그러나 이와 같은 능력 대결, 능력을 받아 악한 세력을 쫓아내는 싸움은 영적 전쟁의 기초적인 시작단계에 지나지 않는 것입니다. 그리고 능력을 받아 마귀를 쫓는 것이 그렇게 긍지를 느낄만한 것도 아니라는 사실입니다. 이와 같은 이야기는 이러한 영적인 세계, 영적인 전쟁이 있다는 것을 이해하는 것으로 충분하며 진정한 영적 전쟁의 승리는 능력에 있지 않다는 사실을 알아야 합니다.

다음 장에 계속해서 나누겠지만 이러한 능력 대결은 진리의 대결, 사랑의 대결로 발전해 가야 합니다. 능력으로 악한 세력을 쫓아내는 것은 일시적으로 승리하고 회복되는 것 같이 보이지만 근본적인 해결책이 되지 못할 때가 많이 있습니다. 어떤 경우에는 더 나빠지기도 합니다.

사람들이 망가지고 병들고 악한 세력에 시달리는 것은 진리에 대한 이해와 체험이 부족하며 또한 사랑에 문제가 있기 때문입니다. 사랑을 받지 못했고 또 사랑하지 않기 때문입니다.

모든 사람들이 자기의 영혼 속에 하나님의 사랑이 채워지지 않으면 그들은 어둠의 영역을 이겨낼 수 없습니다. 그러므로 근본적으로는 사랑만이 모든 것을 치유하고 온전케 하는 힘이 되는 것입니다.

6. 영적 전쟁의 3가지 측면 2) 진리대결

능력 대결이란 잘 알려진 개념입니다. 10여 년 전만 해도 이러한 부류의 책들을 보기가 힘들었지만 지금은 많이 접할 수 있고 또 기도원 같은 곳에 가보면 그런 비슷한 이야기들을 하시는 분들을 많이 만나볼 수 있습니다.

그러나 진리 대결이란 개념은 비교적 알려지지 않은 개념입니다. 제 기억으로는 아마 닐 앤더슨 목사님이 처음으로 사용했고, 가르치는 개념이 아닌가 싶습니다. 이 부분에 대한 책은 죠이선교회에서 출간된 〈이제 자유입니다〉, 〈내가 누구인지 이제 알았습니다〉 등의 책을 보면 도움을 얻을 수 있을 것입니다.

이 진리 대결이란 마귀와의 영적 전쟁에서 승리하는 길은 기도를 많이 해서 능력을 받아서 이기는 것이 아니라 말씀에 기록된 진리를 얼마나 이해하고 있느냐에 승패가 달려있다고 보는 관점입니다. 주님께서 약속한 우리의 자녀됨의 권세와 위치를 바로 깨닫게 될 때 우리는 흔들리지 않고 마귀로부터 자유와 승리를 얻을 수 있다는 것입니다.

신학생 시절 나는 어느 교회에 들어가서 기도하고 있었습니다. 그 교회는 도심에 있는 유서 깊은 아름다운 교회였는데 항상 본당이 개방되어 있어서 나는 데이트를 할 때나 그곳을 지날 때는 그곳에 들러서 기도하고 가곤 했습니다.

한참 기도에 몰두하고 있는데 저만치 앞에서 기도하는 젊은 남자의 기도하는 모습이 아주 묘했습니다. 뭔가 중얼거리는 것 같기도 하고 욕을 하고 있는 것 같기도 했습니다. 그런가하면 또 온 몸을 경련하듯이 좌우로 부

자연스럽게 움직이기도 하였습니다. 하여튼 정상은 아니었습니다. 호기심이 생겨서 가까이 가보니 그는 깨끗한 신사복에 얼굴도 미남형이었습니다. 그의 자세는 기도하는 자세인데 뭔가 욕지거리를 하고 있었습니다.

'공산당 녀석들! 나쁜 놈!' 그런 식으로 기도의 언어라고는 보기 어려운 말을 투덜거리듯이 하고 있었습니다.

그는 악한 영들에게 시달리고 있는 것 같았습니다. 그는 문득 내가 그를 지켜보고 있는 것을 느꼈던지 내 쪽을 힐끗 쳐다보더니 정상적인 기도를 하기 시작했습니다.

"거룩하신 하나님, 경배를 받기에 합당하시며.."

그것은 그가 악한 영들이 표출되는 증상을 누르고 자신을 감추기 위하여 기도하는 흉내를 내고 있는 것 같았습니다. 경험과 분별력은 부족했지만 열정은 가득했던 나는 덥석 그에게 손을 얹고 기도하기 시작했습니다.

"살아 계신 주님! 이 청년을 불쌍히 여겨 주십시오."

그리고는 그를 지배하고 있는 악한 영을 꾸짖기 시작했습니다.

"예수 이름으로 명하노니 이 악한 세력은 떠나가라!"

나는 그 당시만 해도 악한 영들이 사람의 속에 들어오는 것은 뭔가 먹을 것이 있기 때문이며 이런 조건들을 처리해야 하는 것을 몰랐습니다. 쓰레기를 치우지 않으면 파리 떼를 근본적으로 처리할 수 없는 것입니다.

악한 영의 먹이들, 악한 영들이 자리를 잡는 데 필요한 환경에는 죄를 사랑하는 것, 마음속에 가득한 상처, 학대와 같이 상처를 일으키는 환경이나 인간관계, 강력한 증오심, 억울한 마음, 두려움.. 등 다양하고 많습니다. 나는 그때에는 이러한 쓰레기들과 악한 세력과의 관련성을 몰랐기 때문에 치유나 상담 등과 상관없이 그저 능력을 받아서 마귀를 쫓아내면 다 해결된다고 생각했었습니다.

그런데 나의 기도가 시작되자 그 청년은 나를 비웃기 시작했습니다. 그러더니 나를 쳐다보며 웃었습니다.

"나를 보고 나가라고? 넌 아직 멀었어. 기도가 부족해. 내가 볼 때 넌 아직 약해."

그 순간 나는 기가 팍 죽었습니다. '아, 맞아. 나는 아직 멀었어. 기도도 부족하고 능력도 부족하지.' 그런 생각이 떠오르자 나는 기도를 조금 더 하다가 도망치듯이 교회를 빠져 나오고 말았습니다.

과연 나는 능력이 부족해서 그렇게 도망칠 수밖에 없었을까요? 물론 그것도 사실일 것입니다. 그러나 더 중요한 문제는 다른 데에 있었습니다.

그 이후 악한 영들을 쫓아내는 경험을 반복하면서 나는 악한 영들이 그렇게 상투적으로 거짓말을 하고 위협을 한다는 것을 알게 되었습니다. 그런데 나는 순진하게도 거기에 속아버린 것입니다.

우리가 악한 영들을 대적하고 내어 쫓을 때 거기에는 물론 기도와 영력이 필요하지만, 그렇다고 온전히 우리의 힘과 능력으로 악한 영들을 제어한다고 할 수는 없습니다.

우리는 십자가에서 완전한 승리를 이루신 주님의 이름으로, 그리고 주님께서 우리에게 의탁하신 권세를 가지고 악한 영들을 쫓아내는 것입니다. 그러므로 승리를 위하여 무엇보다 중요한 것은 자신의 영적 상태보다 주님과 그의 말씀을 신뢰하는 믿음을 가지는 것입니다. 그런데 나는 순간적으로 주님의 말씀을 신뢰하는 것보다 악한 영들의 위협과 비웃음에 넘어가 버린 것입니다.

문제는 무엇이냐 하면 하나님의 말씀의 진리를 잘 알지 못하며 제대로 믿지 않으면 이와 같은 귀신의 말을 믿게 되고 자기의 주관적인 감정과 경험을 믿게 되며 거기에다 신앙의 기초를 두게 된다는 것입니다. 그러므로 일시적으로는 승리를 하는 것 같지만 진리와 지식의 부족으로 인하여 자주 혼돈과 미혹에 빠질 수 밖에 없게 되는 것입니다.

첫 번째 단계의 능력적인 신앙은 기본적이고 자연적인 단계입니다. 이 때는 아직 사고의 수준이 육에서 벗어나지 못했기 때문에 외적으로 형통하고 잘 되고 건강하고 문제가 없는 것을 복으로 여기고 좋아합니다.

그래서 생명의 성장을 위한 고난이 오면 그것이 영원한 보물임에도 불구하고 하나님을 원망하고 시험에 들기도 합니다. 보화를 주면 통곡하고 쓰레기를 주면 기뻐하는데 그것은 아직 영적인 시야가 열리지 않았기 때문입니다.

두 번째 단계의 진리적 신앙은 하나님의 말씀의 중심과 원리를 이해하고 깨닫고 체험하여 자기의 것으로 만드는 단계입니다. 오늘날 많은 성도들이 하나님의 말씀을 하나의 이론으로 알 뿐 실제적으로 경험하지 못하고 있습니다. 이들의 지식은 말씀을 지적으로 이해한 것에 불과합니다.

그러므로 평소에 신앙이 좋은 것으로 여기고, 인정을 받던 이들이 어려운 일을 당하거나 극단적인 상황에 처하면 '하나님이 정말 계시는가?' 하고 낙심하며 실족하는 경우도 적지 않은 것입니다.

사실 그런 경우는 신앙이 실족했다기 보다는 원래 그 자신의 영적상태가 나타난 것입니다. 주님께서 환란을 통하여 그 사람 자신의 본체를 보여주신 것이므로 사실 그것은 복이 되는 것입니다.

진리의 체험은 이 기초들, 우리가 하나님의 자녀됨의 권세를 가진 것, 용서받은 것, 아버지께서 우리를 받아주심, 십자가의 도, 사탄의 패배, 우주와 세상과 하나님의 계획, 이런 진리에 속한 지식들이 단순한 지식이 아니라 우리의 뼈 속까지 스며들어 나의 실체가 되는 것을 말합니다.

이와 같이 주님의 말씀, 그 진리가 우리 안에 실체가 될 때 우리는 마귀를 이기게 되며 자기의 생각과 경험을 믿지 않게 됩니다. 이것이 진리로서 영적 대결에서 승리하는 길인 것입니다.

오늘날 그리스도인이라고 하면서도 실제적인 진리를 경험하지 못하고 있는 분들이 아주 많습니다. 그들의 생각은 세상으로 가득 채워져 있고 육신의 정욕과 세상 근심으로 가득합니다. 그러므로 그들이 어둠의 왕국 속에서 살며 어둠의 세력들에게 짓밟혀 사는 것이 하나도 이상한 일이 아닌 것입니다.

진리의 빛이 분명해 질수록 우리는 변화됩니다. 그리고 자유롭게 됩니다. 그리고 보게 됩니다. 예전에 보이지 않았던 것들이 보이게 됩니다.

하나님의 계획, 자신의 사명, 가는 일, 의미.. 그 모든 것들이 말씀의 빛을 통해서 하나씩 드러나게 됩니다. 미혹에 빠지는 사람들은 이와 같은 말씀의 빛을 받지 못했기 때문에 거짓의 영들에게 속는 것입니다.

우리는 마귀와의 능력 대결에서 승리해야 합니다. 그러나 거기서 멈추지 말고 더 깊은 진리를 깨달아 진리의 대결에서 승리할 때 더욱 아름답고 풍성한 삶을 누리며 주님께서 허락하시는 새로운 영역으로 들어가게 될 것입니다.

7. 영적 전쟁의 3가지 측면 3)사랑 대결

이 책의 주제와 약간 다르게 영적인 이야기를 많이 다루게 되었지만, (좀 더 자세한 영성의 원리들에 대해서는 다른 책들에서 다룰 것입니다) 여기서 이런 부분을 언급하는 이유는 본서의 주제인 따뜻함과 사랑의 힘이 마귀를 치명적으로 패배시키며 우리가 최종적으로 승리할 수 있는 근원적인 원리라는 사실을 나누기 위한 것입니다.

영적 전쟁의 첫 번째 차원은 능력과 기름부음을 많이 경험하는 것입니다. 이것은 육체적이고 자연적인 영역의 차원입니다.

이 단계에서는 능력은 받으나 아직 육의 욕망, 정욕, 혈기 등이 처리되지 않아 충분한 승리를 경험할 수 없습니다. 그러므로 유명한 사역자, 심지어 기적을 일으키는 사역자들도 쉽게 정욕과 명예욕에 굴복되어 실족하곤 합니다. 이것은 치명적인 실족이라기보다는 첫 번째 상태에서 흔히 일어날 수 있는 일입니다.

영적 진리의 두 번째 차원은 느낌과 감각단계를 넘어선 진리의 체험입니다. 이 단계에 오면 자기의 생각과 감정을, 경험과 환경을 신뢰하지 않으며 오직 하나님의 말씀이 말하는 것에만 주의를 기울입니다.

영적 전쟁의 세 번째 측면은 인격의 단계입니다. 이는 신의 성품에 참여하는 것을 말하며 영혼이 눈을 뜨고 주님과 연합하며 타고난 자기 사랑이 죽고 그리스도의 생명과 사랑이 자기의 삶 속에 나타나는 것입니다.

주님의 손이 다루심을 경험해 갈수록 그 사람에게는 주님의 따뜻함, 긍휼, 자비가 나타납니다. 이것이 진정 그리스도의 열매이며 생명에 속한 것입니다. 초보자들은 그저 담대하고, 강하면서 힘차게 예수 이름을 외치기만 하면 마귀들이 벌벌 떨며 사라지는 것으로 압니다. 그러나 그것으로 충분히 온전한 승리를 누린다고 할 수는 없습니다.

마귀의 능력은 우리 자신 안의 처리되지 않은 성품 속에 있습니다. 높은 마음, 강퍅한 심령, 이기적인 마음, 미움, 판단.. 이러한 악들이 마귀를 강하게 합니다. 그는 그것들을 통하여 역사합니다. 그러므로 이러한 악들을 미워하고 진정 주님의 마음을 갖기를 사모하지 않으면 온전한 승리를 할 수가 없는 것입니다.

능력도 필요하고 말씀의 진리에 대한 깨달음도 중요합니다. 그러나 좀 더 근원적인 승리는 우리 안에서의 내적인 변화입니다. 우리 안의 성품이 주님의 빛으로 가득할 때 어둠에 속한 영들은 가까이 오지 못하는 것입니다.

첫 번째 영역의 전투에서 마귀는 사람에게 두려움을 심습니다. 그리하여 영혼을 사로잡고 억압하여 누릅니다. 두려워하는 사람은 마귀의 포로입니다. 그는 매사에 근심하고 두려워하므로 아무 일도 하지 못하고 소극적으로 삽니다.

그러므로 첫 번째 영역에서 그는 주님의 이름의 능력과 권세에 대해서 배우고 경험해야 합니다. 그럴 때 그는 담대함을 얻고 마귀를 제압하고 승리하게 됩니다.

두 번째 영역의 전투에서 마귀는 사람에게 거짓을 심습니다. 신자는 주님의 이름과 십자가의 보혈의 능력과 권세에 대해서 알고 있습니다. 그러나 지식과 경험이 충분하지 않습니다. 그 때 마귀는 여러 가지 거짓말로 신자를 속입니다. 너는 아직 영적이지 않으며 죄 사함을 받지 못했으며 의롭지 않고 자격이 없다는 등의 여러 거짓말을 함으로 신자를 혼란스럽게 합니다. 말씀의 진리에 대하여 분명하지 않고 자기의 느낌만을 의존하는 신자는 쉽게 속임을 당할 수 있습니다.

그러므로 두 번째 영역의 전투에서 신자는 말씀을 통하여 선언하신 것을 믿고 신뢰해야 합니다. 말씀의 진리를 주장하며 마귀의 거짓말을 대적하고 무시해야 합니다. 그렇게 할 때 그는 승리를 누리게 됩니다.

세 번째 영역의 전투에서 마귀는 신자의 마음속에 미움을 심습니다. 마귀는 이제 그의 마음에 두려움을 심는 것이 어려운 것을 압니다. 그는 주의 이름의 능력과 권세를 알기 때문입니다. 마귀는 이제 그에게 거짓말을 속삭이는 것이 어려운 것을 압니다. 그는 말씀의 진리를 많이 터득했기 때문입니다.

마귀는 이제 그에게 상대방에 대한 미움과 분노를 일으킵니다. 네가 가지고 있는 능력과 권세를 가지고 상대방을 치라고 속삭입니다. 그가 너를 괴롭히고 있다고, 그는 너의 원수라고 그를 미워하고 용서하지 말라고 속삭입니다. 우리는 어느덧 상대방에 대한 불쾌한 마음을 받아들이게 됩니다. 그것이 바로 마귀에게 진 것입니다. 우리는 우리를 방어하려고 하고 변호하려고 하며 자기 연민을 가집니다. 억울하다는 마음을 가집니다. 그것이 마귀에게 진 것입니다.

마귀의 무기는 미움입니다. 공격과 핍박입니다. 그들은 사람을 사용하여 우리를 미워하게 하고 핍박하게 할 것입니다. 우리의 무기는 사랑입니다. 마귀가 이긴다면 우리는 서로 미워하게 될 것입니다. 우리는 사람들과 불편한 관계를 가지게 될 것입니다. 우리는 서로 마주치는 것을 싫어하게 될 것입니다.

그러나 우리가 이긴다면 우리는 서로 사랑하게 될 것입니다. 미움을 받을수록 사랑하고 오해를 받을수록 사랑하고 용서하고 축복할 때, 우리가 승리한다면 우리는 서로 아름다운 관계들을 가지게 될 것입니다.
　주님은 십자가에서 돌아가시면서 그를 죽이려했던 모든 이들을 향해서 말씀하셨습니다.

"아버지 저들을 사하여 주옵소서 자기들이 하는 것을 알지 못함이니이다"
(눅23:34)

　그것이 주님의 마음이었습니다. 주님의 사랑이었습니다. 주님의 마음에는 그를 괴롭히고 공격하는 이들에 대한 조금치의 분노도 없었습니다. 그것이 바로 진정한, 근원적인 승리입니다.
　능력을 통하여, 진리를 통하여 우리는 마귀를 제압할 수 있습니다. 그러나 진정한 승리는 우리의 내면 안에서 이루어지는 것입니다. 우리의 내면에 주님의 마음, 주님의 사랑이 이루어지지 않는다면 우리는 근원적으로 승리하는 것이 아닙니다.
　그러한 상태에서도 우리는 예수의 이름으로 마귀를 대적하고 저주를 부숴버릴 수 있습니다. 그러나 이러한 승리는 바깥에서만입니다. 진정한 승리는 내면에 있는 것이며 마음속에 있는 마귀를 처리하는 것이 진정한 승리입니다.
　내면의 영성이 깨어나고 발전해야 합니다. 그래야만 진정한 승리를 누릴 수 있으며 주님께서 가르치시는 천국의 기쁨을 맛볼 수 있습니다.
　주님의 손에 훈련되어 질수록 주님의 마음이 임합니다. 주님의 마음은 사랑입니다. 긍휼이고, 자비입니다. 그러므로 우리가 주님께 나아가고 주님께 속할수록 우리는 사랑의 사람이 됩니다. 온유와 겸손과 긍휼과 자비의 사람이 됩니다.

능력의 차원에 있는 사람의 관심은 누가 세고 약한 가에 있습니다.

진리의 차원에 있는 사람의 관심은 무엇이 옳고 그른가 입니다. 그는 옳지 않은 것을 보거나 불합리한 일을 겪으면 견디지 못합니다. 경우 없는 사람을 참아내지 못합니다. 하나님께서 왜 그런 사람을 자신에게 보내시는지 아직 눈이 열리지 않아서 볼 수 없기 때문입니다.

사랑의 차원에 있는 사람의 관심은 지금 내가 사랑하고 있는가, 아닌가 입니다. 사랑의 차원에 있는 사람은 모든 상황에서 모든 사람을 주님의 시선으로, 그를 지으신 창조주의 시선으로 보기를 힘씁니다. 긍휼과 포용의 시선으로 보려고 합니다. 그는 차츰 강도를 봐도 불쌍하고 악한 사람을 봐도 불쌍한 마음이 일어납니다. 주님의 마음이 그의 안에서 역사하시기 때문입니다.

바리새인들은 세리와 창기를 옳으냐, 그르냐의 차원에서 보았기 때문에 돌로 치고 싶어 했습니다. 오늘날도 많은 사람들이 자신의 마음속에서 남들을 돌로 칩니다. 그러나 주님께서는 오직 사랑으로, 긍휼로 모든 사람들을 보셨습니다. 심지어 자기를 못 박은 자들도 불쌍히 여기시고 사랑하셨습니다.

사랑이 있는 만큼, 우리는 세상을 이기며 마귀를 이기며 온전해 집니다.

사랑은 바로 주님의 마음입니다. 사랑이 있는 자는 거지도, 불구자도, 거리의 방랑자들도 황홀한 아름다움으로 보입니다.

세상 사람들은 육체의 눈에 비친 외적인 아름다움만을 볼 뿐입니다. 그러나 영의 눈이 열리고 주님의 눈을 가지게 되면 우리는 그 어떤 사람들도 아름답고 사랑스러우며 측은하게 볼 수 있게 되는 것입니다.

마귀는 끊임없이 우리에게 미움과 분노를 줍니다. 교만을 주고 높아지라고 부추깁니다. 강퍅함을 주며 지지 말라고 부추깁니다. 그러나 주님은 우리에게 온유와 겸손과 사랑을 주십니다.

우리는 마귀와 세상과 싸웁니다. 우리의 무기는 사랑입니다. 우리는 사랑을 가지고 세상과 싸웁니다.

처음에 우리는 능력으로 마귀와 세상과 영적 어두움을 제압합니다. 다음에 우리는 진리를 통하여 승리를 선포하고 누립니다. 그러나 우리는 근원적으로 사랑의 마음을 통하여 어둠을 이기고 승리할 수 있습니다. 주님의 마음을 가지고 주님이 우리를 불쌍하게 여기신 것처럼 세상을, 영혼들을 사랑함으로 온전한 승리와 열매를 누릴 수 있게 되는 것입니다.

기독교는 사랑입니다. 사랑은 따뜻함입니다. 사랑은 아름다움입니다.

우리는 사랑에 있어서 발전해가야 합니다. 우리는 먼저 가까이 있는 사람들, 진정 우리에게 주님께서 보내신 소중한 사람들을 사랑하는 훈련을 해야 합니다.

사랑만이 온 세상을, 모든 사람을 치유하며 온전케 합니다. 그러므로 따뜻한 그리스도인들은 진정 주님의 사람이며 주님께서 세상을 아름답게 만드시기 위하여 사용하시는 귀중한 그릇인 것입니다.

3부 영혼을 얻는 사랑

영혼을 얻는 것,
잃어버린 하나님의 양을 찾아서 주님께로 이끄는 것,
이는 그리스도인의 가장 중요한 삶의 목적이요
방향입니다.
대부분의 교회에서 이것을 가르치고 강조하며
대부분의 그리스도인들이
복음 전파와 영혼을 얻는 것에 대한 부담을 느낍니다.
교회마다, 선교단체마다
영혼을 얻기 위한 많은 계획, 작전, 프로그램이 있습니다.
그러나 영혼을 얻기 위한 가장 근본적인 자세는
그 어떤 프로그램보다
영혼에 대한 따뜻한 애정
따뜻한 사랑입니다.
그들에 대한 주님의 마음을 느끼고 경험하는 것입니다.

차가운 그리스도인들이 소유하고 있는
수많은 이론과 방법론보다
따뜻한 그리스도인들의 아름다움과 미소가
지치고 피곤한 영혼들에게 안식을 주며
마음의 문을 열게 합니다.
영혼이 성장할수록 그리스도인은
마음이 따뜻한 사람이 되어갑니다.
이들은 어린 영혼들을
즐거이 사랑하고 도우며
그럼으로써 삶의 행복을 누리고
많은 영혼들을 천국의 자녀로
이끌어가는 것입니다.

1. 사나운 전도는 마음 문을 닫습니다

"정신 차려!"

지하철을 타고 가고 있는데 갑자기 전철의 차량을 연결해 놓은 문이 와락 열리면서 벼락같이 소리를 지르며 한 사나이가 들어왔습니다. 모든 사람들이 깜짝 놀라서 그를 쳐다보고 있는데, 그는 거칠고 사나운 목소리로 외치기 시작했습니다.

"지금 죽으면 지옥 갈 것들이 겁도 없이 막 살고 있어! 빨리 예수 믿고 구원받아! 천국가야 될 것 아니야!"

나는 그제서야 그 사나이의 의도를 짐작할 수 있었습니다. 그는 복음 전도자인 모양입니다. 나이는 50대 정도, 옷차림은 허름한 양복 차림새. 그러나 가장 부드럽고 사랑스럽게 이루어져야 할 복음의 제시가 정말 너무나 살벌하고 무섭게 선포되고 있었습니다.

구약의 선지자들이나 신약의 세례요한이 저랬을까요? 그의 기세가 하도 사나와 눈이 마주치기가 싫어서 다른 곳을 보고 있는데 비슷한 연대의 한 사나이가 제동을 걸고 나섰습니다.

"여보시오. 당신 왜 조용한 차안에서 큰 소리로 떠드는 거요. 그리고 당신이 복음을 전하는 것은 좋은데 왜 남들의 인격을 무시하는 거요."

조금 점잖은 목소리였습니다. 아마 그도 그리스도인인 모양입니다. 그는 아마 이 사나이를 통해서 믿지 않는 사람들에게 기독교가 나쁘게 인식될까봐 염려하는 것 같았습니다. 전도자는 의외의 도전에 약간 기가 죽은 듯이 보였지만, 곧 반격에 나섰습니다.

"그래? 그럼 네가 해봐. 이게 쉬운가."

그 사나이가 반말로 나왔기 때문에 제동을 건 아저씨는 다소 감정이 격앙되었고 유쾌하지 못한 논쟁이 이어졌습니다.

나는 마침 내려야 할 역이라 바로 내려서 그 싸움의 결말을 보지는 못했습니다. 그러나 마음은 한없이 우울해졌습니다. 왜 아름답고 고귀한 복음이 저런 방법을 통해서 전달되어야 하는가? 그리고 과연 얼마만큼의 효과가 있을 것인가? 하는 생각이 들었습니다.

나는 그 복음 전도자의 동기가 나쁜 것이라고 생각하지 않습니다. 어떤 면에서 그는 존경스러운 사람입니다. 결과가 어떻든 그 판단은 주님께서 하실 문제이며, 어느 면에서 그는 주님으로부터 상을 받을지도 모릅니다.

그러나 나는 그의 방법이 싫었습니다. 그것은 그의 능력 밖의 일이었는지 모르지만 주님의 그 아름답고 섬세한 사랑, 그 놀라운 은혜가 저렇게 인격적이지 못하고 온유하지 않은 방법으로 표현되는 것이 너무나 싫었습니다.

어쩌면 주님께서는 나의 이러한 판단을 더 싫어하실지도 모릅니다. 어쩌면 그 사나이로서는 자기가 할 수 있는 최선의 방법으로 노력한 것인지도 모릅니다. 나는 감히 그에게 돌을 던질 입장에 있지는 않습니다. 그러나 분명한 것은 주님의 아름답고 귀한 복음은 좀 더 주님의 인격에 가까운 방법으로 증거해야 한다는 것입니다. 그리고 그것을 위해서는 우리에게는 좀 더 성숙과 지혜가 필요합니다.

사실 그 사나이는 그렇게 강하고 담대하게 보이지는 않았습니다. 오히려 그는 두렵고 떨리는 듯이 보였습니다. 아이러니컬하게도 사실은 겁이 많은 사람들이 더 크게 외치고, 강하게 보이려고 하는 성향이 있는 것입니다.

그 사나이는 사람들에게 눌리지 않기 위해, 기선을 제압하기 위해서, 마귀를 부수기 위해서, 몹시 긴장한 듯이 보였습니다. 그는 아마 전도하러 오기 전에, 지하철을 타기 전에 주님께 부르짖었을지도 모릅니다.

'주님! 오늘도 저에게 담대함을 주옵소서! 주눅들지 않고 강하고 담대하게 주의 복음을 외치게 하옵소서!' 하고 주의 능력을 구했을지도 모릅니다. 주님만이 모든 것을 아시고 판단하실 것입니다.

주님께서는 대부분의 위선자들보다 그 사나이를 더 칭찬하실지도 모릅니다. 주님께서 어떻게 주권적으로 그 사나이의 사역을 구원의 도구로 사용하실 지는 아무도 알 수 없습니다. 그러나 구원은 주님의 주권이라는 기본적인 전제 위에서 나는 다음과 같은 일반적인 진리를 지적하고 싶습니다.

사람은 몸과 마음과 영으로 구분되어 있습니다. 사람은 몸을 통해서 물질세계와 접촉하며 마음을 통해서 의식을 하고 자아를 형성하며 영을 통하여 영계를 접하며 하나님과 교통을 할 수 있게 됩니다. 주님을 영접하고 관계를 맺을 수 있는 영은 사람의 가장 깊은 곳, 내부에 형성되어 있는 것입니다.

그러므로 만약 어떤 사람이 마음의 문을 닫으면 그의 영도 역시 열리지 않습니다. 마음은 영으로 가는 문이기 때문입니다. 그러므로 주님께서 그의 영속으로 들어오실 수 없습니다. 그렇기 때문에 사람의 마음 문을 열지 못하면 구원의 사역은 아주 어렵게 되는 것입니다.

일반적으로 위협과 협박은 사람의 마음을 열지 못합니다. 두려움 때문에 일시적으로 하나님을 찾는 사람은 있으나 그것은 오래가지 않습니다. 상대방의 힘에 눌려서, 상대방이 두려워서 그에게 굴복한 사람은 결코 그에게 영원히 굴복한 것이 아닙니다. 오직 인격적으로 굴복되고 연합되는 것은 상호간의 온전한 사랑으로만 가능한 것입니다.

그러므로 복음을 제시함에 있어서 우리는 사람의 마음을 이해하고 마음을 열 수 있는 방식으로 해야 합니다. 모든 사람은 진정으로 자신을 사랑하는 사람에게 마음을 엽니다. 그러므로 따뜻함과 부드러움과 관용만이 사람의 마음을 쉬게 하고 지친 영혼을 위로할 수 있는 것입니다.

지하철의 그 사나이가 진정 주님을 사랑하고 영혼을 사랑한다면 그는 좀 더 부드럽게, 상대방에게 반감이나 두려움을 주지 않으면서 복음을 전하는 방법을 배워야 할 것입니다.

어쩌면 그는 자신을 그렇게 강퍅하고 긴장하게 만들었던 내면의 상처를 치유 받아야 하는지도 모릅니다. 그리고 아직 그가 알지 못하는 주님의 섬세한 사랑, 감미로움과 달콤함을 경험해야 할 것입니다. 왜냐하면 주님의 그 거룩하고도 아름다우신 사랑의 임재를 경험하지 않고는 아무도 다른 사람들에게 그것을 나누어줄 수 없으며, 그러한 주님의 영광을 경험한 사람은 자연스럽게 사람들에게 기쁨과 안식을 줄 수 있기 때문입니다.

복음 전도, 이는 몹시 중요합니다. 그러나 이에 못지않게 중요한 것은 그 전도가 주님의 손안에서 이루어져야 한다는 것입니다.

아름다움만이 사람의 마음을 엽니다. 따뜻함만이 사람의 영혼을 움직입니다. 그러므로 진정 영혼을 사랑하는 모든 사람들은 주님의 통로가 되어 주의 아름다우심과 따뜻한 사랑을 공급하는 도구가 될 수 있도록 주님과의 친밀한 만남을 사모해야 하며, 주님께 사로잡힐 수 있도록 더욱 더 주님께 자신을 드려야할 것입니다.

2. 영혼을 소유하려는 것과 영혼을 섬기는 것

   대부분의 그리스도인들은 누구나 어느 정도는 복음증거에 대한 부담을 가지고 있을 것입니다. 영혼을 구원하고 인도해야 한다는 부담을 항상 가지고 있을 것입니다. 그러나 증거하자니 쑥스럽고 용기도 부족하고, 안 하자니 죄송스럽고.. 대체로 그러한 상태에 있을 것입니다.
   그리스도인들과 접촉이 있는 비그리스도인들도 전도에 대한 부담이 적지 않습니다. 그들은 그리스도인들에 의해서 교회로 끌려가는 것에 대한 부담을 적지 않게 가집니다. 왜냐하면 그들이 보기에 교회는 별로 매력이 있는 장소가 아닌데 그리스도인들은 집요하게 그들에게 교회출석을 요구하기 때문입니다. 이와 같이 전도와 신앙의 문제가 양측의 관계를 불편하게 하는 면이 있기 때문에 가까운 사이에서도 가급적이면 신앙에 대한 이야기는 하지 않는 것이 묵시적인 법칙이 되기도 합니다.
   대부분의 그리스도인들에게 전도는 어렵고 부담스러운 것이지만 더러 전도를 잘 하는 이들도 있습니다. 그러나 그러한 증거자들 중에도 복음을 아름답고 자연스럽게, 따뜻하게 제시하는 분들은 많지 않은 것 같습니다.
   신혼 초 우리는 부천에서 살았는데 나는 신학대학원에 다니고 있었으나 봉사하는 교회가 없어서 집 근처의 교회를 순례하고 있었습니다.
   그곳에는 개척 교회가 참 많았는데 그래서인지 집집마다 전도하러 다니시는 분들이 참 많았습니다. 어떤 날은 하루에도 여러 번 밖에서 누군가 초인종을 누르곤 했습니다.
   하지만 그들이 진정 복음을 제시했다고 할 수는 없었습니다. 그들의 목적은 자기들이 다니는 교회로 인도하기 위한 것이었습니다. 우리는 어차피 소속이 없으니까 가까운 교회와 연결되었으면 하는 마음이 다소 있었지만 전도인들은 대부분의 경우 상대방의 마음을 여는 기술이나 능력이 부족했던 것 같이 보였습니다.

어느 날인가 우리 집에 찾아왔던 50대쯤의 권사님으로 보이는 할머니가 생각이 납니다. 가까운 교회에서 왔다고 해서 들어오시라고 문을 열어 주자 그녀는 들어오지는 않고 문 앞에 쪼그려 앉아서 비누 한 개를 옆에 내려놓고 기도를 하는 것이었습니다. 왠지 그녀의 기도하는 모습이 너무나도 안쓰럽고 초라하게 느껴졌습니다.

그녀는 과연 무엇을 위해서 기도하고 있었을까요? 우리에 대해서 아무것도 모르면서 무엇을 기도할까요? 그녀는 한참동안이나 일어날 줄을 몰랐습니다. 그리고 잠시 후에 일어나서는 아무 말 없이 우리 집을 떠나갔습니다. 그녀가 떠난 후 나는 그녀가 놓고 간 작은 비누 한 개를 바라보았습니다. 비누는 아직도 그녀가 기도하던 자리 옆에 그대로 누워서 부끄러운 듯, 아직 이 집에 적응이 되지 않은 듯, 조용히 그 자리에 있었습니다.

저 비누는 어디서 나왔을까요? 저 할머니가 산 것일까요? 아니면 전도하라고 교회에서 제공을 했을까요? 그 할머니는 다시 뵙지 못했지만 왠지 그녀의 초라하고 힘든 모습이 아직도 눈에 선합니다. 언젠가 주님의 나라에 가면 그녀는 그녀의 애씀에 대한 보상도 받고 또 우리와도 만날 수 있겠지요.

아무튼 그녀로부터 받은 인상은 진정한 복음 전도의 의미라든지, 영혼에 대한 애정, 이런 것은 알지 못한 채 단지 사람들을 교회로 데려오라는 지시를 받고 그저 순종하여 온 듯한 그런 느낌이었습니다. 복음을 전하지만, 복음을 위하여 사람들의 집 문과 마음의 문을 두드리지만, 사실 복음의 내용도 잘 모르고 상대방의 마음도 잘 모르며 오직 자기들이 다니는 교회로 사람들을 데려가려고 하시는 분들.. 그들은 과연 왜 전도할까요. 교회에서 그렇게 가르침을 받았기 때문일까요? 진정 그들은 한 영혼의 가치와 의미 앞에서 진정 숙연해지고 사로잡히는 분들일까요?

어떤 교회의 목사님과 대화를 나눈 적이 있었습니다. 이 분은 개척교회 목사로서 비교적 빨리 교회를 성장시키신 분입니다. 이분과 개척과 전도의 어려움 등에 대한 주제로 말을 나누다가 이 분이 주변에 있는 유명한 큰 교회에 대한 비난과 분노를 터뜨렸습니다. 자기가 오랫동안 공을 들여 어떤 사람을 전도했는데 그 사람을 그만 그 큰 교회가 빼앗아갔다는 것이었습니다. 그는 그 목사님에게 전화를 걸어서 그 성도를 도로 내놓으라고 마구 호통을 쳤다고 이야기를 하는 것이었습니다.

나는 어처구니가 없었습니다. 성도가 물건도 아니고, 도로 내 놓으라니.. 어찌 보면 순진하게도 느껴지는 그 분이 자랑스럽고 또 당당하게 터뜨리는 그 분노에 대하여 한동안 나는 아무 말도 할 수가 없었습니다.

잠시 후 나는 그분께 질문을 드렸습니다.

"진정으로 그 성도님을, 그 영혼을 사랑하십니까?"

그 목사님은 갑자기 이게 웬 질문인가 의아한 표정이었습니다.

"그 성도님이 그 교회에서 신앙생활을 하면 영적 성장에 지장이 많기 때문에 그 성도님을 위하여 걱정하시는 것입니까? 아니면 주님께서 그 성도가 교회를 옮긴 것 때문에 몹시 슬퍼하실 것으로 여겨져서 염려하시는 것인지?"

그제서야 말뜻을 이해하게 된 목사님은 묘한 미소를 지었습니다. 한참의 대화를 마친 후 문득 그 목사님께서 말씀하셨습니다.

"목사님은 정말 목사님 같군요."

나는 애매한 웃음으로 인사를 마치고 그와 헤어졌습니다.

그 말의 뜻은 무엇일까요? 아마 자신은 바른 목회자의 마음을 가지고 있지 않다고 생각하는 것일까요? 바른 목자의 마음, 주님의 마음, 즉 자녀의 것을 소유하거나 자녀의 것을 취하려 하는 것이 아니라 주고, 주고, 또 주고, 자녀들이 떠나가도 그저 먼데서 바라보며 사랑하고 자녀들의 행복으로 만족해하는 목자의 마음. 그것이 무엇인지 알면서도 실제로는 잘 되지 않는다는 뜻일까요?

어떤 사역자가 이런 이야기를 하는 것을 들은 적이 있었습니다.

'여기서 이사 갈 텐데 전도는 뭐 하러 해.'

'이 지역은 내가 목회하는 곳이 아닌데 전도를 해야 되나..'

그렇게 생각하시는 분은 많지 않을 것입니다. 그러나 만일 사역자들이 이렇게 생각들을 한다면 그것은 바른 복음사역의 동기는 아닙니다.

오늘날 영혼들은 천하보다 귀중한 한 영혼으로서가 아니라 하나의 고객으로 취급되어지는 경향이 있습니다. 그래서 세일즈맨이 고객관리를 하듯이 사역자들은 성도관리를 합니다. 세일즈맨이 고객을 얻듯이 사역자들도 성도를 얻으려고 애씁니다.

현실적으로 교인숫자의 증가는 교회의 능력, 사역자의 지위, 사역자의 급여수준, 이 모든 것에 영향을 미칩니다. 마케팅이 성공적이어서 숫자의 증가가 급속하다면 그것은 좋은 성공의 모델로서 만인에게 칭송되어집니다. 이런 현실에서 사역자가 개인적인 욕망이나 이기심을 버리는 것이 쉽지 않은 것은 사실일 것입니다.

하지만 그러다 보면 영혼을 주님께로 인도하는지 개별교회의 소속으로 인도하는지가 분명하지 않게 됩니다. 많은 전도자들이 전도의 열정을 갖고 있으면서도 단순히 사람들을 자기가 다니는 교회로 데려오려고 애쓰는 것은 아마 이러한 사역자들의 혼돈에서 기인하고 있는지도 모릅니다.

우리는 영혼들을 주님께로 인도하고 양육하며 섬겨야 합니다. 그러나 그에 대한 보상은 주님께서 주시는 것이며 그 양들은 주님의 소유이지 목회자나 개 교회의 소유가 아닙니다.

이 시대의 흐름은 점점 모든 것이 대형화됩니다. 그리고 그 물결 속에서 작은 것들은 소멸됩니다. 대형 마트나 할인점이 들어오면 작은 구멍가게는 문을 닫게 됩니다. 병원이나 책방이나 다 마찬가지입니다. 그러므로 작은 교회에서 영혼을 얻기 위해 애쓰고 성공하더라도 여러 가지 프로그램이나 힘에 있어서 월등한 큰 교회로 그들이 가는 것은 일종의 시대의 흐름일 것입니다.

그러나 그것에 대해서 작은 교회의 사역자들이 억울하게 생각해서는 안 될 것입니다. 사역자의 부르심과 훈련과 인도는 주님께서 하시는 것이며 그는 단지 주님께 순종한 것으로 만족해야지 성도를 자신이 얻은 전리품과 같이 취급해서는 안 되는 것입니다.

자신들이 눈물로 기도해주고 어려울 때 도와주고, 그래서 그들이 어떤 도움을 받았다고 하더라도 그것은 주님의 종으로서 마땅히 해야 할 일을 한 것일 뿐 그에 대한 권리를 주장할 수는 없는 것입니다.

영혼들이 거듭나고 변화되고 성장해간다면 이는 하나님 나라의 확장이며 그들이 어느 교회에 있든지 그것은 우리의 기쁨인 것입니다. 그리고 비록 이 땅에서는 그 애씀에 대한 보상을 받지 못한다고 하더라도 자신이 열심히 수고해서 사람들을 많은 곳으로 파송할 수 있다면 그것이 다른 교회이든 선교단체이든지 간에 자신은 그 수고한 자체로 만족해야 할 것입니다.

영혼을 사랑하는 사람은 영혼을 소유하려고 하지 않습니다. 그러나 영혼을 소유하려는 사람은 그로 인하여 어떤 이익을 취하려고 합니다. 이는 주님께서 우리에게 부탁하신 일이 아니며 육신의 욕망에 지나지 않는 것입니다.

오늘도 지금 이 순간도 따뜻함과 안식을 진정 찾아 헤매는 영혼들은 도처에 가득한데 진정 이들의 영혼을 사랑하고 그들의 마음에 안식을 주며 주님께로 인도할 수 있는 사람들은 어디에 있을까요.

영혼을 소유하려 하지 않고 자기에게로 이끌려 하지 않으며 오직 그들에게 주고 또 주려고 하고 그들을 사랑하고 받아주려고 하는 사람들은 어디에 있을까요.

진정 복음의 의미를 바로 깨닫고 또 우리의 영혼이 성장되어 갈 때 우리는 진정 따뜻한 그리스도인들이 되어 한 사람, 한 사람의 마음속에 사랑의 불꽃을 일으킬 수 있게 될 것입니다. 영혼들을 주님의 품으로 가까이 이끄는 주님의 사랑의 통로가 될 수 있게 될 것입니다.

3. 삶의 중심

앞장에서 저는 많은 부자연스러운 전도가 중심동기의 불확실함에서 기인한다는 것을 이야기했습니다.

목회자의 세속적 야심, 영혼들에 대한 소유욕, 성숙되지 않고 훈련되지 않은 전도자들, 영혼에 대한 애정과 갈망이 부족한 사람들의 사역들.. 이러한 요소들이 자연스럽지 못한 전도를 낳으며 사람들의 마음 문을 여는데 긍정적인 효과를 얻지 못하고 있는 것입니다. 그러므로 그리스도인들은 복음전도사역의 중심동기에 대하여 분명해질 필요가 있습니다. 그것이 전도사역의 기초가 될 것이기 때문입니다.

사람들이 이 땅에서 존재하는 목적을 간단히 요약해서 이야기한다면 그것은 영적인 성숙과 복음사역, 이 두 가지입니다.

하나는 우리의 영혼이 성장하는 것이며 이것은 단순히 거듭남과 구원을 넘어서 성품의 변화와 가치관의 변화 등을 의미합니다. 이것은 영격의 상승을 의미하며 우리가 영원한 곳에서 살게 될 때의 위치와 사역을 결정하게 되는 것입니다.

두 번째는 사역, 즉 영혼을 얻고 이들이 성장하도록 돕는 것입니다. 그리고 그 시작은 복음 전도사역입니다.

많은 사역들이 있지만, 그 모든 것을 한마디로 압축할 때 결국 영혼을 얻고 성장하도록 돕는 것을 의미합니다. 영혼을 얻는다는 것은 지옥의 세계, 어둠의 영계에 속한 사람들을 빛의 세계, 주님의 세계로 이끄는 것을 말하는 것입니다.

거듭나지 못한 사람들은 육체와 본능으로 살며 영혼이 잠들어 있기 때문에 영적 감각을 사용하지 못하고 있으므로 자기의 영혼이 어두움의 세계에 속해 있으며 그것이 모든 고통의 원인이라는 것을 알지 못합니다. 그러므로 먼저 영혼의 눈을 뜬 사역자들은 복음을 전하고 이들이 거듭나고 영혼이 깨어나도록 도와서 그들을 빛의 세계로 이끌어내어야 하는 것입니다.

이처럼 복음사역은 그리스도인들의 삶의 중심입니다. 그것은 교회의 연례행사에 그치거나 잠시 은혜를 받았을 때 일시적으로 행하는 활동이 아닙니다. 그것은 그리스도인들의 삶에 있어서 가장 중요한 의미이고 목적이며 방향인 것입니다.

따라서 복음전파 사역은 우리의 인격 속에, 삶 속에, 생각 속에, 자연스럽게 스며들어 있어야 합니다. 그러므로 우리 삶의 여러 선택에 있어서, 대학 진학이나 집의 이사나 직장의 선택 등의 문제에 있어서도 이 복음전파와 관련해서 고려되어야 하는 것입니다.

많은 전도사역이 자연스럽지 않은 이유는 그들이 영혼을 얻는 것을 그들의 삶의 중심에 놓고 있지 않기 때문입니다. 많은 그리스도인들의 삶의 중심이 다른 데에 가 있습니다. 개성적인 취향, 물질적인 만족, 사회적 성취 등에 있습니다. 그것은 바른 방향이 아닙니다.

삶의 중심이 영적인 목표가 아닌 다른 것에 가 있다면 그의 영은 제대로 성장하기 어렵습니다. 그러므로 그의 영혼은 방향을 몰라서 방황하며 육체는 강건해져서 육이 영을 제치고 주인노릇을 하게 되는 것입니다.

우리 그리스도인들의 목표는 항상 사람, 즉 영혼입니다. 건물이나 조직, 지위, 개인적 성취 등은 결코 거듭난 그리스도인들의 목표가 될 수 없습니다. 주님께서 이 땅에 오신 한 가지의 목적은 오직 그분의 양들, 그분께 속한 사람들을 구하려고, 얻으려고 오신 것입니다. 그분이 많은 사람들에게 배척당하고, 버림받고, 채찍에 맞으며, 십자가를 지신 한가지의 이유는 오직 영혼을 얻기 위하신 것이었습니다.

주님은 부활 후에 이 땅을 떠나시면서 제자들에게 동일한 한가지의 명령을 하셨습니다. 그러므로 영혼을 얻기 위해 애쓰는 것은 우리의 삶에 있어서 가장 귀중한 중심적인 동기가 되어야 합니다.

주님께서는 우리 각자에게 다양한 성향과 재능을 주셨습니다. 어떤 사람은 손재주가 있어 물건을 잘 만들거나 잘 고치고 어떤 이는 말을 잘 합니다. 어떤 이는 친화력이 있어 사람을 잘 사귀며 어떤 이는 글을 쓰는 것을 좋아하고 어떤 이는 노래를 좋아합니다. 어떤 이들은 지적 능력이 뛰어나고 어떤 이들은 감수성이 예민하게 발달해 있으며 어떤 이들은 활동력이 많습니다.

우리는 성향에 따라 상황에 따라 다양한 직업이나 위치를 가집니다. 그 모든 것들의 의미는 우리가 있는 위치에서 우리의 역할을 통하여 다른 사람을 만난다는 것입니다. 그러므로 직업과 역할은 하나의 매개체이며 내가 만난 모든 사람들의 영혼은 주님께서 우리에게 의탁하신 의미가 있는 것입니다.

직업을 가지지 않고 복음만을 전해야 하는 사명을 받은 이들도 있습니다. 그러나 대부분의 사람들은 자기의 일을 가지고 있으며 그 안에서 복음을 전하게 됩니다. 그러므로 자기가 속한 분야에서 무능하다면 그는 다른 이들에게 존경과 인정을 받을 수는 없습니다. 그것은 복음사역이나 사람의 마음의 문을 여는데 부정적으로 작용하게 될 것입니다.

오늘날 그리스도인들 중에서도 자신의 외형적인 성취, 즉 승진과 집을 사는 것, 부를 늘리는 것, 안이하고 편안한 삶을 사는 것 등을 지상의 목표로 삼고 주님의 가장 크신 분부인 영혼을 구하고 돌보는 것을 삶의 중심에 놓지 않고 있는 분들이 많이 있습니다.

그러나 그들은 결코 만족감을 얻지 못할 것입니다. 그들은 현실적인 외적 성취가 아무리 많다고 해도 그들의 심령 깊은 곳에서는 결코 행복과 보람이 넘치지 않을 것입니다. 주님의 분부와 그분의 소원을 무시하는 사람은 결코 진정한 기쁨을 누릴 수 없습니다. 그의 속에서 성령께서 깊이 탄식하고 계시기 때문입니다.

주님께서는 제자들을 부르시며 베드로에게 이렇게 말씀하셨습니다.

"나를 따라오너라. 내가 너희를 사람을 낚는 어부가 되게 하리라" (마4:19)

주님께서는 영혼을 구원하는 사역에 베드로를 부르시면서 그의 직업인 어부의 일과 관련시켜서 말씀하셨습니다. 네가 여태까지는 단순히 생계를 위하여 물고기를 낚았지만, 앞으로는 물고기를 잡는 것이 아니라 사람의 영혼을 얻게 될 것이라고 말씀하신 것입니다.

이 말씀은 베드로나 그 당시의 제자들만이 아닌 우리에게도 같이 주신 명령입니다. 우리도 베드로처럼, 물고기를 낚는 어부가 되어 사람의 영혼을 얻어야 합니다. 그리고 이것은 우리의 삶의 중심에 있어야 하며 우리의 존재 이유가 되어야 하는 것입니다.

그러나 어부가 물고기를 낚는 것이 결코 쉬운 일은 아닙니다. 어부는 물고기에 대한 전문가가 되어야 합니다. 물고기의 생리에 대해서, 취향에 대해서 알아야 합니다.

어떤 목사님이 어촌 마을에서 설교를 하시게 되었습니다. 그는 청중의 대부분이 어부였기 때문에 역시 어부였던 베드로가 주님을 만난 이야기를 해야겠다고 생각했습니다. 그는 베드로가 처음 주님을 만났을 때의 이야기를 감동적으로 묘사하기 시작했습니다.

"베드로는 밤새 그물을 던졌습니다. 그러나 한 마리의 고기도 잡을 수가 없었습니다. 그는 너무 지쳤습니다. 그는 피곤했습니다. 그는 밤하늘을 바라보았습니다. 달빛만이 영롱하게 빛나고 있었습니다. 정말 처량한 달빛, 그것은 외롭고도 슬펐던 밤이었습니다."

그의 묘사는 상상력이 풍부한 감동적인 것이었지만 어부들은 아무도 감동을 받지 않았습니다. 어부들은 고기가 달밤에는 없기 때문에 달밤에는 고기를 잡으러 가지 않는 다는 것을 잘 알고 있었기 때문입니다.

어부들은 고기에 대하여 잘 알고 있습니다. 고기 잡는 것은 그들의 직업입니다. 그들의 삶의 중심입니다. 그러므로 그들은 자기의 일에 전문성을 가지고 있습니다.

오늘 우리들은 주님께로부터 분부를 받은 영혼의 어부입니다. 그렇다면 우리들은 우리가 낚아야 할 물고기인 영혼에 대하여 잘 알고 있습니까? 사람들의 생활, 그들의 마음, 그들의 고통, 그들의 갈망, 그들의 좌절 등에 대해서 잘 알고 있습니까? 그들이 진정 원하는 것은 무엇이며 어느 때에 마음을 닫고 어느 때에 마음을 열며 언제 감동을 받고 언제 유혹에 빠지는지, 과연 우리는 잘 알고 있는지요.

우리가 과연 영혼의 어부라면 우리는 효과적이고 자연스러운 어부의 사역을 위하여 좀 더 배우고 자라고 성숙되어가야 합니다. 영혼에 대해서, 사람의 마음에 대해서 좀 더 알기를 힘쓰며 영혼에 대한 따뜻한 사랑과 깊은 관심을 가지고 빛의 통로, 주님의 통로가 되기를 항상 기도하는 것, 그 인식이 우리의 삶 속에 깊이 자리를 잡아가야 하는 것입니다.

4. 영혼은 양육되어야 합니다

언젠가 어떤 텔레비전 프로를 보고 있었습니다. 갑자기 우리나라에 닥쳐왔던 IMF시절 급속한 경제적 충격으로 가정이 깨어져 가고 있는 실상을 보여주고 있는 프로였습니다. 처음부터 쭉 보지는 못했고 언뜻 스쳐가면서 보았을 뿐이지만 나는 그 프로를 보면서 하염없이 눈물을 흘렸습니다.

경제적 어려움으로 아빠도, 엄마도 아이를 버려 둔 채 집을 나갔고 6-7세 정도로 보이는 그 남자아이는 임시 보호소에 맡겨져 울면서 엄마를 찾고 있었습니다. 그 아이는 자신이 너무 못된 아이이고, 너무나 엄마의 말을 잘 듣지 않기 때문에 엄마가 집을 나갔다고 믿고 있는 것 같았습니다. 그래서인지 울면서 엄마에게 이렇게 애원을 하고 있었습니다.

"엄마, 이제부터는 엄마 말 잘 들을 거예요. 이제는 나쁜 짓 안 할게요. 엄마, 제발 돌아오세요. 엉엉엉."

나는 그 장면을 보면서 한참동안을 흐느껴 울었습니다. TV프로 제작자의 기획 의도가 무엇인지는 모르지만 자식을 키우고 있는 아빠로서 그 모습을 보고 어떻게 울지 않을 수 있을까요.

나의 마음은 부모로부터 버림받은 그 불쌍한 아이로부터 그의 부모에게로 옮겨갔습니다. 그들의 고통은 얼마나 더 극심했을까요. 그들이 자신의 핏줄을 포기하고 사라져 버릴 때까지 그들의 마음은 얼마나 절망스럽고 사망의 음침한 골짜기를 헤매었을까요.

아마 그들은 그렇게 할 수밖에 없는 어떤 피치 못할 사정이 있는지도 모릅니다. 경제적 고통이외의 어떤 사유들이.. 그러므로 누구든지 그들에 대해서 함부로 돌을 던질 수는 없을 것입니다. 왜냐하면 누구보다 가장 가슴이 아픈 것은 본인일 테니까요.

아마 그 아이는 평생을 부모로부터 버림받은 기억을 간직한 채 살아갈 것입니다. 또한 그의 부모도 역시 가슴에 한을 안고 살겠지요. 진정 그들이 다시 만나기를 바라는 마음입니다. 이미 다시 만났는지도 모르지요. 진정 그것처럼 기쁨이 있을지..

불과 2년쯤 전이지만 그 시절에는 그런 프로가 많이 방영이 되었습니다. 다른 케이스로는 아내가 생활고로 가출하고 남편 혼자서 다섯 살 정도의 애를 데리고 있다가 보육원에 맡기는 모습도 보였습니다.

남자는 자식에 대한 애정이 지극해 보였는데, 아이를 돌볼 사람이 없어서 혼자서 데리고 있다 보니 여기저기 돌아다니며 일을 하는 직업이라 일을 할 수가 없었습니다. 그래서 며칠을 같이 굶다시피 하다가 할 수 없이 아이를 잠시 맡기러 보육원에 데려온 것입니다.

아빠는 아이에게 계속 반복해서 말했습니다.

"아빠, 돈 많이 벌어서 꼭 데리러 올게. 알았지? 여기서 선생님말씀 잘 듣고 있어야 돼. 아빠가 꼭 데리러 올게."

그러나 그 아이는 전혀 무표정했고 아빠가 갈 때까지 아무런 대답도 없었습니다. 아빠가 아무리 손을 흔들어도 그 아이는 본 척을 하지 않고 그저 외면을 할 뿐이었습니다.

그러나 아빠가 떠나자 그 아이의 속마음은 금방 드러났습니다. 그 아이는 아빠가 가는 뒷모습을 창문에서 아빠가 보이지 않을 때까지 뚫어지게 바라보고 있었습니다.

왜 그 아이는 울지 않을까요? 왜 그 아이는 그 또래의 어린아이답게 아빠에게 매달리며 '아빠, 가지 마..' 하면서 애원하지 않았을까요? 같이 한껏 울었으면 속이나 다 후련했을지도 모르는데 말입니다. 아마 그 아이는 그 어린 나이에 너무 많은 것을 알고 있는지도 모릅니다. 지금은 아빠와 함께 있을 수 없다는 것, 엄마도 없다는 것, 나는 이제 혼자 있어야 된다는 것. 이미 그는 알고 벌써부터 포기를 배웠는지도 모릅니다.

취재진은 잔인도 하지, 그곳에서 벗어나자 아이의 아빠에게 지금 기분이 어떠냐고 소감을 묻습니다. 아빠는 대답합니다.

"소감이요.."

그는 카메라를 피해 되돌아섭니다. 그리고는 말을 잇지 못합니다.

"생각했던 것보다 더 힘들군요."

돌아선 그의 고개가 수그러집니다. 그리고 그의 어깨가 들썩거립니다.

터져 나오는 오열, 자식을 버린 아빠에게 고통과 눈물밖에 무슨 소감이 있겠습니까.

불과 몇 달 전에 나는 이런 신문기사를 읽었습니다. 지난 겨울 전례가 드물게 몹시 추웠던 겨울 생후 불과 2-3일된 아이가 어떤 집 앞에서 보자기에 싸여진 채로 버려져서 동사했던 것입니다.

기사에는 아마 엄마는 10대 미혼모인 것 같다고 쓰여져 있었습니다. 나이가 있다면 아이를 기를 수 없는 상황일 경우 위탁기관에 맡기거나 입양 조처를 취한다는 것이었습니다. 10대 미혼모의 경우 이런 절차들을 모르고 두려우니까 더러 이렇게 다른 집 대문 앞에 버리고 가는데, 이 날은 너무 추워서 사람들의 왕래가 없어 얼어 죽은 것 같다고 안타까워했습니다.

이유야 어떻든 부모로부터 버림받는다는 것, 양육되고 보호받아야 할 어린 아기가 버려진다는 것처럼 비참하고 슬픈 일이 있을까요. 이와 같이 슬픈 이야기를 계속 하는 이유는 이와 비슷한 일들 아니, 사실 이보다 훨씬 무서운 일들이 지금도 교회 안에서 너무나 많이 이루어지고 있기 때문입니다. 주님을 알지 못했던 사람들이 전도를 받고, 주님을 영접하고, 죄 사함을 받고 하나님의 자녀가 되었다면 이것을 흔히 중생, 또는 신생이라고 합니다. 즉 영적으로 새로 태어났다는 것을 의미합니다. 다시 말하면 그는 영적으로 갓난아이와 같다는 것입니다.

그렇다면 어린 아기에게 필요한 것은 무엇일까요? 당연히 영적인 부모들의 사랑과 돌봄, 관심과 애정입니다.

교회는 고아원이 아닙니다. 그리고 목사는 고아원 원장이 아닙니다. 다시 말해서 교회는 부모로부터 버려진 돌봄을 받지 못하는 수많은 고아들로 가득 차 있어서는 안 된다는 것입니다. 그들은 모두 개인적인 영적 부모를 가지고 있어야 하며 교제와 나눔, 양육과 사랑의 공급이 필요한 것입니다. 만약 그들이 방치된다면 그것은 경제난으로 인하여 버려지는 아이들보다 더욱 더 비참한 것입니다.

어떤 의미에서 영적인 어린아이들은 실제의 어린아이들보다 더 위험합니다. 왜냐하면 모든 어린아이들은 본능적으로 돌봄과 보호를 기대하며 엄마, 아빠를 찾지만 영적 어린아이들은 자신들이 처한 위험, 자신들의 상태에 대해서 잘 모르기 때문입니다.

일반적으로 어린이들은 부모로부터 떨어지는 것을 두려워합니다. 그러므로 그들은 엄마를 잃어버리고 보호자를 잃어버리면 몹시 놀라고 두려워합니다. 그러나 영적인 어린아이들은 그것을 잘 모릅니다. 그들은 영적인 세계에 대해서 알지 못합니다. 영적인 전쟁도, 자신들을 노리고 있는 사탄의 미혹과 공격에 대해서도 전혀 무지합니다. 천국을 향하여 가는 여정이 얼마나 어렵고 도중에 많은 장애물과 방해가 있는지 그들은 알지 못합니다.

신앙에 있어서의 여러 가지 회의, 갈등, 모순같이 보이는 것들의 배후에 어떤 영적인 존재가 있는지 그들은 모릅니다. 어디로 나아가야 하는지 그 방향은 어디인지, 그들에게는 잘 보이지 않습니다. 그러한 깨달음들은 많은 경험과 훈련, 그리고 실패를 통해서 얻어지는 것이며 그렇게 조금씩 진리를 이해하게 되고 통찰력이 증가되는 것이지만 아직 영적인 어린아이들은 그것들을 볼 수가 없습니다.

무엇을 조심해야 되고 무엇을 경계해야 되는지, 자신들의 약점이 무엇인지, 무엇을 먹어야 되고, 무엇을 먹으면 안 되는지 그들은 알지 못합니다. 그들은 사회적으로 의사, 교수, 박사일 수도 있으나 영적으로는 아기입니다. 그들은 세상적으로는 지혜롭고 통찰력이 있고 세심하고 사려 깊으며 성숙된 인격을 가지고 있을지 모르나 영혼의 세계에서 펼쳐지는 일들, 영혼이 가는 길에 대해서 알지 못합니다.

그러므로 그들은 신앙도 세상의 상식적인 시각에서 생각합니다. 그들은 자기의 타고난 성향과 기질에 따라 신앙을 나름대로 판단하고 키워나갑니다. 양육자가 없으므로 스스로 알아서 크는 것입니다.

이러한 것들이 얼마나 위험한 일인지요! 그러한 영혼은 제대로 성장하기 위해서 많은 대가를 지불해야 할 것입니다. 또한 그렇게 고생을 하면서도 주님의 생명을 얻는 것과 다른 잘못된 방향으로 나아가게 될지도 모릅니다.

영적 어린아이들은 영이 발전하지 않았기 때문에 그들의 관심사는 영혼의 수준이나 상태와 같이 내면적인 것보다는 사회적 관심사, 외적인 복지에 관한 것입니다.

그들의 가치관은 아직도 육신적이고 세상적입니다. 그러므로 그들은 돈, 성공, 결혼, 명예 등에 대한 가치관이 불신자들과 별로 다를 것이 없습니다.

그들은 십자가, 자기 부인, 낮아짐, 훈련, 섬김, 내적 사랑, 연합.. 이런 것들을 제대로 알 수 없고 체험하기도 어렵습니다.

나는 예전에 전도의 경험을 통해서 상대방이 무릎을 꿇고 울면서 주님을 영접하는 것을 많이 보았습니다. 어떤 이는 가슴을 찢으며 회개했고, 어떤 이는 방석이 반 이상 젖을 정도로 울기도 했습니다.

그러나 어느 정도의 시간이 지나서 내가 그들의 영적 상태를 확인해 보았을 때 그들의 대다수는 전의 상태로 돌아갔거나 오히려 더 나빠진 경우가 많았습니다.

나는 몹시 충격을 받았습니다. 그리고 한 때 복음 전도 사역의 한계와 회의에 빠지기도 했습니다.

왜 그럴까요? 도대체 그 이유는 무엇일까요. 어떻게 그러한 인생의 결단, 주님을 만난 감격과 감동을 그렇게 쉽게 잊어버릴 수 있단 말입니까?

나는 전에는 그들을 은혜를 모르는 배은망덕한 사람으로 생각했었습니다. 어떻게 그렇게 주님을 영접하고 구원의 감격으로 인하여 흐느끼고 결단하다가 그렇게 무덤덤해질 수 있을까 하고 생각했습니다.

그러나 이제는 그 이유에 대해서 압니다. 그들은 갓난아이로서 버림을 받았던 것입니다. 그들은 태어나긴 했으나 그들의 요람을 흔들어 주고, 우유를 먹일 수 있는 사람을 찾지 못했던 것입니다. 영혼의 세계와 영적인 여정에 있어서 주어지는 어려운 시험들, 사탄의 존재와 영적 전쟁에 대해서 그들은 전혀 무지했던 것입니다.

전도에 대한 열정을 촉발시키기 위해서 이른바 '전도왕'들이 많이 언급됩니다. 그들은 전도 집회에 초청되기도 하고 간증도 하면서 많은 사람들에게 도전과 자극을 줍니다. 그들은 각자 오백 명, 천 명, 이천 명…… 그렇게 전도했다고 사람들에게 도전을 줍니다.

물론 그것은 소중한 일입니다. 그리고 그러한 전도의 열정 - 그것은 절대적으로 필요하며 그러한 도전의식은 마땅히 심어주어야 하는 것입니다.

그러나 아이를 낳는 것 못지않게 중요한 것은 아이를 돌보는 것입니다. 낳기만 하고 내버려두는 것은 무책임한 일입니다. 물론 전도왕이라고 불리는 분들은 낳는 사명이고, 양육의 은사는 없을 수 있기 때문에 양육의 은사를 가진 분들과 협력하여 사역을 해야 할 것입니다.

어린아이에게 있어서 가장 필요한 것은 무엇일까요. 그것은 우유도, 기저귀도 아닙니다. 그것은 사랑입니다.

엄마는 날마다 이렇게 말해줍니다.

"사랑하는 아가야, 네가 얼마나 아름다운지 아니? 네가 얼마나 사랑스러운지 아니? 너는 엄마에게 세상에서 가장 귀중한 존재란다. 엄마는 너만 있다면 아무 것도 부족한 것이 없단다. 네가 있으면 굶어도 배고프지 않고, 마시지 않아도 목마르지 않단다. 너는 엄마의 모든 것이란다. 온 세상을 다 주어도, 엄마는 너와 바꾸지 않을 거야. 왜냐하면 너는 엄마의 사랑이며, 모든 것이기 때문에.."

아이가 알아듣든, 못 듣든 엄마는 같은 이야기를 반복합니다. 그리고 그 결과 아이는 나는 사랑 받고 있으며, 나는 사랑 받을 만한 존재라는 것, 그리고 이 세상은 아름다운 곳이라고 차츰 속에서 인식하게 됩니다.

물론 그와 같은 아름다운 인식이 그의 삶을 풍성하게 만들어가게 됩니다. 사람의 의식은 영적인 기운을 끌어당기며 그렇게 그의 미래는 형성되기 때문입니다.

영적인 자녀도 마찬가지입니다. 그들에게는 영적인 부모가 필요합니다. 그들은 반복적으로 배워야 합니다. 주님께서 그들을 사랑하신다는 것, 그들은 너무도 아름답고 귀한 존재라는 것, 그리고 지금까지 주님께서 그들을 기다리고 계셨다는 것, 이제 주님께서는 돌아온 그들로 인하여 너무도 기뻐하시며 그들과 이야기를 나누기 원하신다는 것, 이런 것들에 대해서 계속 배워가고 체험해가야 하는 것입니다.

불행히도 지금 이 순간에도 수많은 영적 어린아이가 태어나고, 또 버려지고 있습니다. 탄생의 기쁨과 환호가 사라지기도 전에 그들은 버려지고 부모들의 관심에서 멀어집니다. 그들을 전도한 이들은 잠시 기뻐하지만 이제 다시 다른 전리품을 얻기 위해서 밖으로 나갑니다.

그들은 영적 세계의 험한 여정, 싸움, 유혹, 마귀의 전략, 그들의 지위, 영적인 무기에 대해서 배운 적이 없지만 그 길을 가야 합니다. 그들 본인은 알지 못하지만, 그들 마음속 깊은 곳에 있는 영혼은 울부짖고 있는 것입니다.

"엄마, 제발 돌아오세요. 다음부터는 말을 잘 들을게요."

어떤 이들은 실족하며 어떤 이들은 남의 집 대문에서 얼어 죽습니다.

오늘도 수많은 영혼들이 실족하고 넘어지고 있습니다. 사랑과 친절을 가지고 그러한 영혼들을 섬기고 사랑할 수 있는 영적인 부모는 도대체 어디에 있는 걸까요?

자연스러움과 사랑, 따뜻함과 지혜를 가지고 어린아이들에게 영적인 세계를 설명하고 실제적인 안내를 해주는 부모들은 다 어디로 갔을까요? 무엇보다 그들이 어떤 실수와 넘어짐이 있더라도 따뜻이 포옹하고 위로할 수 있는 부모들, 그들은 과연 어디에 있을까요?

영혼은 태어난 후에 양육되어야 합니다. 어느 정도 자랄 때까지 따뜻함과 교훈 속에서 성장되어야 합니다. 영적인 버림받음과 이산 가족의 비극은 이 땅에서 더 이상 있어서는 안 될 것입니다.

5. 성숙한 사람이 자녀를 양육할 수 있습니다

　도처에 어린이들은 많습니다. 그들은 양육되고 자라야 합니다. 그러나 아무나 자녀를 양육할 수는 없습니다. 먼저 자라고 성숙되어야만 자녀를 돌볼 수 있습니다.
　사람은 육체의 차원에서 보면 어른과 아이로 나눌 수 있습니다. 결혼해서 자녀를 낳고 기르는 사람은 어른이요, 아직 분가하지 않고 어른의 밑에서 자라고 있다면 그는 아이입니다. 영적인 면으로 본다면 결혼했다고 해서 다 성숙되었다고 볼 수는 없으나 육체의 차원에서는 그렇다는 것입니다. 그런 면에서 청년도 아이에 속합니다. '아무리 나이가 들어도 결혼하지 않으면 어린애다'라는 말이 있는데, 그 말처럼 결혼해서 독립되지 않은 사람은 자녀를 낳을 수도, 양육할 수도 없으니 어른이 아닙니다.
　영적으로도 마찬가지입니다. 자녀를 낳고 기를 수 있는 성장된 사람이 있고, 아직 자녀를 낳거나 양육할 수 없는 어린아이도 있습니다. 오늘날 교회에서 일어나는 많은 문제들의 원인이 아직 성숙되지 않은 영적 어린이들에게 많은 일들을 맡기고 요구하기 때문입니다.
　이들 가운데는 사회적으로 위치가 있고 세상 경험이 풍부한 사람도 있을 것입니다. 그러나 영적으로는 아직도 어린아이일 수 있습니다.
　영적 어린이들은 영혼의 길과 주님께 대한 헌신과 복종에 대해서 모릅니다. 자기 욕망을 십자가에 못박으며 주님의 음성을 듣고 인도를 받으며 영적인 분별력을 가지는 것에 대하여 모릅니다.
　이들의 가치관은 세상적이고 육신적이며 자아적이고 본능적입니다. 이들의 목표는 주님의 영광이 아닌 자신의 드러남입니다.

그런데 오늘날 이러한 영적 어린이들에게 유감스럽게도 많은 일들이 주어지는 경우가 많이 있습니다. 심지어 갓 태어난 아기의 양육이 맡겨지기도 합니다. 이것이 얼마나 가당치 않은 일인지요! 그러므로 인도자나 피 인도자가 함께 구덩이에 빠지는 것은 하나도 이상한 일이 아닙니다.

초신자가 쉽게 시험이 들고 실족하는 것을 우리는 많이 볼 수가 있습니다. 이들은 영의 세계를 모르며 사탄의 전략에 대해서 전혀 무지하기 때문에 이러한 영적인 공격에 대하여 효과적으로 대처할 줄 모릅니다.

어린이는 어린이를 양육할 수 없습니다. 이것은 아주 명백한 사실입니다. 이들이 같이 있다면 서로 열심히 싸울 것입니다. 여섯 살인 아이가 다섯 살 아이를 돌본다고 합시다. 그것이 가능할까요? 물론 가능하지 않습니다. 그들의 취향과 수준은 서로 비슷하기 때문입니다.

다섯 살 먹은 아이가 자동차를 먼저 가지고 놀겠다고 합니다. 어른이라면 아마 그러라고 하겠죠. 그러나 여섯 살 먹은 아이는 이렇게 말합니다.

"안 돼. 내가 먼저 가지고 놀 거야."

그러므로 그들은 서로 싸우게 됩니다. 어른들은 어린아이가 가지고 노는 장난감에는 별 관심이 없지만 나이가 비슷한 아이들은 수준이 비슷하기 때문에 서로 싸우는 것입니다.

미국에서는 일정한 연령 이하의 어린이를 혼자 놔두면 이는 범죄행위를 구성하게 되는데, 이는 영적 세계에서도 마찬가지입니다. 영적 어린아이를 혼자 내버려두는 것은 죄입니다. 그는 혼자서 끓는 물에 손을 집어넣을 수도 있습니다. 돌아가는 선풍기를 만질 수도 있습니다. 그에게는 모든 것이 신기하지만 동시에 위험합니다.

결혼하지는 않았어도 어느 정도 나이가 든 젊은이는 아이를 돌볼 수 있을 것입니다. 그러나 잠시 돌보는 것과 맡아서 양육하는 것은 다릅니다. 잠시 몇 가지의 지식이나 기능을 가르칠 수는 있으나 그것이 양육은 아닙니다. 아이의 성장에 필요한 것은 부모의 사랑이며, 교육학을 전공한 젊은이도 부모만큼 아이를 사랑할 수는 없습니다. 모성애란 결코 슈퍼마켓에서 구입할 수 있는 것이 아닙니다.

어린아이들의 가장 중요한 특성중의 하나가 서로 열심히 싸운다는 것입니다. 고린도전서 3장 1절을 보십시오.

"**형제들아 내가** 신령한 자들을 대함과 같이 **너희**에게 말할 수 없어서 육신에 속한 자 곧 그리스도 안에서 어린아이들을 대함과 같이 하노라"

어린아이들은 곧 육신에 속한 자들입니다. 그들은 아직 영이 성숙하지 않았으므로 육적인 사고방식과 가치관으로 삽니다. 그들은 여러 가지 은사들, 방언, 예언, 신유, 이적 등을 체험하였으나 영적으로는 아직 낮은 단계에 있었습니다.

"내가 너희를 젖으로 먹이고 밥으로 아니 하였노니 이는 너희가 감당하지 못하였음이거니와 지금도 못하리라" (고전3:2)

그들은 어리기 때문에 말씀의 깊은 진리를 이해할 수 없었고, 그저 초보적인 수준의 말씀밖에 소화할 수 없었습니다.

"너희가 아직도 육신에 속한 자로다 너희가운데 시기와 분쟁이 있으니 어찌 육신에 속하여 사람을 따라 행함이 아니리요" (고전3:3)

어린아이의 특성, 육신에 속한 자들의 특성은 싸움입니다. 그들 가운데 시기와 분쟁이 있습니다.

그들은 눈에 보이는 사람을 의지하며 따릅니다. 그들은 보이지 않는 하나님의 음성을 듣고 인도 받는 것에 대하여 알지 못합니다. 그들의 관심은 항상 보이는 것뿐입니다. 보이지 않는 세계에 대해서는 알 수도 없고, 알려고도 하지 않습니다.

왜 어린이들은 서로 싸울까요? 그들이 서로 원수를 맺었기 때문일까요? 아닙니다. 그들은 아무리 친하더라도 싸웁니다. 이는 그들이 상대방을 미워하는 것이 아니라 이기적이기 때문입니다. 자기의 이기적 욕망을 무엇보다 앞세우기 때문에 당연히 상대방과 서로 부딪치는 것입니다.

모든 어린이들은 이기적이며 서로 싸웁니다. 그들은 자기 밖에 모릅니다. 아기는 배가 고프면 웁니다. '엄마, 바쁘면 나중에 우유를 주세요' 하는 아기는 없습니다. '엄마, 피곤하시면 나중에 기저귀를 갈아주세요' 하는 아기도 없습니다. 어린 아이는 악해서 싸우는 것이 아니라 어려서 이기적이고 자기밖에 모르기 때문에 싸웁니다.

어린 아기는 순수하고 아름답습니다. 그러므로 어리다는 것, 이기적이라는 것, 육신적이라는 것이 비난의 대상이 될 수는 없습니다. 다만 그들은 자라가야 하며 아직 아기를 낳을 수 없고 기를 수도 없으며 어떠한 일을 맡을 수도 없는 것입니다.

어떤 사람들은 교회를 오래 다니지만 이기적입니다. 사랑할 줄 모릅니다. 툭하면 남을 비판하고 비난합니다. 용서할 줄을 모릅니다. 자기에게 유익이 될 일이 아니면 하지 않습니다. 인색하며 또 교활합니다.

그것을 비난할 수는 없습니다. 다만 그는 아직 어린아이라는 사실을 인식해야 합니다. 그는 좀 더 자라야 합니다. 그의 신앙 경력이 얼마나 오래

되었든, 교회 안의 위치가 어떻든 그는 어린아이입니다.

신앙의 성숙여부는 삶과 인격의 열매로 분별하는 것이지 외적 조건으로 결정되는 것은 아닙니다. 그러므로 육체의 연령은 시간이 흐르면 자연히 많아지지만 영적으로는 아무리 오랜 시간이 흘렀어도 여전히 어린아이 일 수가 있는 것입니다.

그리스도인들은 자라가야 합니다. 영적인 세계의 의미를, 이 땅에서 우리는 영혼의 진보를 위해서 존재한다는 것을 배워야 합니다.

영이 열릴수록 그는 주님과 실제적인 교통을 할 수 있으며, 주님의 마음을 알게 됩니다. 그의 기도는 깊어집니다. 그의 기도는 단순한 하소연에서 주님과의 상호간의 깊은 교제로 발전해 갑니다. 그는 점차 기다리는 기도, 듣는 기도, 하나님의 임재에 잠기는 기도 등에 대해서 배워가게 됩니다.

어린아이들은 무지합니다. 젊은이들은 날카롭고 논리적이고 예리합니다. 그들의 개념은 다 옳은 것 같습니다. 그러나 그들은 아직 어린아이인 것입니다. 주님을 알아갈수록, 성장해 갈수록, 그는 날카로운 비판에서 점차로 사랑과 포용과, 관용과 용서를 이해하게 됩니다. 그는 점차 여유롭고 자비와 긍휼이 넘치는 사람으로 변화되어 갑니다.

어린아이들은 꿈이 있습니다. 젊은이들도 비전이 있습니다. 그러나 그것은 대부분 그 자신을 위한 것입니다. 그러나 자녀를 기르는 어른들은 나이가 들수록 점차 의식에서 자신이 소멸되어 갑니다. 자신의 꿈도 소멸되어 갑니다. 점차로 그의 사고방식과 무게 중심은 자신에게서 자녀에게로 바뀌어가게 됩니다.

그는 자신의 꿈보다 자녀의 꿈을 원합니다. 그는 자신의 행복보다 자녀의 행복을 원합니다. 그는 점차로 자신을 잃어버리며 서서히 희생과 포기로서 오히려 만족을 하기 시작합니다.

전과 달리 그는 자신의 큰 성취보다도 자녀의 작은 성취로 기뻐합니다. 아주 박식하고 지혜롭던 사람이 자녀의 사소한 성공, 수학점수를 잘 받았다든지, 교내 백일장에서 입상했다든지, 이렇게 유치한 것에 대하여 감격하고 그와 같이 유치해진 자신에게 놀랍니다.

어린아이들은 얻고 이기고 성취하려고 합니다. 그러나 어른들은 주고 주고 또 주고 싶어 합니다. 그는 잃고 싶고 희생하고 싶으며 줄 수 있는 모든 것을 주어도 아까워하지 않습니다. 결혼하지 않은 젊은이들은 일반적으로 이러한 희생과 자기포기에 대하여 알지 못합니다. 그러므로 그들은 어린아이인 것입니다.

사람은 누구나 자신이 경험하지 않은 세계를 알지 못합니다. 그러므로 어린아이는 어른의 마음을 이해할 수 없습니다.

결혼하는 날, 신부는 기쁨과 행복과 앞날에 대한 기대와 흥분으로 가득합니다. 그녀는 만면에 웃음을 짓습니다. 그러나 그날 밤 신부의 아버지는 잠을 이루지 못합니다. 그는 자다가 일어납니다. 그는 딸의 방문을 엽니다. 그는 아직도 딸의 체취가 가득한 이것저것을 만져봅니다. 딸의 옷가지, 책, 소품들 그리고 그는 딸의 앨범을 집어 듭니다.

추억이 담긴 딸의 사진들, 어릴 때의 모습, 돌 사진, 딸이 아플 때, 재미있던 순간들.. 그는 어느새 흐느끼고 있는 자신을 발견합니다. 그는 중얼거립니다. '내가 왜 이러지. 가장 행복한 날에.'

그러나 그는 압니다. 가장 큰 행복이 가장 힘든 고통일 수도 있다는 것을.. 그는 그것이 인생인 것을 압니다. 모두가 가는 길인 것을 압니다. 그러나 그는 이제부터 한동안 뻥 뚫린 가슴을 안고, 새롭게 포기를 배워가야 하는 것입니다.

어느새 그의 뒤에 인기척이 나고 조용히 어떤 손이 그를 어루만집니다.

돌아보면 어느새 뒤에 서있는 아내의 위로하는 음성이 들립니다.

"여보, 당신답지 않게 왜 그러세요."

그러나 그렇게 말하는 아내의 눈가도 역시 젖어 있습니다. 그녀는 말합니다.

"이제, 우리 둘만 남았군요."

그렇습니다. 그것이 인생입니다. 그러나 딸은 그것을 알까요? 아빠와 엄마의 마음을?

알지 못할 것입니다. 이해는 할 수 있을지 모르겠지요. 그러나 사람은 경험하지 않은 것을 알 수는 없습니다. 세월이 흘러 그녀도 사위를 맞게 되면, 며느리를 맞게 되면, 그것이 어떤 것인지 느끼게 될 것입니다.

성장할수록 그는 비워집니다. 그의 소원은 자신의 행복이 아니라 자녀의 행복입니다. 자신이 어떤 희생을 치르더라도 자녀가 행복할 수만 있다면 그는 기꺼이 그 길을 갈 것입니다.

많은 그리스도인들이 있습니다. 그러나 대부분 그들은 어립니다. 그러므로 그들은 이기적입니다. 그들은 남에게 관심이 없습니다. 그들은 희생을 할 줄 모릅니다. 그러므로 그들은 전도하러 갔다가 오히려 싸우고 옵니다. 상처를 주기도 하고 상처를 받기도 합니다.

일하는 것은 좋은 것입니다. 모든 그리스도인들은 부름 받은 사명이 있으며 주께서 맡기신 그 일을 해야 합니다. 그러나 먼저 충분히 자라지 않으면 안 됩니다. 그리하여 주님께서 사용하실 수 있는 그릇이 되어 자녀를 생산하고 따뜻하고 아름다운 사람이 되어 그들에게 사랑과 돌봄과 안식과 치유를 공급할 수 있어야 하는 것입니다.

6. 성숙한 사람들의 몇 가지 특성

성숙이란 어느 한 순간에 갑자기 이루어지는 것이 아닙니다. 그것은 오랜 시간의 과정을 통해서 이루어집니다. 우리는 평생 동안 자신의 영적인 성숙을 사모하고 추구해야 하며 그것은 우리의 삶에 있어서 가장 중요한 목표가 되어야 합니다.

성숙된 사람이라고 해서 이마에 어떤 표시가 있는 것은 아닙니다. 그러므로 어떤 이가 어린아이로서 양육을 받아야 하며 어떤 이가 성숙된 사람으로서 주님의 분부를 감당할 수 있는지 분별하는 것은 쉽지 않은 일입니다. 그러나 그럼에도 불구하고 어느 정도 성숙된 사람에게는 다음과 같은 몇 가지의 공통적인 특성이 나타납니다.

첫째로 그들은 사람들의 마음에 몹시 민감합니다.

대체로 영적으로 미성숙한 어린 사람들은 자기중심적이며 일방적입니다. 그래서 상대방의 마음이나 느낌에는 몹시 둔감합니다. 어린 사람들은 다른 사람의 마음을 모르기 때문에 상처를 잘 주는 것입니다.

그들은 말하는 것을 좋아하지만 다른 사람들의 이야기를 듣는 것은 서투릅니다. 그러므로 그들은 눈치가 부족하며 자기의 유익에만 민감하고 남을 섬길 줄 모릅니다.

남에게 상처가 되는 언행을 하고는 '나는 뒤가 없어요.' '저는 워낙 솔직한 성격이라서..' '저는 남 듣기 좋은 말을 못해요' 하는 식의 말을 하는 분들도 있습니다. 그것은 이기적인 마음을 보여주는 것이며 어린아이와 같은 마음을 보여주는 것입니다.

'나는 다른 것은 몰라도 사랑 쪽에는 소질이 없어요.' 라고 하는 사람이 있는데 이것은 '나는 주님과 상관이 없는 사람이며 신앙과도 관계가 없는 사람입니다' 라고 말하는 것과 같은 것입니다.

그러나 이러한 어린 아이와 달리 어느 정도 훈련과 환란을 통과하고 성장하여 영혼의 감각이 예민해진 사람들은 다른 사람의 마음을 쉽게 느낍니다. 그는 특별히 상대방의 이야기를 듣지 않아도 상대방의 상태를 간파해 냅니다. 그는 사람들을 섬기고 돕기 위하여 어느 때 말을 해야 하는 지, 아니면 묵묵히 기다리고 있어야 하는지, 자연스럽게 느낍니다.

'경험자는 열변을 토하고 전문가는 웃는다.' 라는 말처럼 그는 남을 설득하려고 자기의 편으로 끌어당기기 위해서 흥분하거나 애를 쓰지 않습니다. 그는 조용히 기다리지만 사람의 영을 분별하고 느끼며 그의 영혼을 편안하게 해 줄 수 있습니다.

그러므로 겉으로 보기에는 어느 정도 성장한 사람이 그저 단순한 사람으로 보이기도 하며 어린 사람의 열변과 예리함과 지혜가 돋보이기도 합니다. 그러나 무엇이 진정한 지혜인지는 그 열매를 통해서 나타나는 것입니다. 모든 것에 자신이 넘치고 예리해 보이는 어린아이들의 말과 분석과 지혜는 왕왕 분쟁과 상처를 낳을 뿐입니다. 그것은 일시적으로 사람의 속을 시원하게 해주는 면도 있으나 대부분은 좋은 열매를 맺지 못합니다.

둘째로, 성숙한 사람들은 성장해 갈수록 자신의 꿈과 야망에 대해서 자유로워집니다. 어떤 아집이나 욕망에 별로 사로잡혀 있지를 않습니다.

'주님, 이것이 아니면 나를 죽여주십시오. 차라리 나를 데려가세요.' 이런 식으로 기도를 하는 이들은 믿음이 좋은 것이 아니고 어거지와 집착이 많은 것입니다. 그러한 것은 자신을 주님의 뜻에 의탁한 성숙한 사람의 자세와 다릅니다.

성숙한 사람들은 자신의 뜻이 없이 주님의 인도와 역사하심에 매우 유동적이며 자유롭게 됩니다. 이것은 그들이 꿈을 잃어버린 무기력한 사람이 되었다는 의미는 아닙니다. 물론 그들에게도 과거에 꿈이 있었고 현재도 가지고 있지만 그러한 이들은 이제 그것을 주님의 손에 올려놓았고 거기에 대해서 자유로운 상태인 것입니다.

그는 자기의 분량에 대해서 압니다. 그러므로 그는 주님께서 무엇인가를 명령하시면 바로 달려가지만 주님께서 더 나아가지 않으시면 그도 또한 계속 나아가지 않습니다. 타고난 본능은 여태까지 달려온 그대로 계속 달려가기를 원하지만 그는 조용히 주님을 기다리게 됩니다.

그는 점차로 희생과 포기가 쉬워집니다. 사람들이 그를 알아주지 않고 심지어 오해와 비난이 난무한다고 해도 그에게는 그러한 것들이 대수로운 일이 아닙니다. 물론 그가 그곳에 이르기까지는 많은 눈물과 연단이 있어야 하는 것입니다.

셋째로 그는 점차로 편안한 사람이 됩니다. 사람들이 그의 옆에 있을 때, 그들은 왠지 마음이 편해지는 것을 느낍니다.

사람들은 자기들이 뭔가를 잘 못해도, 실수해도, 이 사람이 그들을 그대로 받아 줄 것 같은 편안함을 느낍니다. 어떤 투정을 해도 그냥 웃으며 받아줄 것 같은 관용의 정신을 느끼게 됩니다.

그 이유는 성숙된 사람일수록 하나님의 아버지된 마음을 느끼기 때문입니다. 하나님의 은혜를 구체적으로 알아가고 체험해 가기 때문입니다. 그는 아버지를 알아갈수록 자녀를 불쌍히, 긍휼히 여기시는 그분의 마음을 느끼기 때문에 그는 자연스럽게 그렇게 아버지의 마음을 가진 사람이 되어 가는 것입니다.

어린 사람일수록 남의 결점을 잘 봅니다. 그리고 억울한 것을 잊지 못합니다. 불의를 보고 참지 못합니다. 자기 속에 똑 같은 죄가 있으면서도 그들은 상대방을 판단하고 미워하며 비난합니다. 그러나 영이 자라갈수록 사람들은 악에 대하여 용납하는 것이 아니라 그 악에 대하여 슬퍼하고 아파하며 자신이 그 악의 대가를 지불하기 원하면서도 그 악인은 불쌍하게 여기고 관대하게 대해주는 것입니다.

넷째로 그는 점차로 주님을 사모하며 그분과 연합하게 됩니다.

이제 그의 소원은 개인적이고 인간적인 소원이 아닙니다. 그의 기쁨은 곧 주님의 기쁨이며 그의 소원은 곧 주님의 소원입니다. 그는 자기의 기쁨보다 주님의 기쁨을 원하며 주님의 뜻이 이루어지기를 원합니다. 그는 오직 주님의 뜻을 구하고 사모하며 그분의 뜻이 이루어지도록 간절한 소원과 열망을 갖게 되는 것입니다.

점차로 주님께서는 그에게 자신의 마음을 보여주십니다. 어린 아기에게는 그저 안아주시고 사랑으로 어루만져주실 뿐이지만 영혼이 어느 정도 자라고 맘이 통하게 되면 주님은 자신의 심장을 보여 주십니다.

그는 차츰 주님의 슬픔, 주님의 고독, 주님의 아픔, 주님의 안타까움에 대해서 알게 됩니다. 그는 점차로 대다수의 그리스도인들이 기뻐하고 즐거워할 때 주님께서도 기뻐하는 것이 아니며 대다수 그리스도인들이 절망하고 한숨짓는 일이 사실은 그렇게 나쁜 것이 아님을 알게 됩니다.

이제 그의 소원은 주님이 기뻐하시는 일을 행하는 것이므로, 그는 이제 주님의 가장 큰 소원이 영혼을 얻는 것임을 알게 됩니다. 그러므로 이제 그는 아버지의 마음으로, 주님의 마음으로 영혼들을 향하여 나아가고 그들을 사랑하기를 원하며 그들을 위하여 주님을 대신해서 마음을 쏟으며 기도하는 것입니다.

'기도의 사람 하이드'로 유명한 선교사 하이드는 한 영혼, 한 영혼을 위하여 중보 기도하면서 심장을 찢는 듯한 애절하고 간곡한 기도를 한 것으로 유명합니다.

그는 주님께 '주님, 이 영혼을 주십시오. 그렇지 않으면 저는 죽습니다'라고 흐느끼듯이 기도하면서 마음과 온 영혼을 쏟아 부었다고 합니다. 그의 기도를 들었던 사람은 누구나 전율과 눈물과 감격에 사로잡힐 수밖에 없었습니다.

어떻게 그는 그렇게 목숨을 걸 정도로 절박하고 애절한 기도를 드릴 수가 있었을까요? 그것은 그가 주님의 영에 사로잡혀 있었기 때문일 것입니다. 주님께서 그에게 아버지의 마음을 부어주시고 영혼을 사랑하는 영을 부어주셨기에 그는 그렇게 자신의 진액을 토해놓는 기도를 할 수가 있었고, 주님의 음성을 들을 수 있었던 것입니다.

성숙된 영혼들은 얼마나 아름다운가요. 그러한 영혼들은 주님의 아름다우심과 사랑스러우심을 그대로 보여줍니다. 그외에도 성숙된 영혼은 아름다운 특성과 열매를 많이 가지고 있습니다. 그것은 하나의 보화에 수많은 광채와 빛이 빛나는 것과 같습니다.

우리 중 누구도 아직 충분히 성숙되지 않았습니다. 그러므로 우리는 더욱 더 아름답고 따뜻한 영혼의 사람이 되기 위하여 계속해서 나아가야 할 것입니다. 이 영혼의 여정을 계속 항해해 나가야 하는 것입니다.

젊은 여성들은 자신들의 미모를 가꾸기 위해서 애를 씁니다. 자신들의 아름다움을 유지하고 몸매를 관리하기 위하여 무척 애를 씁니다. 그들은 나이가 50, 60이 되면 아무런 재미도, 즐거움도 없을 것이라고 생각합니다.

그러나 결코 그렇지 않습니다! 영혼이 성장됨으로 얻어지는 아름다움은 육체의 아름다움과 비교할 바가 아닙니다. 기껏해야 곧 썩을 육체의 아름다움은 아주 잠시뿐이지만, 영혼의 아름다움은 진정 찬란하고 황홀한 것이며 그 영광은 영원토록 변화되지 않는 것입니다.

진정한 아름다움을 위하여, 진정한 성숙을 위하여 우리는 자라가야 합니다. 자라갈수록 우리는 주님을 더 깊이 알게 됩니다. 평화로운 마음을 얻게 됩니다. 아름다워집니다. 따뜻한 사람이 됩니다. 그리하여 영혼을 얻고 그들의 마음을 열어 그들을 사랑하고 치유하고 돕는 하나님의 사람이 되는 것입니다.

사도 바울은 빌립보 교회의 성도들에게 보내는 편지에서 이러한 고백을 하였습니다.

"내가 예수 그리스도의 심장으로 너희 무리를 어떻게 사모하는지 하나님이 내 증인이시니라" (빌1:8)

예수 그리스도의 심장! 얼마나 멋진 말인가요. 바울은 주님의 마음을 가지고 있었습니다. 그는 주님의 마음으로, 아버지의 마음으로 그들을 바라보았습니다. 그러므로 그들이 너무나 사랑스러웠고 또 사랑스러웠던 것입니다.

성숙할수록 주님의 마음을 가집니다. 주님의 심장을 소유하게 됩니다. 그리하여 이 어두움이 가득한 세상에 그리스도의 사랑과 생명과 빛을 공급하는 그리스도의 아름다운 통로가 되어가는 것입니다.

7. 이 시대의 영혼들은 고독합니다

오늘 날 많은 신자들이 있지만 자신의 영적 성장을 위하여 진지한 관심을 가지고 있는 이들은 많지 않습니다. 적지 않은 신자들의 관심은 영적인 것보다는 건강과 부 등의 물질적인 문제들입니다.

지나간 세대, 오래 전의 유럽에서는 영성과 신앙이 사람들의 주 관심사인 때가 있었습니다. 파티에서 대화의 주제는 성화와 같이 신앙에 대한 것이었습니다. 완전 성화가 가능한가, 그것은 즉각적인 성화인가, 아니면 점진적인 성화인가 하는 문제를 가지고 사람들은 열심히 토론했습니다.

그러나 지금 이 시대에 그런 것을 토론의 주제로 논의하는 사람은 거의 없습니다. 이 시대의 관심은 영적인 것들이 아닙니다. 물질적이고 육신의 욕망에 대한 것들입니다.

불과 얼마 전만 해도 중국에서의 전도는 이렇게 행해졌습니다. 넓은 광장에서 전도자는 조용히 빈둥거리고 있는 한 청년에게 다가갑니다. 그리고는 그의 손에 전도지를 쥐어주며 이렇게 소곤거립니다.

"하나님께서 당신을 사랑하십니다."

그러면 청년은 두려운 듯이 주위를 둘러본 후에 그 전도자의 손을 꼭 잡고 이렇게 말합니다.

"감사합니다. 내가 찾고 있던 것이 바로 그것이었습니다."

그러나 지금, 아직도 그러한 순수함이 부분적으로 있지만 중국사회도 똑같이 급속도로 물질화, 타락화 되어가고 있습니다. 그들의 관심도 영적인 것에서 물질적인 성취로 바뀌어가고 있습니다.

아직 소련연방이 무너지기 전 기독교에 대한 탄압이 극도로 심했을 때 핍박받는 신자들은 신실한 믿음을 소유하고 있었습니다. 그들은 비밀하게 신앙을 지키고 영원한 소망을 가지면서 주님께 대한 뜨거운 열망을 갖고 있었습니다.

어느 한 그리스도인의 간증을 나는 읽은 적이 있습니다. 그는 다른 그리스도인을 만나고 싶어 했습니다. 예수를 주님으로, 하나님을 아버지로 고백하는 성도와 그는 교통하고 싶었습니다. 그러나 그의 주변에는 그와 함께 간증을 나눌 성도가 없었고 그는 이 영적 교제에 너무 굶주려서 견딜 수 없을 정도였습니다. 그는 주님께 간절히 기도하기를, 제발 한 사람만이라도 교제할 수 있는 사람을 보내달라고 간청했습니다.

그는 어느 날 바닷가의 모래사장에서 이리 저리 왕래하는 사람을 발견했는데 이상하게 갑자기 그가 그리스도인이라고 느껴졌습니다. 그러나 함부로 그에게 그리스도인이라고 물어볼 수는 없는 일입니다. 그가 정부의 요원일지도 모르고 또한 그렇지 않다 하더라도 자신의 신앙을 함부로 드러내는 것은 매우 위험한 행위이기 때문입니다.

그는 지혜를 내어 그에게 다가가서 이렇게 물었습니다.

"혹시, 아브라함의 아버지를 알고 계십니까?"

그 사나이는 그를 묵묵히 바라보다가 이렇게 대답했습니다.

"그 아버지는 바로 나의 아버지이기도 합니다."

그리고 두 사람은 서로 포옹했습니다. 그리고는 하염없는 눈물을 흘렸습니다. 이산가족이, 주 예수 그리스도의 피로 한 몸이 된 가족이 오랫동안 헤어져 있다가 서로 만나게 되어 감격을 금할 수 없었기 때문입니다.

구 소련의 핍박받는 그리스도인들, 가난하지만 복음에 대한 사랑과 열정이 있었던 그 나라의 그리스도인들.. 그들은 한 권의 성경을 얻기 위해서 수 천리의 길을 걸어갔습니다. 목숨을 아끼지 않고 주를 부르며, 영하 50도가 넘는 혹한의 날씨에 주 예수께 대한 신앙고백을 위하여 물속에서 침례를 받았었습니다. 이제 이 모든 아름다움은 과거 속에 흘러가고 있는 것 같습니다.

가난과 핍박보다 기독교를 더 비참하게 만드는 것은 물질과 부요함과 편리함인 것 같습니다. 위협과 죽임으로 성도를 공격했던 사탄은 이제 방향을 바꾸어 풍요와 물질의 유혹으로 성도들을 침몰시키고 있습니다.

다니엘서에 보면 역사의 패자로 등장했던 바벨론, 바사, 헬라, 로마 등의 나라를 상징적으로 금, 은, 동, 철의 나라로 묘사합니다. 세월이 흐를수록 밀도는 점점 강해지지만 그 질은 점점 더 떨어져 가는 것입니다.

그처럼 시대의 흐름은 물질적으로는 점점 편리해지고 발전해가지만 영적으로, 내면적으로는 점점 더 낙후되고 초라해져 갑니다. 그러나 사람들은 외면의 발전에 눈이 멀어서 자신들의 내면이 죽어가고 있음을 잘 보지 못하는 것입니다.

교회도 마찬가지입니다. 계시록 3장에는 라오디게아 교회의 영적 상태를 다음과 같이 묘사하고 있습니다.

"나는 부자라 부요하여 부족한 것이 없다 하나 네 곤고한 것과 가련한 것과 가난한 것과 눈 먼 것과 벌거벗은 것을 알지 못하는도다" (계3:17)

이것은 라오디게아 교회의 상태이며 또한 우리가 살고 있는 이 마지막 시대인 현대 교회의 영적 상태와 같습니다. 교회에서, 예배에서, 하나님의 임재하심을 찾기가 점점 더 어려워집니다. 교회의 주인은 주님이 아니라 점점 더 사람들이 되어 가는 듯이 보입니다.

교회는 따뜻하고 아름다워지기보다는 점점 더 차갑고 딱딱하며 냉랭해지는 듯이 보입니다. 오늘날 제자도, 자기 부인, 헌신이라는 개념은 점차 세속적인 다른 개념으로 바뀌는 듯이 보입니다.

교회성장을 위해서는 기업의 성장원리가 그대로 적용되고 각종 마케팅 기법과 광고기법이 사용됩니다.

그리스도의 영보다는 정신 분석학자인 칼 융이나 프로이드의 영이 더 활발하게 움직이는 듯이 보입니다. 사역자들은 각종 심리요법이나 상담기법을 배우기 위해 이른바 전문가들에게 훈련을 받으려고 애씁니다.

상처의 치유에 대한 책들을 보면 이제 기도와 성령충만이면 다 되는 시대는 지났다는 식의 언급이 자연스럽게 등장합니다. 물론 현대의학이나 인류의 경험이 축적된 모든 문화와 지혜에 대해서 그 모든 것들을 부정할 수는 없을 것입니다. 그러나 그러한 것들을 기도보다, 주님을 의뢰하는 것보다, 성령의 역사보다 더 중요시하게 된다면 그것은 중대한 문제가 될 수 있습니다.

사회와 문화가 물질화, 세속화의 쪽으로 나아갈 때 많은 병적 증상들이 나타나게 됩니다. 우선, 참된 영성의 부재 때문에 뉴 에이지, 각종 신비주의, 엑스타시 운동, 거짓 영의 운동이 심화될 것입니다. 인간은 영적인 존재로 지음 받았기 때문에 기독교가 영적인 영향력을 상실하게 되면 반드시 그것을 대체하는 다른 영적인 매개체가 등장하게 되어있습니다. 물론 그 대체하는 다른 영적인 매체의 배후에는 마귀와 악령들의 미혹과 활동이 있습니다.

그 다음에는 각종 정신병의 증가가 나타나게 됩니다. 불안, 긴장, 초조, 노이로제 등 각종 정신적인 증상들이 엄청난 속도로 확산됩니다. 하나님의 형상으로 지음 받은 사람들이 하나님을 떠나고 그 분을 추구하지 않고,

피조물과 피조된 세계와 물질, 외형적 편리함과 쾌락을 좇을 때, 돈을 사랑하고 이를 좇을 때 나타나는 현상은 생명의 파괴, 정신병, 각종 심리적 증상밖에 없는 것입니다. 그리고 이것은 현대의학의 심리치료나 다양한 기법으로 치유될 수 없으며 오직 하나님께로 돌아가는 길 만이 유일한 치유책인 것입니다.

이 시대의 영혼들의 관심은 육체의 욕망이고 물질이며 외적인 성취입니다. 그렇기 때문에 이들의 영혼은 몹시 비참한 상태에 있습니다.

그들은 모두가 고독합니다. 외롭습니다. 겉보기에는 멀쩡해 보이지만 그것은 그들이 무엇인가에 몰두해 있어 진정한 자신의 모습을 보지 못하는 것일 뿐 그들은 진정 괴로운 상태에 있습니다. 이 시대의 영혼들의 마음은 병이 들었고, 그럼으로 인하여 굳게 닫혀져 있습니다. 모두가 마음의 깊은 속에서 고독하고 힘들지만 그러면서도 마음을 여는 것을 두려워합니다.

어떤 목사님이 설교도중 이런 질문을 했습니다.

"여러분들 중에서 마음속에 너무 괴로운 일이 있어서 밤 1시나 2시쯤 잠을 도저히 잘 수가 없어서 친구에게 전화를 걸어 '나 지금 너무 힘들어. 나를 위해 기도해줄 수 있니?' 라고 부탁할 수 있는 친구가 한 명 이상 있는 분 손을 들어보십시오."

그 질문에 대하여 손을 들어 응답하신 분들은 거의 없었습니다. 누구나 다 같이 고독하며 마음을 나눌 사람이 없습니다. 이것이 이 시대 사람들의 특성인 것입니다.

얼굴을 아는 사람은 많고, 만나는 사람도 많고, 인사하고 지내는 사람도 많지만 진실로 같이 마음을 나눌 수 있는 사람이 거의 없는, 대부분 그렇게 고독하고 외로운 상태로 살고 있는 것입니다. 도대체 어떻게 그런 외로운 사람들, 마음의 문을 닫고 있는 사람들, 영적인 세계에 관심이 없으며 물질적 욕망으로 가득 채워진 사람들을 도울 수 있을까요? 마음을 열 수 있을까요? 그리하여 하나님의 사랑과 기쁨을 공급해 줄 수 있을까요? 그것은 당신이 성숙하고 따뜻한 사람이 되어서 자연스럽게 하나님의 통로가 되는 것 외에는 다른 길이 없는 것입니다. 왜냐하면 따뜻함만이 사람의 마음을 열 수 있기 때문입니다.

바깥에서 사람을 만나고 마음을 여는 것이 점점 더 어려워지기 때문에 나는 인터넷을 통해서 사람들과 교제하기 시작했습니다. 지금은 책의 집필에 대한 부담과 수많은 상담 메일과 요구 등으로 거의 시간을 내기 어렵지만 전에는 비교적 한가한 때가 있었습니다. 나는 바둑을 꽤 잘 두는 편이므로 인터넷으로 바둑을 두면서 그들과 대화를 나누곤 하였습니다. 물론 나의 목적은 영혼을 얻기 위한 것입니다.

하루는 나는 몹시 지치고 힘든, 너무도 고통스러워하는 영혼을 만났습니다. 내가 목사인 것을 알고 그는 마음의 짐을 다 토해 놓았고, 나는 그를 열심히 위로했습니다. 바둑은 끝이 나고 관전자들이 다 퇴장한 후에 나는 그와 채팅을 하면서 영적 세계의 진리들을 열심히 그와 같이 나누었습니다. 많은 충격을 받고 공감을 하고 있는 그에게 나는 같이 기도할 것을 제안했습니다.

나는 채팅을 하면서 그를 위하여 기도문을 워드로 쳤습니다. 그는 나의 기도문을 읽었습니다. 나의 타자는 아주 느려서 나는 한 문장씩 한 문장씩 조심스럽게 기도문을 대화의 창에 띄었습니다.

"사랑하시는 주님."

"저는 당신께서 이 형제를 사랑하시는 것을 압니다."

"그리고 저는"

"당신이 이 순간까지"

"형제를 기다려 왔다는 것을 압니다."
"그리고 지금까지 형제를 부르시며"
"너무나 많은 이야기들을 하고 싶으셨다는 것을 압니다."
"그리고, 주님."
"지금이 바로 그 시간입니다."
"지금 이 시간에"
"이 형제를 당신께서 만져주시기를 원합니다."
"당신과 너무나 멀리 떨어져 있었기에"
"너무나 지치고 망가져서"
"지금 거의 일어나기 어려운 이 형제를"
"주님, 당신의 따뜻한 손으로"
"안아 주시옵소서."

기도는 이런 식으로 한참동안 이어졌습니다.

나는 채팅으로 드리는 기도에도 주님이 함께 하신다는 것을 알았습니다.

기도를 드리는 동안 형제는 울었습니다. 그리고 기도가 끝이 나자 형제가 "아멘"을 쳐왔습니다. 형제는 전율과 감격, 뿌듯함, 말할 수 없는 감동을 표현하면서 고마워서 어쩔 줄을 몰랐습니다.

나는 자판으로 치는 기도를 통해서도 주님께서 임재하시고 영혼들을 어루만지실 수 있다는 것을 처음 알고 몹시 행복했습니다. 인터넷도, 자판도 주님의 귀한 도구가 될 수 있는 것이었습니다.

이 시대의 영혼들은 고독합니다. 그들은 지쳐있습니다.

그들은 이유도 모르면서 피곤하고 괴롭습니다.

그들을 그저 악한 사람들이라고 생각하지 마십시오.

그들을 두려워하지 마십시오.

그들은 다만 피곤하고 지쳐있고 외로울 뿐입니다.

그러므로 우리는 사랑과 부드러움, 조심스러움으로 사람들에게 접근해 가야 합니다. 무조건 소리치고 타인의 인격을 모욕하면서 무례하게 접근해서는 안 됩니다. 사람의 자유를 침해하지 않고, 그들에게 부담을 주지 않으며 오직 따뜻함과 자연스러움으로 그들에게 안식과 평안을 주어야 합니다.

그들은 피곤하고 지쳐있으므로 진리를 받아들이기 위해서 먼저 안식을 해야 하기 때문입니다.

누가 이들을 도울 수 있을까요? 부드러운 주님의 사람들이 그들을 도울 수 있습니다. 따뜻한 그리스도인들이 이들을 도와줄 수 있습니다. 주님의 통로가 된 아름다운 그리스도인들이 이들의 고독과 실망을 치유해 줄 수 있을 것입니다.

주님은 너무나 따뜻한 분이십니다. 그리고 그분이 우리를 그렇게 맞이해 주셨습니다. 그렇기 때문에 우리도 주님께서 우리에게 하신 것처럼 그렇게 따뜻하게 사람들을 사랑해 주어야 하는 것입니다.

4부 하나님의 사랑

그리스도인이 성장한다는 것은
곧 하나님 아버지를 아는 지식에서
자라간다는 것을 의미합니다.
하나님에 대하여 알아간다는 것은
곧 그분의 은혜, 그분의 성품,
그분의 사랑에 대해서
눈을 떠간다는 것입니다.
그분은 무엇이 부족한 사람처럼
사람의 행위와 열심을 요구하시는 분이 아닙니다.
그분은 그분 자체로 무한하시며
완전하신 분이십니다.

그분은 사람의 어떠함 때문에
그의 사랑을 베푸시는 것이 아닙니다.
그분은 오직 그분 자신이
사랑이시며
은혜이시기 때문에
값없이 그의 은총을 내려주시는 것입니다.
값없이 주어지는 일방적인 그분의 사랑을
받아들이는 것
누리는 것
그것이 바로 신앙입니다.
그리고 그 한없는 은총을
누리면 누릴수록
우리는 변화되어 가는 것입니다.

1. 하나님의 은혜

어떻게 우리는 따뜻한 그리스도인이 될 수 있을까요? 어떻게 하면 우리는 어떠한 사람도 받아줄 수 있는, 연약하고 허물이 많은 사람도 용납하고 사랑할 수 있는 사람이 될 수 있을 까요?

어떤 이들은 '나는 죽어도 저런 꼴은 못 봐!' 하고 말하곤 합니다. '나는 결코 불의를 참을 수 없어!' 하고 말하는 사람도 있지요. 그런 분들도 그들 나름대로의 사명이 있을 것이며 그들이 자기의 영적 상태에 대하여 별로 불만이 없고 자기의 관점에 문제가 없다고 느낀다면 그것은 할 수 없는 일입니다.

그러나 만일 당신이 사람을 받아주려고 해도, 아무리 참으려고 해도, 관용하려고 해도, 용서하려고 아무리 애써도 그것이 쉽지 않다면, 사람들의 잘못된 점들이 계속해서 커다랗게 보인다면, 그래서 원하기는 하면서도 그것들을 지우는 것이 어렵다면 당신은 그러한 사람이 될 수 있는 길과 방법을 찾아보아야 합니다.

나는 그러한 용서와 관용과 사랑이 가능한 길이 바로 복음의 기초를 다시 재발견하는 것이라고 말하고 싶습니다. 수없이 많이 들어왔던, 그리고 익히 알고 있는 무조건적인 하나님의 사랑, 하나님의 은혜의 개념으로, 은혜의 복음으로, 그 기초로 다시 되돌아가는 것입니다.

왜냐하면 그 어느 누구도 자신이 받지 못한 것을 남에게 줄 수 없기 때문입니다. 그 어느 누구도 관용과 사랑과 은혜를 충분히 체험하지 못하고 남에게 그와 같이 베풀 수는 없을 것입니다.

어떤 사람이 하나님의 은혜를 깨닫고 의지하는 신앙생활을 알지 못하고 스스로의 노력으로 애쓰고 고생하여 자기의 신앙을 지탱해 나가는 사람이라면 그는 계속 자기의 한계 속에서 고생하며 자기를 정죄하고 비난하며 또한 타인에 대해서도 정죄하고 비판하는 신앙인이 될 수밖에 없을 것입니다.

그러나 누군가가 그러한 은혜, 그러한 사랑을 바르게 깨닫고 체험하게 된다면 아마 그에게 있어서 남의 잘못에 대하여 관용하고 다른 이들의 약점을 넉넉하게 받아주는 것이 그리 어렵지 않게 느껴질 것입니다.

하나님의 은혜에 대한 기본적인 이해를 위해 잠시 에베소서로 가보기로 합시다.

에베소서 2장 8,9절에 보면 구원에 대한 기본적인 내용이 기술되어 있습니다.

"너희는 그 은혜에 의하여 믿음으로 말미암아 구원을 받았으니 이것은 너희에게서 난 것이 아니요 하나님의 선물이라 행위에서 난 것이 아니니 이는 누구든지 자랑하지 못하게 함이라"(엡2:8-9)

여기서 구원은 우리에게서 난 것이 아니요 하나님께로부터 난 것이라고 말씀하십니다. 사람의 선행과 수고와 노력으로 구원을 얻을 수 있다면 이것은 사람의 의가 되고 자랑이 되기 때문에 구원은 그러한 방식으로 이루어지지 않으며 오직 하나님의 은혜에 의해서 구원이 이루어진다는 것입니다.

은혜란 받을 자격이 없는 이에게 주어지는 선물을 의미합니다. 그러면 여기에서 구원을 위한 조건으로서 하나님의 은혜와 믿음이라는 용어가 등장하는데 과연 구원에 있어서 결정적인 것은 어떤 것일까요? 은혜일까요? 믿음일까요? 사람은 은혜로 구원을 받는 것입니까? 아니면 믿음으로 구원을 받는 것입니까?

본문은 이렇습니다. '그 은혜를 인하여 믿음으로 말미암아 구원을 얻었나니.' 그렇다면 구원은 은혜입니까? 믿음입니까?

답은 간단합니다. 구원에는 은혜도 필요하고 믿음도 필요합니다. 다시 말하면 50%의 은혜와 50%의 믿음으로 구원이 이루어지는 것이 아니라 100%의 은혜와 100%의 믿음으로 인하여 구원이 이루어집니다. 여기서 은혜는 하나님께로부터 온 것이며 믿음은 이에 대한 사람의 반응인 것입니다.

하나님께서 이렇게 말씀하시는 것입니다.

'자, 나는 너희를 구원하겠다. 그러나 그것은 너희가 의롭거나 착해서가 아니다. 오직 나의 성품과 사랑과 인자함에 근거해서 너희를 그냥 있는 그대로 받아들이겠다. 내가 십자가를 지고 내가 너희의 죄를 담당하겠다. 이것이 나의 구원이다. 너는 이것을 받아들이겠느냐?'

그랬을 때 우리가 '예!' 하고 대답합니다. 바로 이것이 믿음이라는 것입니다. 다시 말하면 믿음이란 어떤 하나의 대단한 조건이 아니라 하나님께서 말씀하신 약속을 믿고 그에 대하여 '예' 라고 반응하는 것입니다. 그러므로 믿음이란 하나의 조건이 아니라 하나님의 사랑과 은혜에 대한 사람의 반응인 것입니다.

자, 집 바깥에는 따뜻한 태양 볕이 내리 쪼이고 있습니다. 어떤 사람이 밖으로 나오기만 하면 그는 그 볕을 경험할 수가 있습니다. 그러나 그가 집의 문을 닫고 창문도 굳게 닫고 나오지 않으면 그는 따뜻한 볕을 경험할 수가 없는 것입니다. 여기에서 바깥으로 나오는 것이 바로 믿음입니다. 그러므로 믿음이란 하나님의 은혜와 사랑이 전제되지 않으면 아무 소용이 없는 것입니다. 먼저 하나님의 긍휼과 사랑이 있고, 먼저 그분으로부터 제안이 있었기에, 여기에 대하여 '예!' 라고 할 수 있으며 이로 인하여 모든 은총의 순간들이 오게 되는 것입니다.

이 '예!' 라고 반응하는 방법에는 여러 가지가 있습니다.

로마서 10장 13절에는 '누구든지 주의 이름을 부르는 자는 구원을 받으리라' 라고 기록되어 있습니다. 이것은 에베소서 2장 8,9절과 모순되는 것이 아니라, 하나님의 은혜와 부르심에 대하여 '예!' 라고 하는 방법으로 주의 이름을 부르는 것을 말합니다.

요한복음 1장 12절에는 '영접하는 자 곧 그 이름을 믿는 자들에게는 하나님의 자녀가 되는 권세를 주셨으니' 라고 기록되어 있습니다. 여기서는 '예!' 라고 하는 반응을 '영접' 으로 표현하는 것입니다.

그러므로 주의 이름을 부르든, 주님을 영접하든, 아니면 무릎을 꿇든, 눈물을 흘리든, 그 모든 것들은 우리를 용서해 주시고 받아주시고 우리의 어떤 탁월함이나 아름다움이나 선함에서가 아닌 그분 자신의 의로움으로 우리를 불러주신 그분의 은혜에 대하여 '예!' 혹은 '좋습니다!' 나는 당신의 제안을 받아들이겠습니다!' 라는 고백의 일종인 것입니다.

컴퓨터를 치는데, 어떤 명령을 실행하는데 Enter키를 쳐야 한다고 합시다. 여기서 손가락으로 Enter키를 치든, 발가락으로 치든, 머리로 들이받든, 그것은 마찬가지로 실행이 됩니다.

중요한 것은 무엇으로 쳤는가 하는 것이 아니고 어떻게든 Enter키를 누르는 것입니다. 어떠한 방식이든 Enter키가 눌러지면 명령이 실행되도록 그렇게 프로그램이 짜여 있는 것입니다. 그러므로 키를 누르는 방법 그 자체가 의롭고 대단한 것이 아니라 그렇게 쉽게 명령이 실행되도록 프로그램이 만들어졌으니 믿음으로 그것을 누르기만 하면 되는 것입니다.

이와 같이 구원은 우리 자신에게로부터 온 것이 아닙니다. 그것은 하나님의 은혜로만 옵니다. 우리가 할 수 있는 일은 다만 그분의 사랑, 그분의 은혜를 받아들이는 것 뿐 입니다. 그리고 그 단순한 믿음이 우리의 영원한 미래와 현재의 모습을 완전히 바꾸어 버리는 것입니다.

이것은 얼마나 놀라운 하나님의 은혜요, 진리인지요! 그러나 수없이 많이 가르쳐지고, 알려진 이 개념은 불행하게도 많은 그리스도인들에게 있어서 아직도 개념적으로만 이해될 뿐, 실제적으로 경험되지 않은 것 같습니다. 그렇기 때문에 아직도 그리스도인들의 삶에 많은 묶임과 부자유함과 경직됨이 있는 것입니다.

하나님의 부르심과 은혜에 대하여 눈을 뜬 사람은 자신을 변화시켜 가려고 애쓰지 않습니다. 선하게 살려고 애쓰거나 의롭게 되려고 노력하지 않습니다. 우리의 의는 누더기와 같아서 그것은 불가능하며 하나님의 의에 이르지 못하는 것을 잘 알기에 오히려 그는 시선을 자기에게서 돌려 주님의 영광을 바라봅니다.

그는 주님의 선하심을 찬양합니다. 하나님의 넓고 무한한 사랑을 기뻐하고 감사하는 것입니다. 그의 시선은 이제 자신을 벗어나 주님께로 향해 있기 때문에 그는 점차로 더 깊은 자유함 속으로 들어가게 되는 것입니다.

그러므로 자기의 선함이나 의로움을 의지하는 사람들은 몹시 불행한 사람들입니다. 그들은 자기의 열정과 종교적 행위에 대한 긍지와 자부심을 아주 많이 가지고 있습니다. 그들은 끊임없이 자기를 채찍질하며 어느 정도의 성취를 누리지만, 또한 자기의 기준에 이르지 못한 사람들을 비난하고 판단합니다. 이것은 하나님의 은혜에 기초한 신앙이 아니며 끝없는 수고와 불안 속에 자신을 던져 넣는 것입니다.

그러나 눈을 뜬 사람은 자신의 의를 바라보지 않습니다. 그는 오직 주님의 선하심을 찬송할 뿐입니다. 그는 착한 사람이 되려고도, 의로운 사람이 되려고도 애쓰지 않고 다만 주님의 풍성함을 누릴 뿐입니다.

혹자는 말합니다. 하나님께서는 선하고 의로운 사람들은 자기 의에 빠질 수 있기 때문에 세리와 창기와 같은 사람들을 선택하시고 부르셨다고 말합니다.

그러나 그것은 사실이 아닙니다. 만약 도덕적으로나 모든 면에서 부족한 사람들이 하나님의 은혜를 받는다면 그것은 또 다른 하나의 조건이 될 것입니다. 다만 그러한 사람들은 자신들이 의롭지 않다는 것을 좀 더 이해하기 쉽기 때문에 하나님의 은혜에 대하여 반응하기가 쉬운 것뿐입니다.

어떤 분들은 믿음은 하나님의 은혜로 받지만 상급은 우리의 노력에 의한 것이라고 가르칩니다. 그러나 그것도 결코 올바른 가르침은 아닙니다.

갈라디아서 3장 3절에 "**너희가 이같이 어리석으냐 성령으로 시작하였다가 이제는 육체로 마치겠느냐**"는 말씀이 기록되어 있습니다.

시작은 은혜요, 나중은 노력이라는 것은 결코 옳지 않습니다. 아무도 하나님의 은혜 없이 노력으로 열매를 얻을 수는 없기 때문입니다. 구원도 성장도 상급도 그 모든 것은 하나님의 은혜이며 이에 대한 사람의 '예!' 라고 하는 믿음의 반응으로 가능한 것입니다.

그렇다면 이제 한가지의 문제가 남아있습니다.

그렇다면 사람의 행위는 필요가 없는 걸까요? 열심도, 애씀도, 노력도 필요 없이 그저 하루 종일 '예!' 만 하고 있으면 됩니까?

바로 그렇습니다. 어쩌면 아마 모순처럼 들리겠지만, 바로 거기에서부터 행위의 열매는 따라오게 됩니다. 행위는 자연스럽게 따라오는 열매요,

결과이며, 결코 선행되는 조건이 아닌 것입니다.

만일 어떤 사람의 눈을 주님께서 열어주셔서 그 관대한 하나님의 사랑과 은혜를 보여주신다면, 그는 그 사랑에 압도됩니다.

그는 자신이 용서받은 것을 알게 됩니다. 그는 하나님께서 자신을 있는 그대로 받아주신 것을 알게 됩니다. 그는 더 이상 혼자가 아니며 이 세상 모두가 그를 버리더라도 하나님께서는 영원하신 그의 아버지이시며 결코 그를 버리지 않으실 것이라는 사실을 알게 됩니다.

그는 과거에 무수한 죄를 지었고, 지금도 짓고 있으며 미래의 어느 순간에도 계속 넘어질 것입니다. 그러나 그는 주 예수 그리스도의 보혈로 자기가 완전히 용서받았음을 알게 됩니다. 그는 자신이 주님을 의지적으로 버리지 않는 한 그분의 사랑은 한량없이 끝도 없이 영원히 자기를 지키고 있음을 알게 됩니다.

그는 깨닫습니다. 그리고 그는 웁니다. 그는 기가 막혀서 절규합니다.

그는 너무도 행복해서 어쩔 줄을 모릅니다. 그는 일어납니다. 다시 앉습니다. 그리고 뜁니다. 기뻐서 뜁니다. 하나님의 은혜를 깨닫고 그는 표현할 수 없는 감격을 경험합니다.

그는 중얼거립니다.

'어떻게, 어떻게 그럴 수가 있지? 나 같은 죄인을 어떻게 하나님께서 용서하실 수가 있지? 사랑하실 수가 있지? 받아주실 수가 있지?

그는 도저히 이해할 수가 없습니다. 그러나 시간이 흐르고 그가 진정 하나님의 은혜에 대해서 알아 갈수록 그는 하나님의 성품을 알아가게 됩니다.

그는 이제 하나님의 용서를 받아들입니다. 하나님의 사랑을 받아들입니다. 그는 자신을 용서합니다. 그는 더 이상 자신을 비난하지도, 꾸짖지도 않습니다. 그는 그저 감사할 뿐입니다.

그리고 그의 안에는 이제 서서히 변화가 시작됩니다. 그의 안에서 그가 받아들인 하나님의 사랑이 움직이게 되는 것입니다.

그는 차츰 영혼의 깊은 곳에서 나오는 평안을 경험하기 시작합니다.

그는 환경적으로는 별로 기쁜 일도 없는데 속에서 이상한 기쁨과 행복감이 일어나는 것을 느끼게 됩니다.

그는 행복하고 즐거워집니다. 그는 여유가 생기게 됩니다. 그는 하나님께서 그를 사랑하신다는 사실을 거듭 깨닫게 됩니다. 넘어지거나 실수를 해도 그는 이제 예전처럼 그리 고통스럽지 않습니다. 왜냐하면 주님께서 그를 온전하신 사랑으로 받아주셨으며 그렇게 부족한 자신에게 놀라우신 은총을 베푸셨기 때문입니다.

그는 자신의 안에서 주님의 사랑과 그 영의 역사가 흘러서 넘치는 것을 느끼게 됩니다. 그리고 그 속에서 움직이는 그 영, 그 기운이 그를 변화시켜가게 되는 것입니다.

그는 차츰 따뜻한 사람이 됩니다. 그는 차츰 관용적인 사람이 됩니다.

마구 죄를 짓고 미워하고 화를 내는 사람을 보아도 그는 상대가 불쌍하게 보일 뿐입니다. 자신이 깨닫고 체험한 하나님의 은혜를 알지 못하고 있는 상대방이 너무나 측은하고 불쌍할 뿐입니다.

상대방이 그를 미워해도, 그는 같이 미워하기가 어렵습니다. 왜냐하면 그는 하나님의 사랑과 은혜를 경험했기 때문입니다. 그의 안에서 이미 용서의 영과 은총의 영이 운행하고 있기 때문입니다.

진정 하나님의 은혜를 깨닫게 될 때, 그의 조건 없는 사랑을 체험하게 될 때, 사람은 따뜻해집니다. 주님께서 그를 조건 없이 받아주신 것처럼 자연스럽게, 그는 사람들을 좋아하게 됩니다.

사람들을 너무나 사랑하시고 좋아하시는 주님의 마음을 느끼게 됩니다. 하나님의 은혜, 그것을 깨닫고 받아들이고 누리고 경험하는 것.. 그것이야말로 사람을 따뜻하게 만들고 아름답게, 풍성하게 바꾸어 주는 근본원리이며 놀라운 진리인 것입니다. 할렐루야.

2. 탕자의 귀향

누가복음 15장의 탕자이야기는 아마도 성경에 나오는 이야기 중에서 가장 많이 알려진 이야기중의 하나일 것입니다.

이 이야기는 시대와 상황을 초월하여 오늘날에도 공감이 되는 이야기입니다. 부유한 아버지의 밑에서 부족한 것 없이 행복하게 살아오던 그 아들이 모험과 자유와 쾌락을 좇아 먼 나라로 떠났다는 것 - 그것은 유혹과 욕심으로 방황하고 있는 현대인들의 모습을 잘 대변해주고 있습니다.

어떤 의미에서 우리는 모두 탕자입니다. 아마 그렇기 때문에 이 탕자의 이야기는 언제 들어도 우리 모두의 마음속에 깊은 감동과 여운을 남겨주고 있는지도 모릅니다.

수많은 전도설교에서 이 탕자의 이야기는 전해졌습니다. 그리고 무수한 이 시대의 탕자들이 그 말씀으로 녹아져 하나님께로 돌아왔습니다. 이 이야기는 교회학교의 행사 등에서도 연극으로도 많이 등장하는 주제입니다.

쾌락과 만족을 위하여 여기저기 헤매는 탕자의 모습, 거기서 겪게 되는 즐거움과 허무함, 그리고 비참함.. 그것은 우리 모두의 이야기이고, 연극은 항상 박수갈채를 받습니다. 유혹, 그리고 타락은 범죄한 인간에게 있어서 가장 흥미를 끄는 주제이기도 합니다.

전도 설교를 하면서 이 이야기를 사용할 때 클라이맥스가 되는 장면은 절망의 늪에 빠진 탕자가 돌아오는 장면입니다. 쾌락을 좇아 방황하던 탕자, 있던 돈을 다 탕진해 버린 탕자, 돈이 있을 때 함께 흥청거리던 모든 친구들이 다 떠나버린 지금, 왕자에서 거지로 떨어져 버린 탕자.. 그에게 고독과 슬픔과 후회가 밀려오기 시작합니다. 막노동을 할 수밖에 없었던 탕자.. 그러나 그 일도 수월하지 않자 그는 결국 집으로 돌아가기로 결정합니다. 설교자는 목소리를 높입니다.

"절망과 고통의 골짜기에서, 탕자는 눈을 들어 서쪽하늘을 바라봅니다. 자기의 집이 있는 곳, 아버지가 계신 곳, 자기의 어린 시절, 꿈과 희망이 어리어 있는 그 곳.. 고향을 향한 그 서쪽 하늘 위에 아버지의 영상이 선명하게 떠오릅니다. 그리고 자비하신 아버지의 음성이 마음 속 깊은 곳에서 들려오기 시작합니다. '어서 돌아 오라, 내 아들아'!"

장내는 숙연해집니다. 목사님은 웅변조로 계속 말씀을 이어갑니다.

"그는 드디어 결정합니다. 그는 집으로 돌아가기로 결심합니다. 성경은 말합니다. '이에 스스로 돌이켜!'"

그는 말을 잇습니다.

"영어로 'He came to the Himself!' 스스로 돌이킨다는 것은 자기에게로 돌아가는 것을 말합니다. 이에 스스로 돌이켜! 그는 자기에게로 돌이켰습니다. 자기의 본질로, 진정한 자기 자신에게로, 그는 돌아가는 여정을 시작했던 것입니다."

장내에는 감동의 물결이 흐릅니다. 흐느끼는 사람들도 있습니다. 탕자의 이야기는 언제 들어도 감동과 전율이 있습니다. 그것은 언제나 우리 자신의 모습을 새롭게 비쳐줍니다.

이것은 몹시 감동적인 장면입니다. 그러나 이 성경 이야기의 핵심 메시지가 탕자의 고생과 그의 영웅적인 결단이라고 할 수는 없습니다. 물론 전도 설교에서는 그러한 부분을 강조해야 합니다. 그러나 본문자체가 강조하고 있는 것, 이야기의 핵심주제는 탕자의 결단과 돌아옴보다 더 중요한 것이 있습니다.

먼저 탕자의 귀향 결심을 생각해 봅시다. 그의 결정은 사실 대단한 자기 발견이나 각성이라고 보기는 어렵습니다. 그는 실제로 자기의 행위에 대해서 후회를 하기는 했으나 진심으로 통회하거나 반성했다고 보기는 어렵습니다.

그가 자신이 아버지의 마음을 아프게 한 것을 뉘우친다든지, 역시 나는 아버지와 집을 떠나 살 수 없다든지, 그러한 언급은 나오지 않습니다. 다만 그는 지쳤고, 피곤하고 용기를 잃었으며 그저 배가 고플 뿐입니다.

그가 아버지의 집을 회상했을 때의 그의 중얼거림은 아주 단순한 것이었습니다.

"**내 아버지에게는** 양식이 풍족한 품꾼이 얼마나 많은가 **나는** 여기서 주려 죽는구나" (눅15:17)

그는 아버지께로, 집으로 돌아가기를 원했습니다. 그 이유는 아주 간단한 것으로서 배가 고팠기 때문입니다. 즉 굶어죽지 않기 위한 것이었습니다. 자존심을 생각하면 돌아가고 싶지 않지만 지금 그가 있는 곳에서는 종으로 힘든 일을 해도 끼니를 이어가기 힘들었습니다. 그는 어차피 고생할 바에는 종들에게도 양식을 풍족하게 주는 그의 집으로 가는 것이 낫다고 생각했습니다. 그를 집으로 이끌었던 것은 후회도, 깨달음도, 그리움도 아니었습니다. 그는 너무 배가 고팠고 그래서 굶어죽는 것을 피하기 위하여 돌아가려고 결정했던 것입니다.

그는 집으로 향하는 여행을 시작합니다. 떠날 때와는 너무도 다른, 비참한 모습으로 그는 무겁게 발걸음을 떼어 놓습니다. 그런데 고향에 이르러 저 멀리 집이 보이는 순간 그에게 전혀 예상하지 못했던 사건이 생겼습니다. 그가 아버지를 발견하기 전에 아버지가 그를 먼저 발견한 것입니다. 그리고 아직도 걸음이 어색하고 주춤거리고 있는 그에게 아버지가 한 숨에 달려와서 그를 끌어안는 것이었습니다.

탕자는 의아할 것입니다. 어떻게 알고 아버지는 여기에 나와 계셨을까? 내가 돌아온다는 소식을 누구에게서 들었던 말인가?

우리는 그 해답을 압니다. 그리고 이 부분이 이 이야기의 클라이맥스입니다. 아들이 집을 나간 이후 아버지는 침상에서 제대로 잠을 잔 적이 없었습니다. 그의 눈은 밤중에도 베란다, 옥상에서 항상 먼 곳을 바라보고 있었습니다.

그는 밤에 잠을 잃어버렸습니다. 음식의 맛도 잃어버렸습니다. 먼 곳에서 여행을 하고 돌아오는 장사꾼이 마을에 도착하면 그는 혹시 아들에 대한 소식이라도 들을 수 있지 않을까 해서 그들의 이야기에 귀를 기울였습니다.

그는 산보가 새로운 취미가 되었습니다. 저녁이 되면 이곳저곳을 그는 배회하듯이 걸어 다녔습니다. 마을의 노인들이 '영감님, 웬일이세요, 이 늦은 밤에.' 라고 인사를 건네면 그는 '이 나이에는 건강이 제일이죠. 걷는 것이 몸에 가장 좋잖아요.' 라고 미소로 대답하기도 했습니다.

대부분의 어머니들은 자식이 군대에 가면 길에서 부딪히는 모든 군인들이 자기 자식처럼 보입니다. 그래서 때로는 가까이 달려가서 '애야!' 했다가 다시금 '죄송합니다, 사람을 잘못 봤군요.' 라고 하며 돌아서는 것입니다. 그처럼 탕자의 아버지도 그리움으로 하루 하루를 살았습니다. 아들이 먼 곳에서 허랑 방탕하며 무너지고 있을 때 아버지의 가슴은 더욱 더 격심한 고통으로 무너져 가고 있었습니다.

그러므로 탕자가 돌아오는 그 날, 아버지가 그를 먼저 발견한 것은 어찌 보면 당연한 것이었습니다. 그가 만일 깊은 밤에 돌아왔더라도 아버지는 그를 발견했을 것입니다.

그의 집에는 밤이 깊어도 불이 켜져 있었을 것입니다. 그리고 방문도 아들이 나갔을 때의 모습 그대로 열려있고, 그의 모든 소지품들도 가지런히 놓여 있었을 것입니다.

아버지가 먼저 달려와 그를 포옹한 것은 너무나 당연한 일이었습니다. 왜냐하면 그는 이 순간을, 너무나도 목매달고 기다렸기 때문입니다. 그의 꿈에서 보았고 상상 속에서 수없이 보았던 장면이었기 때문입니다. 탕자가 거지꼴로 돌아왔든, 어떤 모습으로 왔든 그것은 아버지에게 아무런 문제가 되지 않았습니다. 그는 지금 너무 기쁘고 너무 행복해서 가슴이 터질 것만 같으니까요.

여기서 아버지의 모습은 우리를 향하신, 죄인 된 우리를 향하신 하나님 아버지의 사랑을 보여주시는 것입니다. 우리가 비록 악하고 하나님 아버지를 수없이 거스르고 불순종해도, 그래도 용서하시고 그래도 기다리시며 우리를 껴안을 그 날을 그리워하고 기다리는 하나님 아버지의 모습을 보여주고 있는 것입니다.

누가복음 15장의 주제는 잃어버린 영혼에 대한, 그의 자녀에 대한 하나님 아버지의 마음, 그리움이 세 가지 비유로 거듭 표현되어 있습니다. 그러므로 이 이야기의 주제는 탕자의 결단이나 회개가 아닌 아버지의 은혜와 사랑입니다.

탕자가 아무리 회개하고 결심하고 돌아와 봤자 만약 그의 집의 문이 잠겨 있고 아버지가 냉랭한 얼굴로 그를 쫓아낸다면 그의 결단이 무슨 소용이 있겠습니까. '너 같은 놈은 돌아와 봤자 소용도 없고 내 아들도 아니다' 하고 아버지가 화를 내고 쫓아낸다면 그가 돌아온 것이 무슨 소용이 있었겠습니까. 그러나 이 이야기에서는 모든 이해와 지각을 초월하신 하나님의 사랑이 나타났고 기다리고 있었기에 감동적인 용서와 회복의 장면이 연출되었던 것입니다.

놀란 것은 전혀 예측하지 못했던 이러한 환대를 받은 아들이었습니다. 그는 아버지가 자기를 꾸짖기는커녕, 자기를 안아주고 기뻐하며 잔치를 벌이는 것을 도무지 이해할 수가 없었습니다. 무슨 장원급제를 한 것도, 금의환향을 한 것도 아닌데 말입니다.

그는 아버지를 만나자 수 없이 연습해 두었던 대사를 읊조립니다.

"아버지 내가 하늘과 아버지께 죄를 지었사오니 지금부터는 아버지의 아들이라 일컬음을 감당하지 못하겠나이다 하나" (눅15:21)

그의 원래의 대사는 "나를 품꾼의 하나로 보소서" (눅15:19) 라고 까지 이야기하는 것이었습니다. 그는 아주 비장한 어조로 이 이야기를 할 작정이었습니다.

그러나 아버지는 성급하게 그의 이야기를 잘라 버립니다. 지금 그런 이야기를 듣고 있을 정신이 없는 것입니다. 그는 최고의 멋진 파티를 열 것을 명령합니다.

아들은 아버지의 논리를 이해할 수가 없었습니다. 그가 생각하기에 아버지는 몹시 인색한 듯이 보였습니다. 자기 형이 열심히 일해도 염소새끼라도 주어서 잔치를 벌인 적이 없는 분이셨습니다. (눅15:29)

하물며 자기는 아버지에게 많은 금전적인 손실을 입힌 사람입니다. 그러므로 그는 죄송한 나머지 다시는 아버지에게 돈을 요구하지 않겠으며 단순히 먹여만 주시면 고맙겠다고 생각하고 또 말했던 것입니다.

그런데 아버지는 다시 거액의 비용을 들여서 귀향 축하파티를 해 주겠다고 합니다. 그는 아버지의 계산법을 도저히 이해할 수가 없었습니다. 아무리 생각해도 적자가 나는 계산.. 그러한 아버지의 마음과 논리를 그는 이해할 수가 없었습니다.

탕자가 유일하게 잘 한 것이 하나 있다면 살아서 돌아왔다는 것입니다.

그런데 사실 그것이 그가 행한 최대한의 좋은 행동이었습니다. 단순히 살아서 돌아왔다는 것, 그리고 그것이 집에서 성실하게 일하고 있는 형보다도 아버지의 마음을 기쁘게 한 것입니다.

이제 이 본문의 구도를 이해하셨을 것입니다. 이 본문의 주제는 아버지의 사랑입니다. 아버지의 은혜입니다. 그리고 은혜란 계산을 초월한 것이며 아버지의 사랑이란 우리의 행함에 근거한 것이 아니라는 사실입니다. 하나님께서는 단순히 우리가 그분의 자녀이기 때문에 사랑하십니다. 우리가 아무리 엉망이었다 하더라도 단순히 그분께 돌아왔다는, 그분을 바라보았다는 사실 하나만으로도 그분은 기뻐하시고 잔치를 베푸십니다.

여기서 이 아버지의 마음을, 아버지의 계산법을 이해하지 못한 또 한사람이 있었습니다. 그는 탕자의 형입니다.

그는 집에서 성실하게 열심히 일했던 자기에게는 아무런 보상이 주어지지 않았으나 아무 공로가 없는 동생에게 엄청난 환대와 은혜가 주어지자 분노했습니다. 그래서 이렇게 말합니다.

"내가 여러 해 아버지를 섬겨 명을 어김이 없거늘 내게는 염소새끼라도 주어 나와 내 벗으로 즐기게 하신 일이 없더니 아버지의 살림을 창녀들과 함께 삼켜 버린 이 아들이 돌아오매 이를 위하여 살진 송아지를 잡으셨나이다." (눅 15:29,30)

그의 지적은 매우 논리적이며 타당한 말처럼 들립니다. 그러나 그가 간과한 것이 있었습니다. 그것은 계산을 초월하신 아버지의 사랑입니다. 아버지의 마음입니다. 그는 동생을 잃어버린 아버지의 마음도, 동생을 다시 되찾은 아버지의 마음도 전혀 알지 못했던 것입니다.

주님께서 이 이야기를 들려주신 배경을 보면 바리새인과 서기관들이 주님께서 세리와 죄인들을 가까이 한다고 비난하자 주님은 그 대답으로 세 가지의 비유를 들어서 설명하십니다. 그리고 그 중 세 번째 비유 이야기가 바로 이 탕자의 비유입니다.

그러므로 이 탕자의 이야기는 불신자를 위한 이야기가 아니라 사실은 바리새인과 서기관을 위한 이야기입니다. 자기의 신앙이 좋다고 여기고 남들을 죄인이라고 판단하는 영적 교만인을 위해서 주님은 이 이야기를 사용하신 것입니다.

"바리새인과 서기관들이 수군거려 이르되 이 사람이 죄인을 영접하고 음식을 같이 먹는다 하더라 예수께서 그들에게 이 비유로 이르시되.." (눅15:2-3)

이 비유에서 탕자는 세리와 창기 그리고 죄인을, 그의 형은 바리새인과 서기관들을 의미합니다. 다시 말해서 주님께서는 세리와 창기들이 비록 죄인이지만 그들이 하나님께로 돌아올 때 아버지께서는 그들을 너무 사랑하시고 기뻐하시며 잔치를 열어주신다는 것입니다. 그리고 그것이 바로 아버지의 마음이며 사랑이며, 은혜인 것을 가르치시는 것입니다.

그런데 이 아버지의 마음을 알지 못하고 은혜의 정신을 알지 못하고 율법적이고 계산적인 신앙을 가진 너희들 바리새인과 서기관들은 탕자의 형과 같아서 스스로 아버지의 기쁨과 잔치를 거절한 자로서 그래서는 천국

잔치에 참여할 수가 없다는 경고의 가르치심인 것입니다. 이것이 이 메시지의 중심입니다. 그리고 그 이야기의 과정에서 탕자와 죄인을 향한 아버지 하나님의 무한한 은혜와 사랑이 그 바탕에 깔려있는 것입니다.

이 이야기는 은혜의 법을 전혀 알지 못하고 남을 함부로 판단하고 정죄하는 탕자의 형이나 바리새인이나 현대의 영적인 교만인들, 영적 바리새인에게 대한 경고의 메시지입니다. 또한 자신의 악함과 더러움으로 인하여 좌절하고 낙담하는 영혼들을 위한 위로의 메시지입니다.

아버지의 전혀 예상치 못한 환대에 기쁘기는 하면서도 얼떨떨하고 있는 탕자, 어쩌면 우리도 그 범주에 들어가는 사람들일 것입니다. 우리도 생각해보면 생각해볼수록 왜 하나님께서 우리를 사랑하시는지 이해가 되지를 않는 것입니다.

우리가 주님을 기쁘게 한 것이 아무 것도 없고 한 일이라고는 주님의 마음을 아프게 한 것밖에 없는 죄인들인데 그래도 왜 그렇게 우리를 사랑해 주시고 은혜를 주시는지 도저히 알 수가 없는 것입니다.

이해를 할 수도 없고 깨달을 수도 없는 사랑이지만 오늘도 우리는 이 아버지의 사랑에 의지해서 살아갑니다. 그리고 그렇게 살아가야 합니다.

그것이 곧 믿음이며 하나님의 일방적인 사랑에 대한 우리의 대답인 것입니다.

우리는 오직 아버지의 은혜를 바라보고 살아갑니다. 우리는 성실하지 않고, 조석으로 마음이 바뀌지만, 영원히 변치 않으시고 영원히 버리지 않으시는 하나님의 사랑과 은혜가 오늘 이 시간에도 우리에게 머물러 있기에 우리는 오직 감사하며 살아가는 것입니다.

우리를 불쌍히 여기시고 끝없이 베풀어주시는 아버지의 사랑, 그것이 바로 은혜입니다.

탕자의 이야기는 바로 나를 향하여 베풀어주신 아버지의 사랑, 아버지의 용서, 아버지의 은혜에 대한 이야기입니다.

그러므로 이제 우리 모두가 그 사랑과 용서와 은총을 받아들이게 될 때 우리의 삶은 바로 천국의 잔치를 누리게 되며 무한한 주의 영광의 세계로 나아가게 될 것입니다. 할렐루야.

3. 노란 손수건 이야기

노란 손수건 이야기는 널리 알려진 감동적인 이야기입니다. 아마 이 이야기를 설교에서 한두 번 이상 듣지 않은 사람은 아무도 없을 것입니다. 많이 듣고, 잘 알고 있는 내용이면서도 우리에게 항상 이 이야기가 감동이 되는 것은 이 이야기가 용서에 대한 메시지를 담고 있기 때문입니다.

이야기의 내용은 단순한 것입니다. 이야기는 세 쌍의 젊은 청년들이 유명한 해변으로 버스를 타고 여행을 가는 데서 출발합니다. 이들은 젊음과 여행의 즐거움에 취해서 몹시 흥겹게 떠들고 희희낙락하면서 즐거워합니다. 이들이 앉은 앞자리에는 늙고 허술한 옷차림의 사내가 조용히 앉아 있습니다. 그는 젊은이들의 흥겨움과는 전혀 상반되는 무거움과 침묵 속에서 말없이 창밖을 내다볼 뿐입니다.

버스 여행은 여러 시간 계속되고 초기의 흥분이 가라앉고 차분해지자 젊은이들은 점차로 그 남자에게 호기심을 가지게 됩니다. 그는 누구인가? 그는 어디로 가는가? 그는 무슨 사연을 가지고 있는가?

젊은이들은 그 남자에게 조금씩 말을 건넵니다. 식사시간이 되어 버스가 정차하자 그들은 그를 불러내어 합석해서 식사를 하면서 그들은 그 사나이의 사연을 듣습니다. 어렵게, 어렵게 그 사나이는 자기의 이야기를 꺼냅니다. 그 사나이의 이름은 빙고. 그는 어떤 죄를 짓고 4년간의 감옥살이를 마치고 이제 곧 출옥한 참입니다.

그에게는 부인과 세 딸이 있었습니다. 그러나 3년 반 전에 그는 부인에게 편지를 썼습니다. '나는 오랫동안 집으로 돌아갈 수 없소. 나를 기다리지 마시오. 당신은 재혼을 해도 좋소.' 그 이후 3년 반 동안 지금까지 아내는 편지를 보내지 않습니다. 예상보다 빨리 출옥이 된 그는 출옥 직전에 아내에게 다시 편지를 씁니다.

'나는 지금 고향으로, 집으로 갑니다. 당신이 만약 나를 용서하고 나를 받아준다면 그 표시로 우리 집 앞에 보이는 참나무에 노란 손수건을 걸어 주시오. 만약 노란 손수건이 없으면 나는 그냥 그 길로 버스를 타고 어디론가 떠나겠소.'

이제 그 사나이의 사연은 세 쌍의 젊은이들, 그리고 버스 안의 모든 승객들에게 전달이 됩니다.

그러자 장내에는 숨 막히는 긴장이 흐릅니다. 과연 그는 용서받을 것인가? 그의 아내와 자녀들은 그를 여전히 기다리고 있을 것인가? 노란 손수건은 과연 그 나무 위에 걸려 있을까?

그들은 조바심이 납니다. 버스 안의 흥겨운 분위기는 온데 간데 없이 사라지고 그들은 초조하게 운명의 그 마을을 기다립니다. 10km, 5km, 이제 마을은 점점 더 가까워집니다. 모든 승객들은 창밖을 뚫어지게 응시합니다. 늙은 사나이는 빛바랜 가족 사진을 조용히 꺼내보기도 하고 그저 무심한 표정으로 바깥의 경치를 보기도 합니다.

마침내 버스는 마을의 거의 근방에 가까워집니다. 지치고 피곤해 있는 늙은 사나이는 미리 실망하지 않도록 마음을 가다듬습니다.

드디어 마을이 보이는, 참나무가 보이는 길로 버스가 코너를 돌아서자 갑자기 청년들의 '와!' 하는 환호성 소리가 들립니다. 청년들은 모두 일어나 박수를 치고 서로 껴안고 춤을 춥니다. 그들은 서로 기뻐하며 흐느껴 웁니다. 그 참나무에는 노란 손수건이 수 백 장이 걸려 있었습니다. 나무 위에도, 나무 아래에도, 낙엽이 깔린 곳에도, 주변의 잔디, 바위에도, 온통 노란 손수건의 물결이 넘실거리고 있습니다.

그 모든 노란 손수건들은 마치 이렇게 말하고 있는 듯합니다.

"여보, 나는 당신을 용서해요. 그리고 사랑해요. 어서 우리에게로 오세요."

"아빠! 우리는 아빠를 기다리고 있어요. 사랑해요."

모두가 소리를 지르며 기쁨의 환호성을 울립니다. 그리고 그 축제의 물결 속에 늙고 지친 노인은 버스를 내립니다. 그는 그와 같은 환호와 박수소리에 몹시 의아하고, 어색해 하면서도 주춤 주춤 자기의 옛집을 향하여 발걸음을 옮깁니다.

나는 이 이야기를 읽으면서, 또한 이 이야기를 나누면서 여러 번 울었습니다. 왜 이 이야기가 우리에게 항상 감동을 주는 것일까요? 그것은 이 이야기가 용서를 말해주고 있기 때문입니다. 그리고 우리 모두는 용서가 필요한 사람들이기 때문입니다.

빙고는 나이가 많습니다. 그는 험악한 여정을 걸어왔습니다. 그는 이제 충분히 지쳤고, 이제 충분히 피곤합니다. 그는 이제 기뻐하는 것도, 웃어보는 것도, 얼마나 오래되었는지 잊어버렸는지도 모릅니다.

그는 쉬고 싶습니다. 그리고 새롭게 출발하고 싶은 마음도 있습니다. 그의 마음속에는 두 가지의 마음이 교차하고 있는 것입니다. 작은 실낱같이 가느다란 희망의 씨앗. 또 한편으로는 그저 덤덤하게, 아무런 삶의 희망과 기대도 없이 묵묵히 그냥 되는 대로 살아가는 것. 고향을 찾아가는 그의 여행은 그처럼 희망과 불안이 교차합니다.

그는 아내가 자기를 버려도 자기는 그것을 비난할 입장이 되지 않는다는 것을 압니다. 그렇다면 그는 그저 묵묵히 그 사실을 받아들일 것입니다. 그는 좋은 남편도, 좋은 아버지도 아니었으며 아무런 가치도, 자격도 없는 존재이니까요. 하지만, 그는 그래도 혹시나 하는 마음을 가집니다. 작은 손수건 한 장, 아주 작은 노란 손수건 한 장. 그것만 있으면 이미 많이 망가져 버린 그의 인생을 어쩌면 새롭게 시작할 수 있을지도 모르니까요. 그리고 그의 예상을 뛰어넘어선 노란 손수건의 물결..

희망과 기쁨을 잃어버린 지 무척 오래되었고, 이제 그것을 표현하는 것도 다 잊어버렸지만 그는 자신의 깊은 마음속에서 기쁨의 물결이 다시 시작되는 것을 느낍니다.

아주 작은 손수건 하나를 기대했지만, 기대 이상의, 놀라운 수건들의 뭉치.. 아마 이 이야기는 하나님의 풍성한 사랑을 상징적으로 보여주는 것이 아닐까요? 너무나 자격이 없고 주님 앞에 죄송해서 그저 아주 작은 손수건 하나, 은총 하나를 구하는 우리에게 측량할 수 없는 놀라운 은혜를 주시는 아버지의 사랑……, 바로 그것을 보여 주시는 것이 아닐까요?

재미있는 것은 버스에 같이 타고 있었던 젊은 청년들의 반응입니다. 그들은 빙고가 용서되어진 모습을 보고 기뻐 뛰며 춤을 춥니다. 그들은 여행, 피크닉에서 얻어지는 기쁨보다 훨씬 더 큰 기쁨을 빙고의 경험을 통해서 얻습니다.

왜 그들은 그렇게 기뻐했을까요? 아마 그것은 빙고의 이야기, 그의 경험이 단순히 그의 것만은 아니기 때문일 것입니다.

우리 모두에게는 용서가 필요합니다.

우리는 날마다 죄를 짓습니다.

아무 것도 아닌 일에 화를 내고 형제를 미워하며 짜증을 냅니다.

주님의 사랑을 알면서도 우리는 날마다 염려하며 불안해하며 걱정합니다. 하루의 일과를 마치고 그 날의 삶을 돌이켜보면 우리는 주님께 기쁨이 된 것보다 죄송한 것이 더 많음을 느낍니다.

보람을 느끼는 것보다 후회와 안타까움이 더 많습니다.

우리는 진정 용서가 필요한 존재들입니다. 가까운 곳에 있는 사람들에게도 우리는 용서를 받아야 합니다. 남편은 아내에게, 아내는 남편에게 우리는 서로 용서를 필요로 합니다.

너무나 많은 용서와 긍휼을 필요로 하는 우리들이기에 그 청년들은, 그리고 우리들은 빙고의 용서받음에 대해서 함께 기뻐하고 행복해하며 감동할 수 있는 것입니다.

나는 수백 장이 널려있는 나무 가지 위의 노란 손수건의 물결을 상상하면서 한량없으신 하나님의 자비를 생각합니다. 우리에게는 오직 그것만이 소망이 되는 것이기 때문입니다.

성경을 보면 자신의 믿음에 대하여 자신 있고 당당한 사람들이 심판 날에 주님 앞에 서있는 모습에 대한 이야기가 많이 등장합니다.

그들은 '주여, 제가 주의 이름으로 이런 일을 했고.. 또 이런 일도 했습니다.' 라고 자랑스럽게 말합니다.

그러나 주님께서는 말씀하십니다.

"**내가 너희를 도무지 알지 못한다**" (마7:23)

그들은 다시 대답합니다.

"**우리는 주 앞에서 먹고 마셨나이다**" (눅13:26)

그러나 주님은 말씀하십니다.

"**나는 너희가 어디로서 왔는지 알지 못하노라**" (눅13:27)

성경에 기록된 바와 같이 이러한 대우를 받을 사람이 분명히 있을 것입니다.

그러나 나는 또한 이런 생각을 해봅니다. 자기의 연약함에 대해서 너무나 잘 알고 있는 사람들, 주님을 사랑하고 섬기지 못하지만 마음이 굳지 못하여 넘어지고 주님을 아프게 하고, 맡은 사명을 제대로 감당하지도 못하는 주님의 사람들. 주님을 생각할 때마다 너무 죄송하고 괴로워서 '오 주님, 저는 아무짝에도 쓸모가 없는 무익한 종입니다.' 라고 고백할 수밖에 없는 사람들. 혹시 주님께서는 이러한 자들을 위하여 놀라운 선물을 준비하시지는 않았을까요?

아무 자격이 없이 그저 염치없지만 작은 노란 손수건 한 장을 기대했던 빙고가 노란 손수건의 다발을 받은 것처럼, 혹시 우리같이 부족하고 무능한 자들에게 주님께서 그의 풍성한 자비로 아름다운, 우리가 감히 예상할 수 없는 잔치를 준비하고 계신 것은 아닐까요?

노란 손수건 - 그것은 너무나 부족하고 연약한 우리를 향하여 용서와 한 없는 사랑을 베푸시는 주님의 은총을 엿보게 합니다. 주님 앞에서 너무나 죄송하고 죄송하기만 한 우리들에게 그분은 불쌍히 여기시며 용서와 위로의 노란 손수건을 준비하실 것입니다. 죄와 실패로 가득한, 그렇게 평생을 어둠 속에서 살아왔고 죽음 앞에서야 비로소 자기의 죄를 뉘우친 강도에게 주님은 이렇게 말씀하셨습니다.

"내가 진실로 네게 이르노니 오늘 네가 나와 함께 낙원에 있으리라" (눅 23:43)

진정 그 분의 은혜, 그분의 긍휼은 얼마나 아름답고 놀라운 것인지요! 우리 모두 이 풍성하고 한이 없으신 주님의 사랑을 찬양하십시다. 할렐루야!

4. 한 여인의 변화

주님께서는 어느 날 전도 여행 중에 사마리아를 통과하게 됩니다. 제자들은 먹을 것을 사러 동네에 갔고, 예수님은 행로에 피곤하셔서 우물가에 앉으십니다. 그때 사마리아 여인 한 사람이 물을 길러 옵니다. 그녀는 여기서 주님을 만나게 되고 여러 가지의 의미심장한 대화를 나눕니다. 그리고 이것은 그 여인의 인생을 뒤바꾸어 놓습니다.

이것이 유명한 사마리아 여인의 이야기입니다. 그녀의 이야기는 '우물가의 여인처럼'이라는 널리 알려진 복음송가에도 등장하며 버림받고 방황하는 사람의 대명사로서 많이 애용되고 있는 예화이며 이야기입니다.

여기에 등장하는 그 여인은 어떠한 사람일까요?

우선, 그녀는 사마리아 사람입니다. 사마리아인이란 멸망했던 북 왕국 이스라엘의 후손들로서 종교적인 타락과 이방인들과의 혈연적인 혼합으로 인하여 유대인들로부터 경멸을 당했던 사람들입니다. 그래서 유대인들은 사마리아인들과 상종을 하지 않았습니다. 그랬기 때문에 예수님께서 그 여인에게 말을 건네자 그 여인은 '당신은 유대인인데 왜 나에게 말을 거십니까'라고 응답했던 것입니다.

그러나 그 여인의 삶에 있었던 중요한 특성은 무엇보다도 주님께서 그 여인에게 하신 말씀에 의해서 분명하게 드러나고 있습니다. 주님은 그녀에게 '네가 남편 다섯이 있었으나 지금 있는 자는 네 남편이 아니다'라고 말씀하셨던 것입니다. (요4:18)

남편이 다섯! 그리고 여섯 번째의 남자는 자기의 남편이 아닌 다른 사람의 남자! 그리고 그 다른 사람의 남자와 동거하고 있는 여자.. 여인에 대한 이 짧은 주님의 언급은 그 여인의 인생, 그녀의 삶에 대해서 많은 것을 우리에게 이야기해주고 있는 것입니다.
　그녀의 삶은 얼마나 기구한 것이었을까요. 그녀의 사연은 무엇이었을까요? 왜 그녀는 그토록 많은 남자를 경험하게 되었을까요? 그녀는 화류계의 여인이었을까요? 아니면 여성 해방론자? 진정한 여성의 행복을 위해 용기 있게 누가 뭐라고 하든지 상관없이 자기 나름의 방식으로 살아가는 사람일까요? 당시의 사회상황을 보면 그런 가능성은 많지 않을 것입니다.
　사연이야 어찌되었든 분명한 것은 그녀는 결코 행복한 여자가 아니라는 사실입니다. 그녀가 물을 길러 온 시각을 보면 한 가지 분명해지는 사실이 있습니다. 그 시각은 제 6시, 지금의 시간으로 환산하면 정오를 말합니다. 그리고 그 때는 태양이 강렬하게 작열하는 시간으로 보통 낮잠을 자거나 휴식을 취하는 시간이어서 바깥에는 돌아다니는 사람이 별로 없는 시간대입니다.
　왜 그녀는 그렇게 한적한 시간에, 사람을 찾아보기 어려운 그 시간에 물을 길러 나왔을까요? 왜 그녀는 다른 사람들의 낯을 피해야 했을까요?
　우리는 그 이유를 쉽게 추측해 볼 수 있습니다. 우리가 살고 있는 지금 이 시대에 있어서도 결혼을 대 여섯 번이나 한 여인이 있다면 그녀는 세간의 화제 거리가 될 것입니다. 신문 잡지들은 지금도 어느 유명한 여배우가 여섯 번째 결혼을 했다, 다시 여섯 번째 이혼을 했다, 일곱 번째 결혼을 했다.. 하는 기사를 심심치 않게 쏟아냅니다.
　하물며 지금부터 2000년 전의 보수적인 유대, 사마리아 사회에서 그녀는 과연 어떤 존재였을까요? 그녀는 사람들에게 어떻게 보였을까요? 그녀는 아마 그 동네에서 아주 유명한 사람이었을 것입니다. 물론 부정적인 측면에서 유명한 사람이었을 것입니다.

또 한 가지 관심을 가져볼 부분은 그녀의 외모입니다. 결혼을 다섯 번씩이나 하고 지금은 남의 남자를 빼앗아 동거하고 있는 그 여인의 용모는 어떠했을까요? 물론 이것도 그리 어려운 질문은 아니겠지요. 그녀는 매우 매력적인 여자일 것입니다. 남자들이 빠져 들어가게 되는 매력을 가진 여성일 것입니다. 삼손이 빠져 들어간 들릴라와 같은.

젊은 처녀시절에 아름다운 몸매와 용모를 가지고 있다가도 결혼을 하고 세월이 흐르면 그 아름다운 모습은 사라져 버리는 것이 보통입니다. 그러나 이 여인은 여러 번 결혼을 하고 그리고도 꽤 시간이 흘렀지만 여전히 남자들에게는 아름답고 매력적으로 보이는 어떤 요소를 가지고 있었던 것 입니다.

여성들은 이러한 여자를 비난하기도 하고 또한 한편으로는 부러워합니다. 남자를 사로잡을 수 있는 매력.. 그것은 진정 부러운 측면이 있겠지요.

만약 그러한 여인이 TV드라마나 영화, 잡지 등에 나온다면 여인들은 같이 모여 수다를 떠는 가운데 반드시 그 이야기가 주요 목록으로 등장할 것입니다. 여인들은 그 '더러운 여자'에 대하여 성토를 벌이고 또한 묘한 질시를 느낄 것입니다.

그런데 그 실제의 주인공이 우리 동네에 산다면, 이것은 문제가 심각해집니다. 그녀들은 평안하게 수다를 떨면서 성토를 할 여유가 없습니다. 만약 그 여인이 지나가다가 나의 남편과 눈이 마주친다면? 그리고 그녀가 남편에게 웃음을 보낸다면? 과연 자신의 남편은 어떤 반응을 보일까요? 물론 남편은 '걱정하지마. 나는 저런 여자 싫어. 나에게는 당신밖에 없어' 라고 말을 하지만 그 말을 과연 믿을 수 있을까요?

그렇다면 이제 그녀들, 즉 그 동네 아주머니들은 그 우물가의 여인에게 어떻게 행동할까요? 대답은 간단합니다. 그들은 그녀를 '왕따' 시킬 것입니다. 뒤에서는 그녀에 대하여 수군거리고, 험담을 하며 길에서 그녀를 마주치면 무시하고 입을 삐죽거리며 아는 척을 하지 않을 것입니다.

그리하여 그녀는 차츰 이웃 사람들을 피하게 되고 대부분의 시간에 외출을 삼가게 됩니다. 그래서 인적이 뜸한 시간, 정오의 시간에 호젓하게 혼자 나와서 물을 긷고 있는 것입니다.

그녀의 마음은 어떤 상태일까요? 고독? 자신의 삶에 대한 후회? 절망? 한탄? 자기를 그렇게 이끌어간 원인을 제공한 자신의 비참한 환경에 대한 원망?

우리는 잘 알지 못합니다. 그러나 그녀가 그 순간에 우물가에서 물을 길어 올린다기보다는 절망을, 고독의 물을 퍼 올리고 있는 것을 우리는 충분히 상상할 수 있습니다.

그녀는 고독했습니다. 그녀는 너무나 외롭고, 슬펐습니다. 그녀는 몹시 아름다운 여성이었습니다. 그러나 그녀는 결코 행복하지 않았습니다. 여인들은 자신이 아름다우면 행복할 수 있으리라고 흔히 생각합니다. 그래서 아름다움을 가꾸기 위해 많이 노력합니다.

라헬은 매우 아름다웠습니다. 그녀는 남편의 지극한 사랑을 받았습니다. 그러나 그녀는 행복하지 않았습니다. 그녀는 아이, 즉 열매가 없었던 것입니다. 아름답고, 또 남편의 지극한 애정을 얻으니 무엇이 부족하겠느냐고 생각하는 사람들도 있겠지만 그녀는 결코 행복하지 않았습니다.

이 여인도 아름답지만 오히려 그녀의 아름다움 때문에 그녀의 삶은 실로 비참한 길로 접어들게 되었는지도 모릅니다.

그녀가 꿈꾸었던 행복, 하지만 이제는 다 지나가 버린 일이었습니다. 다섯 번의 결혼 그리고 여섯 번째의 동거. 왜 그녀는 지금의 남자와는 결혼을 하지 않았을까요?

그것은 아마 지쳤기 때문일 것입니다. 처음 결혼식을 할 때, 첫 번째 면사포를 쓸 때만 해도 그녀는 이 결혼이 그녀의 생애의 마지막 결혼이라고 믿었을 것입니다. 그러나 환상이 깨지고 두 번째 남편을 만났을 때까지만 해도 그녀는 이번에는 행복할 것이라고 믿었습니다.

그러나 좌절은 계속되고 세 번째, 네 번째, 다섯 번째 남자를 연이어 만나면서 여인은 행복에 관한 꿈을 상실해 버렸습니다.

그리고 이제 여섯 번째.. 이제 아무런 희망도 기대도 없이 그녀는 매우 지치고 망가진 상태에서 어둡고 더럽고 누추한 그녀의 삶을 가까스로 이어가고 있을 뿐인 것입니다.

그런데 이 여인의 삶에 어떤 한 사람이 개입하였습니다. 그는 그녀가 여태껏 알고 있었던, 그녀의 외모만을 탐내었던 남자들과 달랐습니다.

그는 고요하고 부드러웠습니다. 그러면서 사랑과 친절을 가지고 있었습니다. 그가 온유하고 애정이 어린 목소리로 그녀에게 말을 건네었을 때 그녀는 자기의 마음속에서 무엇인가가 일어나고 있는 것을 느꼈습니다.

주님께서는 그녀에게 다가가 말을 건네셨습니다.

"물을 좀 다오."

그녀는 대답합니다.

"선생님, 저는 사마리아 여인이에요. 당신들은 저희와 상종하지 않는 것으로 알고 있는데요."

그는 말을 잇습니다.

"만일 네가 내가 누군지 알게 되면 나에게 오히려 생수를 구할 것이다."

여인은 재차 묻습니다.

"선생님, 이 우물은 깊고 물길을 그릇도 없는데 생수를 얻다니요."

얼마나 정신이 없는 여자인지! 물 길으러 오면서도 물 긷는 그릇도 가져오지 않았습니다.

"너는 이 눈에 보이는 물을 말한다. 그러나 내가 말하는 물은 그러한 물이 아니다. 그것은 잠시 목을 축이고 마는 그런 것이 아니라 영원토록 심령 속에서 솟아나는 그러한 생명의 물인 것이다."

여인은 그의 이야기가 무슨 말인지 잘 알아들을 수는 없지만 상대방으로부터 풍겨나는 사랑과 거룩함으로 인하여 압도됩니다.

그녀는 계속 그의 이야기에 빨려 들어갑니다. 그녀는 좀 더 이야기를 듣고 싶습니다. 그리고 그것이 뭔지는 모르지만 그분이 이야기하는 선물을 받고 싶어집니다. 이쯤에서 그 사나이에 대한 여인의 호칭은 바뀌어갑니다.

"주님, 저도 그런 물을 얻고 싶습니다. 정말 영원히 목마르지도 않고 이렇게 물을 길러 오지 않아도 되면 좋겠어요."

아직까지 그녀는 주님의 말씀의 뜻을 이해하지 못하고 있습니다. 그녀는 아직도 그 물, 생수가 자신이 길으러 다녀야 하는 그 물을 가르치는 것으로 생각합니다. 주님은 미소를 지으십니다.

"좋다. 나는 네게 그 생수에 대해서 가르쳐주겠다. 그러나 거기에는 조건이 있다. 먼저 너의 남편을 나에게 데려와야 한다."

남편을 데려오라고! 그 말처럼 그녀의 가슴에, 평생을 두고 의미심장한 말이 있었을까요? 그녀는 잠시 생각합니다. 나의 남편은 누구인가? 나의 남편은 몇인가? 도대체 누가 나의 진정한 남편인가?

생각이 복잡해지자 떨쳐내듯이 그녀는 엉뚱하게 대답합니다.

"주님, 하지만 저는 남편이 없는데요."

주님께서는 따뜻한 시선으로 여인을 바라보십니다.
"그렇구나. 네 말이 맞다. 네가 전에는 남편이 다섯이나 있었지. 하지만 지금 네가 살고 있는 남자는 너의 남자가 아니다. 그러니 남편이 없다는 너의 말이 맞구나."

이 말은 그녀에게 실로 엄청난 충격을 줍니다. 그녀는 너무나 놀랍니다.

오늘 처음 만나는 이 사람, 그러나 나를, 나의 삶을, 내 모든 과거를 속속들이 알고 있는 이 사람.. 이 사람은 누구인가? 이 사람은 어떤 사람인가? 그는 왜 나에게 나타났을까?

여인은 대답합니다.

"주님, 당신은 선지자시군요. 당신은 하나님의 사람이군요."

과거 이스라엘의 역사에는 하나님이 사용하셨던 위대한 선지자들이 있었습니다. 그들은 하나님의 부름과 사명을 받고 하나님의 말씀을 전하였으며 놀라운 기적을 일으켰고 사람들의 심령을 꿰뚫어보는 놀라운 통찰력을 가지고 있었습니다.

대표적인 사람으로서 엘리야, 엘리사가 있었습니다. 그러나 최근 몇 백 년 동안 그러한 하나님의 사람은 나타나지 않았고 먼 옛날의 역사로만 기억되고 있을 뿐입니다. 그러니 여인은 이 놀라운 사람의 출현에 대해서 모처럼 하나님의 사람을 만나게 된 것에 대해서 놀라고 압도되었습니다.

여인은 새삼 그분을 바라봅니다. 자신의 더럽고 추한 과거를 속속들이 알고 있는 그분을 바라봅니다. 자신의 추한 과거가 낯선 사람에게 드러난다는 것, 그것은 얼마나 황당한 경험일까요!

그러나 그녀는 그분에게서 싸늘한 질책보다는 따뜻한 사랑의 눈길을 느낍니다. 그녀를 향한 부드러우면서도 아름다운 미소를 느낍니다. 그녀의 모든 더러움을, 추함을 모두 알고 있으면서도 여전히 그녀를 사랑하시고 측은히 여기시는 그 눈길을 그녀는 느낍니다.

그분의 눈은 말씀하시는 것 같습니다.

'사랑하는 딸아, 네가 어떤 모습이든 나는 너를 사랑한다. 너는 여태껏 지치고 피곤한 인생을 살아왔지. 그러나 나는 너를 정죄하지 않는다. 나는 너를 여전히 사랑한다. 나는 너를 치료해줄 수 있다. 나는 너에게 나의 사랑과 자비를 부어 줄 것이다.'

그녀는 잠시 후 충격이 가라앉자 그분께 계속 평소에 알고 싶었던 영적, 신앙적인 원리들을 질문합니다. 그녀가 자기의 삶을 개선하고 싶었으나 할 수 없었던 과거의 삶을 생각하며 그녀는 자기를 진정 자유케하고 구원을 줄 수 있는 진리라고 생각했던 것과 의문들을 쏟아내기 시작합니다.

"주님, 당신은 하나님의 사람이군요. 그렇다면 제가 묻고 싶은 게 하나 있어요. 우리는 어디에서 예배를 드려야 하나요? 우리들은 벧엘에서 예배를 드렸었는데 당신네 유대인들은 예루살렘에서 예배를 드려야 한다고 하시던데? 그게 맞는 것인가요?"

주님은 대답하십니다.

"딸아, 그것은 옛 언약에 속한 것이다. 지금은 내가 왔으니 이제는 새로운 시대이다. 이제부터는 영으로 드리는 예배를 배우게 될 것이다. 이 산도, 저 산도 아닌, 외적인 장소보다 신령으로 드리는 예배가 시작되는 시대인 것이다."

대화는 계속 이어집니다. 신앙과 진리, 종교에 대해서 주님은 계속 말씀하십니다. 주님께서는 참된 종교는 외형적, 껍데기가 중요한 것이 아니고 내면적, 생명적 실체가 중요함을 가르치십니다. 영으로 드리는 예배와 삶에 대해서 말씀하십니다. 그리고 주님께서는 자신이 그리스도이신 것을 밝히십니다. 시간이 흘러 동네에 음식을 사러갔던 제자들이 돌아온 후에도 그녀와 주님의 대화는 이어집니다.

여인의 중심, 생각, 과거, 갈등을 모두 속속들이 알고 계셨던 주님. 그럼으로 인하여 엄청난 충격과 두려움을 느꼈던 사마리아 여인.. 이런 비슷한 경험을 한 사람들이 또 있었습니다.

예수님의 제자로 부름 받은 베드로.. 그가 주님이 어떤 분이신지 알지 못했던 어느 날 밤, 그는 밤새워 그물을 던지지만 고기를 잡지 못합니다. 그러던 그는 어느 날 주님께서 말씀하시는 명령을 듣습니다.

"깊은 데로 가서 그물을 내려 고기를 잡으라" (눅5:4)

그 말씀은 상식에 맞지 않았고 베드로 자신의 경험에도 부합되지 않았지만 주님의 거룩하심과 표현할 수 없는 위엄에 압도되어 그는 말씀대로 그물을 던집니다.

그리고 이어서 그물이 찢어질 정도로 잡힌 고기들, 배가 잠길 정도로 가득히 채워진 고기들. 여기서 베드로는 엎드러집니다.

그의 마음속에 엄청난 충격파와 두려움이 스쳐 지나갑니다. 갈릴리 바다 속을 낱낱이 들여다보고 계시는 분, 어디에 고기가 있는지 속속들이 아시는 분, 모든 고기들이 명령을 듣는 분. 이 분은 과연 누구인가? 바다 속을 다 꿰뚫어 보시는 저분이 나의 마음은 보시고 있지 않겠는가?

그는 엎드려서 고백합니다.

"주여, 나를 떠나소서. 나는 죄인이로소이다."

베드로가 아니더라도 누구라도 그럴 것입니다. 온통 죄뿐인 우리들의 마음을 누군가가 속속들이 들여다보고 있다면, 그것처럼 두려운 일이 어디 있겠습니까?

그러나 베드로도, 사마리아 여인도 그러한 두려움을 넘어서서 오히려 주님께 가까이 가게 되었던 이유가 있었습니다. 주님께서는 그들의 죄를,

더러움을 낱낱이 알고 있으면서도 그들을 여전히 사랑하셨던 것입니다. 그들의 약점을 알면서도 그들을 용서하시고 따뜻하게 감싸주셨던 것입니다.

오히려 그들이 죄를 지을 수밖에 없는 연약함, 부족함 때문에 더욱 더 그들을 불쌍히 여기시고 애정을 베푸셨던 것입니다.

우리는 사람들에게 우리의 약점을 보이는 것을 꺼려합니다. 다른 사람들이 나의 못되고 부족한 모습을 알게 되면 싫어하고 멀리하지 않을까 두려워합니다.

우리는 또한 어떤 사람을 좋아하다가도 그 사람의 이해할 수 없는 어떤 모습이나 행동을 보면 갑자기 태도를 바꾸어 그를 비난하기도 합니다.

'저 사람 저럴 줄 몰랐어. 저런 사람인 줄 몰랐어.' 라고 말합니다.

마치 우리 자신은 그렇지 않은 듯이, 위선자가 아닌 듯이 말입니다.

하지만 누가 완전할 수 있을까요? 누가 온전히 깨끗할 수 있을까요?

누구나 겉보기에는 그럴 듯 해 보이지만 속으로 들어가면 엉망입니다.

그것이 바로 우리의 모습입니다. 인정하기는 싫지만 어쩔 수 없는 슬픈 우리의 자화상입니다. 그러므로 우리는 때때로 슬퍼하고 좌절하게 되는 것입니다.

하지만 여기에 놀라우신 주님의 사랑이 있습니다. 우리의 죄, 못된 성품, 한심스러운 모든 모습을 낱낱이 아시면서도 여전히 우리를 사랑하시는 주님의 모습이 있는 것입니다.

이 이야기의 마지막은 해피엔딩입니다.

여인은 충격을 받습니다. 그리고 고무됩니다. 생전에 처음으로 놀라운 사랑, 용납을 받고 진리의 말씀을 받아들인 그 여인은 변화됩니다.

그리고 그 마을은 어처구니없게도 이 더러운, 아니 과거에 더러운 삶을 살았던 이 여인에 의하여 부흥이 일어납니다. 이 여인의 소개와 전도로 인하여 많은 사람들이 주님을 알게 됩니다. 많은 사람들이 신앙을 발견하고 삶이 새로워집니다.

그 마을에는 새로운 영적 갱신이 일어나기 시작합니다. 도대체 어떻게 이러한 일이 가능할까요? 가장 비천했던 사람을 통해서 어떻게 이렇게 놀라운 하나님의 구원이 임할 수 있을까요?

아마도 이런 이유일 것입니다. 즉 어떤 비참하고 어두운 삶을 살아왔던 사람, 또 깊은 죄와 악한 습관 속에서 살아왔던 사람들.. 그들이 진정 그들을 용서하고 이해해주는 그런 사랑을 경험하게 된다면, 하나님으로부터 그러한 사랑을 발견하고 경험하게 된다면, 그는 변화될 수 있으며 놀라운 하나님의 도구가 될 수도 있다는 것입니다.

하나님이 진정 그들과 같은 악하고 못된 사람도 받아주시고 사랑하시는데 그들이 어떻게 변화되지 않을 수 있겠습니까? 헌신하지 않을 수 있겠습니까?

우리들도 마찬가지입니다.

우리는 한심하지만 하나님께서는 우리를 받아주십니다.

우리는 사마리아 여인보다 별로 나을 것이 없습니다. 그러나 주님께서는 우리를 용서해 주십니다.

그러므로 우리는 이 모습 이대로 더욱 더 주님께 가까이 나아가게 됩니다. 그리하여 그분께 소유되고 그분의 사랑을 받아들이며 그분을 위하여 살게 되기를 희망하게 되는 것입니다.

받을 자격이 없는 우리들에게 일방적으로 베풀어주시는 그 분의 사랑 때문에 우리는 진정 감격하고 감사할 것 밖에 없게 됩니다. 그리하여 우리가 경험한 이 놀라운 사랑을 그 사마리아 여인과 같이 증거하는 삶을 살고 싶어지며 우리를 그러한 도구로 사용해달라고 주님께 간절하게 구하게 되는 것입니다.

우리는 죄인입니다. 우리는 주님 앞에서 부끄러운 사람들입니다. 우리는 주님 앞에서 아무 것도 내어 놓을 것이 없습니다.

그러나 분명한 사실은 그러한 우리를 주님께서 사랑하신다는 사실입니다. 용서하신다는 사실입니다. 그분의 피, 그분의 죽으심을 통하여 우리를 용서하시고 받아주신다는 사실입니다. 사마리아 여인을 받아주신 주님이, 십자가의 강도를 받아주신 주님이 우리도 같이 받아주십니다.

그러므로 우리도 사마리아 여인이 변화된 것처럼 변화될 수 있습니다. 사마리아 여인이 주님의 사랑을 증거하는 통로가 된 것처럼 우리도 그 통로가 될 수 있습니다.

우리는 아무런 의도 주장할 수 없으나 오직 그리스도의 의를 주장하고 십자가에 의지하여 주께 나아감으로 거룩한 그 사랑의 증거자와 통로가 될 수 있는 것입니다. 할렐루야.

5. 하나님의 자상한 가르치심

    신앙인이라고 해서 모두가 사랑과 관용을 가지고 있는 것은 아닙니다.
    신앙 경력이 오래 되었다고 해서 사람이 자동적으로 따뜻해지고 아름다워지는 것은 아닙니다. 오히려 신앙의 지식이 많아지고 신앙 경력이 오래 될수록 더욱 더 경직되고 차가워지는 경향도 있는 것 같습니다.
    젊은 신학생들이나 전도사들이 뭔가 새로운 진리를 깨달았다고 흥분도 하고 자신의 믿음과 지혜에 대한 긍지를 가지기도 하며 교회의 지도적 위치에 있는 평신도 또는 사역자들이 권위의식에 사로잡혀 있는 것도 흔히 볼 수 있는 모습입니다.
    그러나 어떤 사람이 진정 그리스도의 마음과 아버지의 심장을 가지고 있지 못하다면, 그가 참된 사랑과 따뜻함과 관용을 보여주지 못한다면, 그의 믿음은 실제적인 것이라고 볼 수가 없는 것입니다. 왜냐하면 믿음이 발전해 갈수록 그에게서는 주님의 성품, 사랑과 관용의 모습이 나타나는 것이 정상이기 때문입니다.
    그런데 신앙 경력과 신앙의 열매가 일치하지 못하는 이러한 모습은 지금이나 예전의 성경이 기록되던 시대나 마찬가지였던 모양입니다. 또한 하나님이 사용하셨던 그분의 종들 가운데서도 이러한 하나님의 마음을 알지 못하고 사역하셨던 분들이 계셨던 것 같습니다. 요나라고 불리는 한 특이한 선지자의 모습 속에서도 우리는 그러한 사실을 발견할 수가 있습니다.
    요나 - 그는 매우 독특한 성품의 소유자입니다. 개성이 몹시 강하다고 할까요. 아무튼 요나와 같은 행동을 보여주는 선지자는 아마 다시없을 것입니다. 선지자로서 하나님의 명령을 불순종하고 도망가 버리는 그의 돌출행동 뿐만 아니라 하나님 앞에서 마구 화를 내며 따지고 드는 그의 모습을 보면 이런 강심장이 있나 싶을 정도입니다.

심지어 물고기 뱃속에 들어가 며칠을 고생하고 회개하고 나서도 사소한 것으로 하나님께 화를 냈는데, 심지어 자기가 죽을 정도로 화를 내도 당연한 것이고 잘못한 게 하나도 없다고 따지고 듭니다.

그는 정말 어처구니없는 고집불통이며, 이런 사람이 죽지 않고 살아있다는 자체가 은혜로 느껴질 만한 사람입니다.

아마 요나가 물고기의 뱃속에 들어가게 된 특이한 경험을 하게 된 것도 그의 강력한 성품과 관련이 있지 않나 싶습니다. 하나님께서는 사람을 훈련시키실 때 그 사람의 성향과 수준, 상태에 따라 훈련의 내용과 강도를 결정하시는 것 같습니다.

아마 요나가 부드럽고 온유한 사람이었다면 물고기 뱃속까지 갈 필요는 없었을지도 모릅니다. 그러나 그의 강한 고집은 아마 물고기 뱃속에서나 녹아질 수 있었을 것입니다.

우리는 요나와 그의 경험, 그가 하나님께 불순종을 하다가 바다에서 풍랑을 만나게 되고 물고기 뱃속에 들어갔다가 살아 나온 이야기를 수없이 듣고 잘 알고 있습니다. 어릴 때부터 주일학교를 다녔었던 사람이라면, 이것은 몹시 흥미진진한 이야기였을 것이며 많이 들어서 아주 익숙한 내용일 것입니다.

그러나 요나가 물고기 뱃속에 들어간 사건 자체는 잘 알고 있으면서도 정작 그 이유는 무엇이었는지, 왜 요나가 그렇게 하나님의 명령을 떠나 도망가게 되었는지, 그리고 이 이야기가 주는 중심 메시지는 무엇인지에 대해서는 일반적으로 그리 많이 알려져 있지 않은 것 같습니다.

요나가 니느웨로 가서 말씀을 전하라는 하나님의 명령을 그토록 거부했던 이유는 단순한 것이었습니다. 그것은 그 나라 앗수르가 자기의 민족 이스라엘의 원수이기 때문입니다.

니느웨는 그 원수의 나라 앗수르의 수도입니다. 그러니 자기의 나라와 백성을 괴롭히고, 죽이고, 사로잡고, 고통을 준 나라와 그 나라의 국민을 어느 누가 사랑하겠으며 그들에게 가서 복음을 전하고 싶은 마음이 들겠습니까? 물론 지금 신약시대의 관점으로는 그렇지 않겠지만, 그 당시 구약 시대의 유대인으로서는 그것은 당연한 감정이었던 것입니다.

우리의 현실에 이 이야기를 적용해 볼 때 우리는 이렇게 생각해 볼 수 있습니다.

누구나 사람마다 자기의 원수가 있습니다. 싫은 사람이 있습니다. 죽이고 싶고, 한이 맺힌 정도는 아니지만, 하여튼 싫습니다. 뭔가 그 사람과 나는 맞지 않는 것이 있습니다. 그런데 어느 날, 주님께서 그에게 가서 사랑한다고 말하라고 말씀하십니다. 그에게 가서 그를 축복해주라고 말씀하십니다. 과연 이것을 즐거이 순종할 수 있는 사람이 얼마나 되겠습니까?

우리의 체질은 그런 것을 견디지 못합니다. 그것보다는 다윗의 시편에 나오는 고백과 기도가 우리의 속성에 들어맞습니다.

"주께서 내 원수의 목전에서 내게 상을 차려주시고" (시23:5)

나를 괴롭히고 상처를 주었던 원수 앞에서 내가 당당한 성취자로 나타난다는 것! 이는 얼마나 멋진 일입니까!

"그들이 까닭 없이 나를 잡으려고 그들의 그물을 웅덩이에 숨기며 까닭 없이 내 생명을 해하려고 함정을 팠사오니 멸망이 순식간에 그에게 닥치게 하시며 그 숨긴 그물에 자기가 잡히게 하시며 멸망 중에 떨어지게 하소서"(시 35:7,8)

그렇습니다. 우리는 이러한 기도를 드리고 싶어합니다. 이러한 기도는 얼마나 우리의 속을 후련하게 하는지요!

그런데 요나에게 주어진 명령이 바로 이렇게 본성에 맞지 않은 난처하고 하고 싶지 않은 일이었습니다. 그에게 그의 원수 앗수르, 니느웨로 가서 하나님의 말씀을 선포하며 그들을 회개시키라는 것입니다.

그는 자기의 귀를 의심합니다. '하나님의 택하신 민족인 이스라엘, 우리 동포를 그렇게 괴롭힌 자들을 위하여 가서 말씀을 전하라고? 그들을 변화시키라고? 이건 말도 안 돼. 그럴 수는 없어.'

그는 하나님의 명령하신 곳과 정반대되는 곳으로 도망을 갑니다. 아마 그는 하나님의 낯을 피할 수는 없겠지만 나는 도저히 그렇게 하지 못하겠다는 분명한 의사표시는 될 것입니다.

얼마동안 상황은 별 문제가 없어 보입니다. 마침 요나의 계획에도 꼭 맞게 다시스로 가는 배가 들어옵니다. 즉시 돈을 내고 배에 올라탄 요나는 배 밑창에 내려가 잠이 들어버립니다.

요나가 잠이 들어버린 것은 영적으로, 정신적으로 몹시 지치기도 했을 것이고 아무 생각도 하기 싫은 도피심리도 있었을 것입니다. 아무튼 거기까지는 문제가 없이 조용한 것 같았습니다. 그러나 그것은 폭풍전야의 침묵이었지요. 성경은 말씀합니다.

"여호와께서 큰 바람을 바다 위에 내리시매.." (욘1:4)

이 얼마나 두려운 말씀인가요! 드디어 하나님의 추적이 시작되었습니다. 하나님께서 길을 막으신다면 누가 그 길을 갈 수 있겠습니까? 그런데도 왜 그리 인간들은 주님을 거슬리고 있는지..

"바다가운데 폭풍이 대작하여 배가 거의 깨어지게 될지라" (욘1:4)

결국 우여곡절 끝에 요나는 바다 속으로 던져지게 됩니다. 그 위기의 와중에 뱃사람들은 왜 제비를 뽑으며 제비뽑기는 왜 하필이면 요나가 걸리게 되었을까요. 물론 그것은 우연이 아니며 하나님의 손 안에 있는 것입니다.

재미있는 것은 이 배 위에 있는 불신자들이 모두 다 착한 사람들이라는 것입니다. 그들은 하나님을 피하여 도망가는 요나를 살리기 위하여 무척 애를 씁니다. 그들은 기도도 안하고 잠이 들어있는 요나에게 왜 기도를 하지 않느냐고 질책을 하기도 합니다.

선지자가 이방인들에게 신앙적인 훈계나 듣고 있다니, 참 한심스러운 일이지요. 마치 이 시대에 교회가 불신자들에게 욕을 먹고 있는 모습과 비슷합니다.

그런데 이 요나서의 무대에 등장하는 모든 이방인들이 다 착한데, 오직 요나만 독종입니다. 이것은 매우 아이러니한 일이지만, 아마 주님께서는 은혜를 잃어버리고 사랑과 관용을 잃어버린 신앙인들의 위선과 악함이 불신자, 이방인들보다 못하다는 것을 보여주시는 것 같습니다. 사랑과 관용에 있어서 믿는 자들이 더 한심한 수준이라는 것을 깨닫게 해주시는 것입니다.

결국 요나는 물고기 뱃속에서 3일간을 지내게 되고 그는 거기에서 회개하며 기도합니다. 배에 내려갔을 때만 해도 거기서라도 기도를 했다면 그렇게 불편한 장소에서 기도를 하게 되지는 않았을 텐데 결국 하나님께서는 택한 백성이 기도를 하지 않을 때 기도를 할 수밖에 없는 상황으로 인도하시는 것입니다. 그러니 편안한 상황에서 기도할 수 있다면 이는 최고의 은총이요, 복이겠지요.

몹시 고집이 센 요나도 물고기 뱃속에서는 할 수 없이 생각이 바뀝니다. 그는 도저히 어디로 도망을 가더라도 하나님의 추적을 피할 수는 없다는 것을 이제 깨달은 것이지요. 그리고 하나님 앞에서는 아무리 고집을 부려도 소용이 없고 자기 손해일 뿐이라는 사실을 알게 된 것 같습니다.

아무튼 그는 회개하고 다시 순종하기로 주님께 약속합니다. 그러나 사실 그가 중심으로 변화된 것 같지는 않습니다. 이후의 행적을 보면 그것은 명백하게 드러납니다.

일단 그는 별로 내키지는 않지만 순종하는 흉내라도 내야겠다고 생각합니다. 아무튼 살아나야 하니까요. 아무튼 이 끔찍한 장소에서 벗어나야 하니까요.

그래서 고래 뱃속에서 열심히 회개를 하고 이윽고 인간으로는 유일하게 물고기 뱃속에서 살아서 나온 요나는 니느웨를 향하여 출발하고, 무사히 도착합니다. 이번에는 그가 고분고분히 순종하면서 나아갔으니 풍랑이나 파도 같은 것은 없었지요.

그런데 그가 니느웨에 가서 외치는 복음의 메시지가 아주 가관입니다. 아마 이렇게 불친절한 전도는 세상에 없을 것입니다.

그것은 아주 간단한 내용이었습니다. 앞으로 40일 후에는 너희들에게 멸망이 온다는 것이었습니다. 그저 아무런 소망의 제시도 없이, 회개하라든지, 믿음을 가지라든지, 어떻게 해야 산다든지 하는 아무 언급도 없이 그저 조금만 있으면 심판이 온다는 말뿐이었습니다. 그것을 보면 원수의 나라인 니느웨 백성을 용서하지 않았던 그의 중심사상은 별로 변화된 것이 없는 것으로 보입니다.

그의 말씀전파, 전도는 상대방에게 믿으라는 건지 말라는 건지 분명하지가 않습니다.

'회개하든지 말든지 맘대로 해라. 아니 웬만하면 회개하지 말아라. 너희 같은 놈들은 다 멸망해야 한다. 내가 뭐 전도하고 싶어서 하는 줄 아니? 물고기 뱃속에서 나와서 할 수 없이 하는 거야, 아무튼 나는 분명히 경고했으니까 알아서 해라. 이놈들아!' 뭐 이런 식입니다.

지하철에서 온갖 악을 쓰면서 '지옥 간다, 이놈들아!' 하고 외치는 전도자들도 이 요나에 비하면 친절한 편입니다.

그런데 정말 어처구니없는 일들이 벌어지기 시작합니다. 그 사악한 죄의 도성 니느웨에서 회개의 물결이 일어나게 된 것입니다. 그것도 이 엉뚱한 선지자를 통해서 말입니다.

어째서 당시 세계 최강의 힘을 갖고 있던 앗수르, 그리고 그 수도에서 갑자기 요나의 전파를 듣고 회개할 수가 있었을까요? 아무튼 하나님의 섭리는 놀라울 뿐입니다. 그러니 엉터리 같은 전도까지도 하나님께서 사용하시면 놀라운 열매를 거둘 수 있는 것입니다.

그리고 보면 잘하지 못하는 세련되지 못한 복음이라도 안 하는 것보다는 나을지도 모릅니다. 어쩌면 자기는 전도를 하지도 않으면서도 세련되지 못한 전도자를 비판하는 쪽이 더 나쁠지도 모르는 것입니다.

아무튼 요나는 이 예상하지 못했던 상황에 몹시 분노합니다. 보통의 사람 같으면 말씀전파의 결과로 회개가 일어나면 매우 기뻐하겠지요. 사실 대부분의 선지자들은 열심히 하나님의 말씀을 전파했으나 사람들의 회개하는 모습을 보지 못하고 오히려 배척과 순교를 당해왔습니다. 그러나 요나는 기대하지도, 바라지도 않았는데 엄청난 회개의 역사가 일어난 것입니다. 게다가 회개의 규모도 전국적인 것이었습니다. 존엄한 왕이 남루한 옷을 입고 무릎 꿇고 회개한데서부터, 모든 백성들, 심지어 짐승들에게도 금식을 시키며 회개를 하게 된 것입니다.

"니느웨 사람들이 하나님을 믿고 금식을 선포하고 높고 낮은 자를 막론하고 굵은 베 옷을 입은지라 그 일이 니느웨 왕에게 들리매 왕이 보좌에서 일어나 왕복을 벗고 굵은 베옷을 입고 재 위에 앉으니라"(욘3:5-6)

요나는 이 모든 상황이 배알이 틀려서 눈뜨고 볼 수가 없었습니다. 세상에, 자기가 한 전도의 메시지를 듣고 회개하는 것을 보고 화를 낸 사람은 이 요나가 유일할 것입니다. 아무튼 그는 그래서 하나님께 기도를 드립니다.

"요나가 매우 싫어하고 성내며 여호와께 기도하여 이르되 여호와여 내가 고국에 있을 때에 이러하겠다고 말씀하지 아니하였나이까 그러므로 내가 빨리 다시스로 도망하였사오니 주께서는 은혜로우시며 노하기를 더디하시며 자비로우시며 인애가 크시사 뜻을 돌이켜 재앙을 내리지 아니하시는 하나님이신 줄을 내가 알았음이니이다"(욘4:1, 2)

이 기도가 경건하게 들리십니까? 주께서는 은혜로우시며, 자비로우시며.. 그렇습니까? 천만에요. 이것은 일종의 비아냥거리는 것입니다. 빈정

대는 것입니다. 거 봐요. 내가 그럴 줄 알았다니까요.. 그런 식입니다.
하여튼 참으로 겁이 없는 사람입니다. 게다가 하나님이 그런 분이신 줄 알았기 때문에 그래서 자기가 다시스로 도망갔었다고 이제는 자기의 행동이 옳다고 강변하기도 합니다. 참으로 못 말리는 사람입니다. 역사에, 하나님께 감히 이렇게 심하게 말하는 사람이 있었습니까? 물고기 뱃속에서 3일간 있었던 것으로도 아직 그의 고집과 성질은 사라지지 않았던 것입니다. 그는 계속 하나님께 떼를 씁니다.

"여호와여 원하건대 이제 내 생명을 거두어 가소서 사는 것보다 죽는 것이 내게 나음이니이다" (욘4:3)

이 기도의 내용을 보면 요나가 깊이 절망하고 있는 듯이 보입니다. 하나님께 죽여 달라는 것이니까요. 그러나 사실은 그 정반대입니다. 요나는 절망했다기보다는 자기의 생각대로 되지 않자 많이 화가 난 것뿐입니다.
그의 생각은 실제로 죽겠다는 것이 아니고 일종의 협박과 같은 것입니다. 이렇게 강짜를 부리면 나를 사랑하시는 하나님이 나를 죽이시지는 않겠지, 저놈들을 살리면 내가 죽겠다고 난리를 치면 설마 저들을 살리시지는 않겠지, 하나님은 그래도 저놈들보다는 나를 더 중요하게 여기실 거야, 이런 계산을 하고 있는 것입니다.
그렇게 한참 하나님께 떼를 쓰고 난 후 요나는 성 밖으로 나가서 성이 가장 잘 보이는 곳에 자리를 잡고 앉습니다. 왜냐고요? 이제부터 그는 니느웨가 멸망하는 장면을 구경할 참입니다. 원수들이 멸망하는 것을 보려고 하는 것입니다. 그것은 참 보기 좋은 구경이 되겠지요.
그는 자기가 그렇게 하나님께 떼를 썼으니 하나님이 그의 말을 들으시고 니느웨를 멸망시킬 것으로 믿고 있는 것입니다. 그는 느긋하게 초막을 짓고 여유 있게 기다립니다.

이와 같이 어처구니없는 요나의 모습은 사실 우리 자신의 자화상이기도 합니다. 아무튼 이렇게 변화되지 않은 요나에 대해서 하나님께서는 어떤 카드를 준비하셨을까요? 다시 물고기 뱃속? 아니면 이번에는 코끼리 뱃속? 독수리 뱃속? 아니면 무인도로 보내시는가요?

아닙니다. 하나님의 두 번째 방법은 다정하고도 자상한, 친절한 가르치심이었습니다. 하나님께서는 그의 백성을 가르치시기 위하여 한번은 채찍으로, 다음에는 부드러운 사랑으로 말씀하시는 것 같습니다. 그분은 차가운 겨울 바람과 따뜻한 마음, 봄바람을 같이 사용하시는 것입니다.

'너의 원수를 미워하지 말고 용서하라. 원수의 모습은 네 속에 있는 악이다. 그것은 너의 또 다른 모습이다. 그를 사랑하고 불쌍하게 여기라.' 이러한 메시지를 가르치시기 위해서 하나님께서는 무대의 장치를 만드십니다.

그 무대의 소품은 다음과 같습니다. 뜨거운 태양 볕, 박 넝쿨, 벌레, 뜨거운 동풍. 자, 이제 무대는 준비되었습니다. 하나님의 역사는 이제 시작됩니다. 상황은 이렇게 전개됩니다.

초막을 짓고 거기 앉아서 원수들이 멸망하는 모습을 보고 즐기려는 요나가 있습니다. 그런데 태양 볕이 너무 뜨거워서 견디기가 어렵습니다. 그런데 하나님께서 준비하신 박 넝쿨이 갑자기 급속도로 자라고, 그것이 요나의 머리를 가려주어 그늘이 되게 합니다. 머리가 시원해진 요나는 굉장히 즐거워합니다.

그런데 즐거운 것도 잠깐 이번에는 하나님이 파송하신 벌레가 그 박 넝쿨을 씹어서 하루 만에 말라죽게 하십니다. 박 넝쿨도, 벌레도, 하나님의 말씀에 순종하고, 우리에게 일어나는 모든 일들에 우연이 없다는 것은 얼마나 놀라운 일인지! 하여튼 요나가 몹시 기뻐한 박 넝쿨, 그들은 사라져 버리고 그 다음날 해가 뜰 때는 너무도 강한 뜨거운 동풍이 불어와 요나의 정신을 혼미하게 만들어 버립니다. 여기서 요나는 또 폭발합니다.

"해가 뜰 때에 하나님이 뜨거운 동풍을 예비하셨고 해는 요나의 머리에 쪼이매 요나가 혼미하여 스스로 죽기를 구하여 이르되 사는 것보다 죽는 것이 내게 나으니이다 하니라"(욘4:8)

하여튼 성질 한번 대단합니다. 그늘이 없어지면 다른 곳으로 가면 될 일이지 이렇게 사소한 일에도 죽겠다고 난리입니다. 조금만 만사가 자기 마음대로 되지 않아도 펄펄뛰는 사람.. 그게 바로 요나이며 바로 우리 자신의 모습이기도 합니다.
하나님께서는 다시 그에게 물으십니다.
"네가 이 박 넝쿨로 말미암아 성내는 것이 어찌 옳으냐"(욘4:9)

여전히 기세가 등등한 요나가 대답합니다.
"내가 성내어 죽기까지 할지라도 옳으니이다"(욘4:9)

정말 기가 막힌 대답입니다. 그런데 바로 이 장면에서 요나서의 클라이맥스가 나옵니다. 이것이 요나서의 주제인 것이죠.
너무나 좁고, 어리석고, 관용과 사랑이 부족한, 성질만 불같은 요나에게 하나님께서는 너무나 따뜻하게, 부드럽게, 그리고 사랑의 톤으로 자상하게 가르치시는 것입니다.

"여호와께서 이르시되 네가 수고도 아니하였고 재배도 아니하였고 하룻밤에 났다가 하룻밤에 말라 버린 이 박넝쿨을 아꼈거든 하물며 이 큰 성읍 니느웨에는 좌우를 분변하지 못하는 자가 십이만여 명이요, 가축도 많이 있나니 내가 어찌 아끼지 아니하겠느냐 " (욘 4:10, 11)

바로 이 말씀, 이 메시지를 가르치시기 위하여 하나님께서는 이 모든 것을 준비하셨던 것입니다. 박 넝쿨, 벌레, 동풍뿐만이 아니라 바람, 파도, 큰 물고기.. 그 모든 것을 말입니다.

그 파도도, 바람도, 물고기도 다 하나님의 사랑을 가르치기 위한 소품이었고, 그렇기 때문에 그 바람도 파도도 사랑이었던 것입니다. 하나님 아버지의 마음이 실려 있었던 사랑이었던 것입니다.

관용이 없고 사랑이 없고 용서하지 못하는 편협한 자기의 백성을 따뜻한 사람으로 변화시키기 위하여, 아름다움을 가르치시기 위하여 그분은 그토록 애쓰셨던 것입니다.

그분께서는 요나의 마음을 잘 알고 계셨습니다. 그의 원수가 다 멸망하는 것을 요나가 원한다는 것을 그 분은 잘 알고 계셨습니다. 그러나 그분은 결코 요나의 소원대로 할 수 없으셨던 것입니다. 왜냐하면 그분은 사랑이시며, 그것은 아버지 하나님의 본성이시기 때문입니다.

그분이 멸망을 선포하는 것은 경고를 받고 돌이켜 그분의 뜻에 돌아오게 하시기 위한 것이지 결코 멸망을 기뻐하는 것은 아닙니다.

그러나 요나는 그것을 오해하였습니다. 요나에게 있어서 그들은 원수였습니다. 그러나 하나님께는 그렇지 않았습니다.

주님은 그들도 창조하셨습니다. 그런 의미에서는 그들도 하나님의 자녀인 것입니다. 다만 집을 떠나있는 자녀인 것입니다.

하나님의 메시지는 분명합니다. 요나야, 네가 박 넝쿨을 좋아하고 기뻐하듯이 나도 그들을 사랑하고 기뻐한다. 그들은 너와 원수일지 모른다. 물론 그들은 죄인들이다. 그러나 그들도 나의 자녀들이다. 나의 피조물들이다. 나는 너를 사랑하는 것처럼, 너의 민족을 사랑하는 것처럼 그들도 사랑한다. 그리고 너와 네 민족을 선택한 것도 너희만을 위한 것이 아니라 너희를 통해서 나의 사랑이 흘러갈 수 있도록 통로로 사용하기 위한 것이었다.

나는 그들의 부족함 때문에, 어리석음 때문에도 그들을 사랑한다. 그들이 좌우도 제대로 분별하지 못하는 사람들이므로 나는 그들을 사랑한다.

너는 나의 종이 아니냐? 너는 왜 그들을 용서하지 못하고, 그들을 사랑하지 못하느냐?

이것이 요나에 대한 하나님의 메시지였던 것입니다.

이 드라마틱한 이야기는 여기에서 끝이 납니다. 이 하나님의 말씀에 대한 요나의 반응은 기록되어 있지 않습니다.

그는 과연 이 아름답고 따뜻한 하나님의 음성에 마음이 녹아내려 회개하고 새로운 차원의 믿음생활을 시작했을까요? 아니면 여전히 그의 강짜를 부리면서 하나님 아버지의 마음을 아프게 했을까요?

우리는 그 해답을 알지 못합니다. 아마 천국에 가서 만나면 요나에게 직접 물어봐야 되겠지요. 나는 이 책의 마지막에 요나의 대답이 기록되지 않은 이유는 그 대답을 우리에게 맡겨두셨기 때문이 아닌가 생각합니다.

누가복음 15장에 등장하는 탕자의 귀향하는 사건의 끝 부분도 요나서와 비슷합니다. 돌아온 동생에 대해서 맏아들 형은 분노합니다. 그는 잔치에 참석하는 것을 거절합니다. 그 때 아버지는 형에게 다가와서 타이릅니다.

"아버지가 이르되 얘 **너는 항상 나와 함께 있으니 내 것이 다 네 것이로되** 이 네 동생은 죽었다가 살아났으며 내가 잃었다가 얻었기로 우리가 즐거워하고 기뻐하는 것이 마땅하다 하니라"(눅15:31-32)

아버지는 사랑이 없고 매정한 맏아들을 꾸짖지 않았습니다. 자기가 아버지 명을 어김이 없었다고 주장하면서 왜 저런 못된 동생에게 자비를 베푸느냐고 화를 내는 맏아들을 꾸짖지 않았습니다. 너는 왜 그리 아버지의 마음을 모르고 율법적이며 매정하냐고 꾸짖지 않았습니다.

아버지는 부드럽게 그를 달래며 잃었다가 살아난 동생, 죄를 지었다가 돌아온 동생을 위한 잔치에 참석하자고 부드럽게 권면했습니다. 이에 대한 형의 반응도 성경에는 기록되어 있지 않습니다. 요나가 하나님의 부드러운 가르치심에 어떻게 대답할지, 형이 아버지의 사랑의 권유에 어떻게 답할지.. 그것은 이제 우리에게 맡겨져 있는 것입니다. 이제 이야기는 끝났고 그 마무리는 우리에게 달려 있는 것입니다.

사도행전의 드라마는 28장의 끝 부분에 아주 애매하게, 어설프게 끝이 나는데 그것은 예수님의 제자된 우리 모두에게 각자가 사도행전 29장을 계속 쓰라고 하시는 명령인 것입니다.

그와 같이 요나가 대답하지 않은 부분을 우리가 대답해야 하는 것입니다. 왜냐하면 하나님께서 마지막으로 요나에게 하신 질문은 바로 우리 자신에게도 던져진 가르침이요, 질문이기 때문입니다.

사랑하는 자녀들아, 내가 너희를 사랑한 것처럼 너희도 너희의 원수를 사랑할 수 있느냐? 그들을 용서할 수 있느냐?

너희를 괴롭히고, 배반하고 상처를 주고, 모함하고, 아프게 한 모든 사람들을 너희는 그리스도의 사랑으로 관용하고 용서할 수 있겠느냐? 그들을 불쌍하게 여기고 사랑할 수 없겠느냐?

이것은 지금 이 순간에도 계속 우리에게 던져지고 있는 주님의 질문입니다. 이 질문에 대하여 과연 우리는 어떻게 대답해야 할까요. 나는 우리가 아래와 같이 대답할 수 있기를 바랍니다.

주님, 저희도 그것을 원합니다.
저의 성향에 맞지 않는 사람들, 무례한 사람들, 저희에게 고통을 준 사람들, 그들을 진정 사랑하고 용서하며 따뜻한 시선으로, 관용의 마음으로 품어주고 싶습니다.
하지만 주님, 저희는 스스로의 힘으로 할 수 없다는 것을 너무도 잘 알고 있습니다. 여태껏 수없이 시도해 보았지만 항상 실패했으니까요.
그러니, 오, 주님. 당신께 기도드립니다. 저희에게 오셔서 이 사랑의 영을, 용서의 영을, 허락해주십시오.
주님의 사랑을, 주님의 마음을 저희에게 주십시오.
주님께서 오셔서 저희를 지배하실 때,
저희는 비로소 원수를 사랑할 수 있게 될 것입니다.
용서할 수 있게 될 것입니다.
오, 주님, 지금 이 순간에 오셔서 저희를 충만하게 사로잡아 주십시오.
저희를 채워주십시오.
오직 당신의 은혜를 간절히 기다릴 뿐입니다.
오, 주님, 진정 당신을 사랑합니다. 그리고 찬양합니다.
끝없는, 변치 않으신 영원한 당신의 사랑으로 인하여
너무나, 너무나 감사드립니다.
영광을 아버지께 올리며, 주의 이름으로, 아멘.

우리 모두가 이렇게 기도할 수 있다면
그것은 은혜의 시작이 될 것입니다.
그렇게 기도할 때
그분께서는 우리에게 오셔서
조금씩, 조금씩
우리 안에 그분의 마음, 사랑과 긍휼을
심어주실 것입니다.
날마다 우리에게
환경과 삶을 통하여
사랑과 관용을 자상하게 가르치시는
그분의 은혜를 찬양합시다.
오, 우리에게
그분의 가르침을
들을 수 있는 귀가 열리기를!
주님께 감사. 할렐루야.

6. 보이지 않는 아름다움을 볼 수 있는 눈

사람들은 누구나 다 아름다움을 좋아합니다. 그것은 하나님께서 사람에게 행복한 삶을 누리기 위하여 허락하신 귀중한 특권인 것 같습니다. 그러나 진정한 아름다움을 발견하고, 또 그것을 가꾸어 가는 능력은 각 사람의 영적 성숙도에 따라 차이가 있는 것 같습니다.

아름다움에는 육체의 눈으로 볼 수 있는 외면의 아름다움과 마음의 눈, 내부의 눈으로 볼 수 있는 내면의 아름다움이 있습니다. 외면의 아름다움은 사람들, 특히 여성들의 외모가 있고 또한 하나님이 지으신 자연의 아름다움이 있겠지요.

여성들 중에서도 분명히 용모에서 매력을 풍기는 분들이 있습니다. 물론 그러한 외적인 아름다움이 내면의 아름다움과 성숙을 반드시 동반하는 것은 아닙니다. 남성들이 여성들의 내적인 아름다움을 분별할 수 없어서 단순히 외면의 매력에 끌리게 되면 그것은 비극의 시작입니다. 인류는 이러한 실수를 계속 반복하여 왔고 역사의 교훈을 배우면서도 별로 나아지는 기미가 보이지 않습니다. 그만큼 외적인 아름다움은 우리를 매혹시키는 면이 있습니다.

자연의 아름다움이 주는 기쁨, 안식, 치유의 효과도 매우 놀라운 것입니다. 이 때문에 수많은 사람들이 여행을 좋아하는 것이겠지요. 심신이 피곤해져 있을 때에 낯선 곳, 알지 못하는 곳으로 떠나 그 자연의 아름다움에 젖어들 수 있다면, 그것은 우리에게 충분한 휴식과 회복을 제공하기 때문입니다.

아무튼 사람들은 아름다운 것을 보는 것을 좋아합니다. 그러기 때문에 기차를 타거나 버스를 타면 창가 옆으로 즐거이 앉고 바깥을 향해서 맹목적으로 시선을 던지게 되는 것입니다.

이 보는 것을 좋아하는 특성을 통해서 사탄은 얼마나 많은 그리스도인들을 실족시켰는지요! 하와에서부터, 하나님의 사람 다윗, 삼손 등 수많은 사람들에 이르기까지 이 눈의 유혹에서 자유로운 사람은 거의 없었습니다. 선지자급의 사람들이 그 정도라면 보통의 사람들은 어떠하겠습니까?

이 때문에 성경에서는 안목의 정욕, 보는 것을 즐기는 성향을 조심하라는 여러 경고들이 있지만 그것은 사람들에게 있어서 여전히 어려운 것 같습니다.

그러나 도저히 길이 없는 것만은 아닙니다. 앞에서 언급한대로 아름다움에는 외면의 아름다움만 있는 것이 아닙니다. 내면의 아름다움도 있습니다.

그것은 마음의 아름다움입니다. 성숙된 영혼에서 우러나오는 인품의 향기입니다. 이 내면의 아름다움은 화려한 것은 아니지만, 소박하고 잔잔한 아름다움을 보여줍니다. 거기에는 겸손함, 예의바름, 친절함, 상대방에 대한 배려, 사려 깊음 등의 열매가 같이 나타나게 됩니다.

영혼이 성장해서 겉으로 보이지 않는 이 내면의 아름다움에 눈을 뜨게 되면 이러한 내적 아름다움이 결여된 외모만의 매력이 초라하고 빈 껍질같이 보여서 별로 마음이 끌리지 않게 되는 것입니다.

외모가 아름다운 여성들은 어렸을 때부터 사람의 내면을 볼 줄 모르는 대다수의 사람으로부터 칭찬과 사랑을 받고 자라게 되어 내적인 아름다움을 발전시키기가 매우 어렵습니다. 겸손함, 순종, 희생.. 이런 열매를 발전시키기 어렵고, 그러므로 이기적이고 고집이 센 사람이 되어가며 섬기지 못하며 부당한 상황이나 억울한 대우를 참지 못하는 것입니다.

나는 외모는 아름다우나 내면이 거의 훈련되지 않은 거칠고, 어린아이와 같은 여성들을 많이 보았습니다. 또한 그러한 여성의 외모에 이끌려 사랑을 하고 결혼을 하는 많은 형제들을 보았습니다.

그들을 보면서 그들의 가정의 앞날에 닥칠 풍파와 고통을 생각하며 몹시 안쓰럽게 느낀 적도 많았습니다. 불행히도 그들은 많은 눈물과 고통의 대가를 지불한 후에야 나의 충고를 듣지 않은 것을 후회하는 모습도 보았습니다.

하지만 누가 그것을 비난할 수 있을까요. 사람들은 누가 뭐라고 이야기하든 자기가 경험하지 않은 것은 믿지 않으며 다른 사람들과 자기는 다르다고 생각합니다. 사랑은 모든 것을 극복한다고 생각합니다. 영혼의 눈이 열리기 전까지, 사람의 내면을 볼 수 있는 시각이 열리기까지 사람은 누구나 고통의 대가를 지불할 수밖에 없는 것입니다.

영성의 길, 내면의 길을 발견하고 그 길을 걸으면서 영혼의 감각이 어느 정도 깨어나게 되면 다른 사람들의 마음과 영혼의 상태를 조금씩 감지하게 됩니다. 그리고 사람들의 영적 발전 상태를 느끼게 됩니다. 그렇기 때문에 외모가 아름다워도 거칠고 자기중심적이며 육적인 욕망으로 가득한 이들을 보면 어린아이로서 돌보고 사랑해 주어야 할 필요는 느끼지만, 향기 없는 꽃과 같이 매력이 없는 죽은 생명으로 보이게 되는 것입니다.

이것은 남성의 경우도 마찬가지입니다. 그가 학벌이 뛰어나고 재산이 많으며 많은 사회적 성취를 이루었다고 해도 그의 영혼의 수준이 낮고 어리다면 그는 영원한 세계에서도 비참하지만 이 땅에서도 참된 행복을 경험하지는 못할 것입니다. 왜냐하면 이 땅에서의 천국은 여기에, 저기에 있는 것이 아니라 우리의 마음속에 있기 때문입니다. (눅17:21)

진정한 아름다움은 외적인 것이 아니며 내면의 상태에서 오는 것이라는 사실은 명백합니다. 영적인 눈이 열린 사람들은 그러한 아름다움, 대부분의 사람들에게 보이지 않는 아름다움을 발견할 수 있을 것입니다.

그러한 눈, 보이지 않는 아름다움을 발견할 수 있는 사랑의 눈을 보여주시는 분이 있습니다. 그분은 바로 주님이십니다. 주님의 눈은 모든 이들에게 누추하고 한심스럽게만 보이던 이들의 감추어진 내적인 아름다움을 발견하셨고 가까이 불러주셨습니다. 주님의 눈은 사랑의 눈이며 긍휼의 눈이셨기 때문에 그들을 아름답게 보아주셨던 것입니다.

주님께서 이 땅에서 사역하실 때 그분께서 친밀하게 지내셨던 사람들은 모든 사람들이 다 욕하고 싫어하는 죄인들이었습니다.

그들은 세리와 창기로 대표됩니다. 그렇습니다. 그들은 외적인 아름다움도 없었지만 그들의 내면이라고 해서 별로 나을 것도 없었습니다. 그런데도 예수님께서는 그들을 아름답게 보아주시고, 사랑하셨던 것입니다. 그 이유는 무엇일까요? 왜 주님은 그들을 아름답게 보셨을까요?

창기 - 동서고금을 막론하고 이것은 별로 고상한 직업은 아닙니다. 또한 어지간히 양심이 마비되지 않고서는 이러한 직업에 긍지를 느끼는 분은 아마 없을 것입니다.

그들은 대부분 원하지는 않지만 어쩔 수 없이 그런 길에 들어서게 되었을 것입니다. 하지만 그들은 어떤 면에서는 피해자일지는 모르지만, 또한 그들로 인하여 얼마나 많은 가정들이 파괴되고 있는가 하는 면에서 그들은 피해자이면서 사람들에게 해를 끼치고 있는 가해자인 것입니다.

세리 - 그들도 마찬가지입니다. 우리는 '세리' 하면 순진한 어린아이와 같은 이미지의 삭개오를 먼저 떠올립니다. 그러나 당시의 사회에서 세리라는 직업은 사실상 너무나 잔인하고 철면피한 직업이었습니다.

자기를 정복한 나라의 사람들의 수하에서 자기의 이익을 위하여 가난한 사람들을 압제하여 불합리한 세금, 폭리를 취하는 것.. 그것은 누가 보아도 결코 아름다운 마음을 소유한 사람들의 행동이라고는 할 수 없는 것이었습니다. 그리고 그렇게 자기의 지위를 이용해서 어려운 사람을 괴롭히는 사람을 좋은 사람이라고 할 수는 없겠지요.

그러나 이들 세리와 창기에게는 주님이 불쌍하게 보시고 친근하게 대해 주셨던 유일한 요소가 있었습니다. 그것은 그들이 자신이 죄인임을 잘 알고 있었다는 사실이었습니다.

그들은 자신들이 악인이고 죄인이며 구원이 필요하다는 것을 잘 알고 있었습니다. 그들은 자기 스스로도 자신을 어쩔 수 없다는 사실을 깊이 인식하고 있었으며 진정 도움을 필요로 하는 사람들이었습니다.

그러나 바리새인, 서기관들은 겉보기에는 훌륭한 사람들이었고 존경까지 받고 있는 사람들이었으나 속에는 치명적인 악과 교만이 있었습니다. 그것은 자신들을 의로운 사람으로, 괜찮은 사람이라고 여기고 있었다는 사실입니다.

수많은 악을 가지고 있으나 자신이 죄인인 것을 잘 알고 있는 사람, 그리고 별로 그렇게 많은 악을 가지고 있지는 않지만 자신이 그렇게까지 죄인은 아니라고 생각하는 사람.. 당신은 주님께서 누구에게 찾아가시리라고 생각하십니까? 그 대답은 너무나 명백합니다. 물이 높은 곳에서 낮은 곳으로 흐르듯이 주님의 은혜는 낮은 심령, 갈급한 자들을 향하여 움직입니다. 그리고 이것이 바로 구원의 원리인 것입니다.

낙심하고 절망하여 간절하게 주를 찾는 자들을 주님께서는 결코 버리시지 않으십니다. 비록 그들이 더럽고 누추하고 악한 사람들이라도 말입니다! 주님의 눈에는 그들이 불쌍하고, 또한 아름답게 보이는 것입니다.

배부르고 여유 있는 자들에게, 그분을 찾지 않아도 스스로 옳다고 믿고 의롭다고 믿으며 자기는 훌륭하다고 생각하는 사람들에게 주님은 결코 오시지 않습니다. 주님이 보시기에 그들은 악한 사람들입니다.

갈증과 열망, 자기 한계에 대한 인식과 절망은 얼마나 주님의 은총을 우리에게 끌어당기는 요소가 되는지요! 어린아이의 울음소리가 엄마의 마음을 사로잡듯이 주께 대한 갈증은 주님의 마음을 움직입니다. 외모도, 내면도 아름답지 않지만, 진정 그분을 필요로 하고 구하는 자들을 주님께서는 몹시 사랑하시고, 기뻐하시는 것입니다.

오래 전에 신문에서 보았던 어떤 사형수의 이야기가 생각이 납니다. 그는 한 때 신문지상을 몹시 요란하게 장식했던 사람이었습니다. 그는 술집에서 동침을 거절하는 여 종업원 두 명을 친구와 함께 목을 잘라서 죽였습니다. 그 잔인함 때문에 언론은 경악했고 경찰과 언론은 그들을 체포하기 위해 날마다 그들의 행적을 추적했습니다. 그는 대담하게도 대낮에 명동의 미용실들을 털기도 했습니다. 그래서 세간의 화제가 되었고 공포의 대상이 되었습니다.

그는 무척 가난한 집에서 자라났습니다. 어린 시절을 가족들의 관심이나 사랑을 거의 받지 못하고 자랐습니다. 소년시절의 어느 날 그는 평소에 너무나 갖고 싶었던 자전거 하나를 훔치게 됩니다. 본인의 말로는 잠시 빌려 탔던 것이라고 하는데 아무튼 그는 절도죄로 잡혀서 소년원으로 가게 되었습니다.

소년원은 그에게 새로운 세상이었습니다. 그는 불행한 것이 자신만이 아닌 것을 발견하게 됩니다. 비슷한 처지의 소년들, 그러나 그보다 조금 더 앞서서 범죄의 길에 빠졌던 그들에게 그는 처음으로 용납되어진, 그런 기분을 느낍니다.

그는 거기에서 여러 가지 범죄에 대한 지식과 요령을 배웁니다. 그가 취조과정에서 한말, '소년원은 범죄대학원이다' 라는 말은 사회에 엄청난 반향을 일으켰으며 재소자들의 교육과 관리에 대한 여론을 환기시키기도 했습니다.

그는 얼마 후 형기를 채우고 나옵니다. 그러나 그 후에 그는 전보다도 더 불행하고 전보다도 더 고독해졌습니다. 그를 아는 모든 사람들이 전과자취급을 하면서 그를 멀리 했던 것입니다. 아무도 그를 받아주지 않았습니다. 그는 너무나 외로웠고, 사랑과 교제에 굶주려 있었습니다.

그러던 중 그는 먼저 범죄의 길에 들어서 있었던 학교의 선배를 만났습니다. 함께 살인을 저질러 같이 붙잡히게 된 그 형이었습니다. 그는 처음으로 그 형을 만났을 때 따뜻함을 느꼈다고 했습니다. 그는 그를 처음으로 인간취급을 해 준 유일한 사람이었다고 합니다. 그 뒤로 그들은 같이 지내며 그들을 받아주지 않는 사회에 대한 분노와 비뚤어진 마음으로 각종 범죄를 저지르게 되었습니다. 그리고 그 두 사람의 종말은, 이미 이야기한 대로 비참하게 끝나고 말았지요.

그 두 사람은 실제로 살인뿐만 아니라 여러 사람들을 다치게 하고 피해를 주었습니다. 외형으로 나타난 결과만을 두고 볼 때 분명히 그들은 흉악범입니다.

그러나 만약에, 누군가가 그를 받아주었다면, 결과는 어떻게 나타났을까요. 아직 그가 충분히 범죄의 세계로 들어가기 전에 그를 누가 이해해주고 용납해 주었었더라면, 과연 그의 인생은 어디로 전개되었을까요.

앞서서 범죄의 길을 걸어간 선배가 그를 받아준 것이 아니라, 하나님을 알고 있는 사람, 받을 자격이 없는 자에게 풍성한 사랑을 베푸시는 하나님의 사랑을 알고 있는 사람이 먼저 그를 받아주었다면 그 결과는 어땠을까요. 누군가 그에게 다가가서 '당신은 참으로 아름다운 존재입니다. 당신은 너무나 귀한 하나님의 사람입니다. 하나님께서 당신을 사랑하십니다. 그리고 나도 당신을 사랑합니다.' 라고 말해주었다면 과연 그 결과는 어떻게 되었을까요.

신출귀몰한 도망자로 이 땅을 떠들썩하게 했던 사람이 있었습니다. 그가 신앙생활을 하고 있는데 그 계기가 그가 도둑질을 하기위해 침입했던 어떤 집에서 만났던 그리스도인 때문이었다고 합니다.

그 그리스도인은 도둑인 이 사람을 따뜻하게, 인간적으로 대우해 주면서 그에게 신앙을 가질 것을 권유했다고 합니다. 그것이 그의 굳어진 마음, 닫힌 마음을 열었던 것입니다. 그는 그 집주인인 그리스도인에게 사과를 하면서 앞으로 꼭 신앙생활을 할 것을 약속했다는 것입니다.

앞에 언급한 그 범죄자에게도 누군가가 따뜻하게 대해주었다면 그를 진심으로 사랑해 주었더라면, 그의 운명도 바뀌었을지도 모르는 것입니다.

우리가 감옥에 갔다 온 적도 없고, 특별한 범죄행위를 한 적이 없고 법을 어겨본 적이 없다고 하더라도 과연 그들보다 윤리, 도덕적으로 우월하다고 할 수 있을까요?

누구나 분노의 충동이 일어납니다. 나를 괴롭힌 대상을 미워하고 보복하고 싶은 마음들이 있습니다. 누구나 그러한 충동과 싸웁니다.

어떤 이들은 그런 싸움에서 실패했고, 우리는 덜 실패했습니다. 그렇다면 우리는 나은 것일까요? 그들은 좀 더 열악한 환경에서 자랐고, 학대와 미움을 받고 자랐으며 우리는 조금 더 나은 여건에서 살아왔을지 모릅니다. 우리는 나은 것일까요? 그들은 그들의 속에 있는 악들이 드러났고, 우리는 아직 악을 마음속에만 가지고 있을 뿐 아직 밖으로 드러나게 하지는 않았습니다. 우리는 나은 것일까요?

어쩌면 우리의 용기가 부족했기 때문에 속으로만 미워하고 속으로만 분노하고 있을지도 모릅니다. 그렇다면, 모든 사람의 마음을 아시는, 사람의 폐부를 살피시는 주님 앞에 갔을 때, 과연 우리는 그들보다 나은 심판을 받으리라고 확신할 수 있을까요?

나는 겉으로 온유하고 부드러우며 교양 있고 세련되어 보이는 언행을 가진 이들이 오히려 심령은 굳고 완악한 모습을 가지고 있는 모습을 많이 보았습니다. 입은 매끄럽지만 속은 그렇지 않은 경우를 많이 보았습니다.

그러나 겉보기에 거칠고 사납게 보이는 분들이 오히려 심성이 곱고 순수한 경우가 많았습니다. 외모도 아름답지 않고 그래서 접근하기 어려운 이들이 조금만 친절하게 해 주어도 몹시 좋아하고 고마워하는 모습들을 많이 보았습니다.

하나님께서는 사람의 중심을 살피십니다. 그러므로 마지막 심판 날에 나타나는 결과들은 우리의 생각과 전혀 다르게 나타날지도 모릅니다. 존경받던 사람이 낮은 자리에 서게 되며 무시당하던 사람이 주님이 기뻐하시는 높은 자리에 가게 될지도 모릅니다. 주님의 눈은 오직 숨은 마음의 속을 보시기 때문입니다.

세상이 두려워하는 흉악범.. 그러나 그들은 누군가의 사랑에 굶주려 있는 연약한 어린아이에 불과했습니다. 우리가 그들의 외모와 밖으로 풍기는 이미지만 보지 않고 감추어진 그들 내면의 연약함과 애처로움을 볼 수 있는 눈이 있다면 아마 우리는 그들을 사랑하고 친구가 될 수 있을지도 모릅니다. 그들은 범죄의 길로 들어가지 않았을지도 모릅니다.

나는 가끔 인터넷에 들어가 바둑을 둡니다. 물론 바둑 자체보다는 사람을 사귀고, 돕고, 영혼을 얻기 위해서입니다. 나는 바둑의 고수이기 때문에 나의 바둑을 구경하려고 항상 많은 사람들이 몰려듭니다.

그들은 여러 가지 재미있는 대화도 하며 질문도 하며 즐겁게 바둑구경을 합니다. 그런데 자신의 모습이 드러나지 않는다는 사이버 공간의 특성 때문에 야비한 말투나 욕설을 내뱉는 사람들, 매너가 없는 사람들도 많이 있기 마련입니다. 한번은 바둑을 두고 있는데 입이 거친 사람이 와서 마구 험악한 욕을 해대었습니다. 다른 관전자들은 모두 흥분했습니다. 그들은 방의 주인인 방장에게 이 참석자를 내쫓든지 벙어리를 만들라고 요청을 했습니다. 방장은 그러한 권한을 사용할 수 있도록 프로그램이 되어 있는 것입니다.

침입자는 다시금 욕설을 퍼붓고 떠나가 버렸습니다. 남은 관전자들이 바글바글 성토를 하고 있을 때 나는 하나의 글을 띄웠습니다.

"왜 그리 흥분하죠? 저분도 우리의 친구예요."

관전자들은 '헉!', '아니' 그런 반응을 보였습니다.

나는 다시 글을 올렸습니다.

"저분도 나름대로 훌륭하고 아름다운 분이에요."

관전자들의 반응은 다시 엇갈렸습니다.

"그럴리가요." 또 어떤 이는 "목사님의 이야기라면 무조건 맞아요." 하는 이도 있었습니다.

다른 분이 물었습니다.

"무엇이 훌륭하죠?"

나도 대답했습니다.

"매너가 없는 분들은 부드러움과 아름다움의 가치를 돋보이게 해줍니다."

잠시 침묵이 있었습니다. 조금 후에 어떤 여자 분이 글을 올렸습니다.

"고수님은 시인이시군요."

다른 분들의 반응이 이어졌습니다.

"목사님이세요."

"아아, 어쩐지.."

거칠어졌던 분위기는 어느 새 화기애애한 분위기로 바뀌었습니다.

사람들은 누구나 아름다운 사람을 좋아합니다. 사랑 받을 만한 사람을 사랑합니다. 성격도 밝고 예의도 바르며 나의 기분을 상하게 하지 않는 밝고 매력적인 사람들을 좋아합니다.

그러므로 어떤 사람이 거칠고 무례하고 어둡고 심히 우울하며 망가져 있다면 아무도 그를 좋아하지 않습니다. 그러나 주님도 과연 그러실까요?

주님께서는 이렇게 말씀하셨습니다.

"너희가 너희를 사랑하는 자를 사랑하면 무슨 상이 있으리요 세리도 이같이 아니하느냐 또 너희가 너희 형제에게만 문안하면 남보다 더하는 것이 무엇이냐 이방인들도 이같이 아니하느냐"(마5:46,47)

그것은 나의 입장, 나의 이해관계, 나의 기분, 나의 감정을 초월하는 사랑에 대하여 말씀하신 것입니다.

외형이 거칠어 보이는 분들. 그들은 사실은 속이 여린 사람들입니다. 그들은 진정 사랑이 필요한 사람들입니다. 주님께서는 오히려 그러한 분들을 찾으십니다. 아니, 어떤 면에서 그들은 속이 아름다운 사람들입니다. 아니, 진정한 아름다움의 가능성을 가지고 있는 사람들입니다.

만일 우리에게 그러한 아름다움을 볼 수 있는 눈이 있다면 얼마나 좋을까요. 겉으로 보이지 않는 그러한 감추인 아름다움을 발견할 수 있는 눈이 있다면 얼마나 좋을까요.

그래서 영적으로 어린 사람을 향해서 사랑과 아름다움을 느껴가고 그들을 도와줄 수 있다면 얼마나 좋을까요. 진정 성숙한 사람을 좋아하는 것은 누구나 할 수 있는 일이니까 말입니다.

사람들의 어두움 속에서 그 내면의 아름다움을, 사랑스러움을 볼 수 있는 눈이 있는 사람은 진정 행복한 사람일 것입니다.

그는 어디에 있어도 행복합니다. 그는 도둑을 보아도 사랑스럽고, 악한 사람을 보아도 사랑스럽습니다. 그는 욕하는 사람을 보아도 귀엽고 무례한 사람을 만나도 성심 성의껏 대해 줍니다. 왜냐하면 상대방이 예쁘게 보이고 사랑스럽기 때문입니다.

우리 모두가 날마다 이러한 시각을 가지고 살 수 있으면 얼마나 좋을까요. 그러나 우리는 그것이 쉽지 않다는 것을 압니다.

거기에 도달할 수 있는 유일한 길.. 그것은 주님께 기도하는 것뿐입니다. 주님께 그 사랑의 마음, 따뜻한 눈, 신령한 눈을 달라고 기도하는 길 밖에는 다른 것이 없는 것입니다. 왜냐하면 그러한 눈은 오직 주님만이 가지고 있는 눈이시며 그러한 마음은 곧 하나님 아버지의 마음이기 때문입니다.

진정 행복하고, 진정 사랑하는 사람이 되기 위하여 우리 모두에게 이러한 은혜가 주어지기를 우리는 간절히 기도하여야 할 것입니다. 할렐루야.

7. 힘과 정의와 사랑

어떤 건강하고 용감한 청년이 있었습니다. 그 청년은 각종 스포츠와 운동으로 다져진 다부진 몸매를 가지고 있었고 쿵푸의 유단자이기도 했습니다. 그는 항상 자신감에 넘쳐있었고, 정의감에 불타있었습니다.

어느 날 그는 기차를 타고 어디론가 가게 되었는데 그만 불한당과 마주치게 되었습니다. 조용하고 평화롭던 객실에 어떤 덩치가 몹시 큰 사내가 대낮부터 술이 취한 채 아우성과 욕설을 퍼부어 대며 올라 탄 것입니다.

겁이 난 여자들과 어린이들은 비명을 질렀고, 남자들은 눈을 감고 잠을 자는 시늉을 하고 아무도 그와 눈을 마주치려 하지 않았습니다. 덩치가 몹시 큰 주정뱅이는 한 손에 술병을 든 채로 계속 욕설을 퍼부으며 청년에게로 가까이 오고 있었습니다.

청년은 마침 기차에 자리가 없어 통로 가운데에 서 있었는데, 그 불한당을 보면서 내심 회심의 미소를 흘렸습니다. 덩치는 저쪽이 훨씬 더 크고 사나와 보였지만, 청년은 그가 자기의 적수가 될 수 없다는 것을 잘 알고 있었던 것입니다.

그는 그 주정뱅이를 향하여 싸늘한 시선을 던졌습니다. 그는 저렇게 난폭하게 사람들에게 공포감을 심어주는 사람을 그대로 내버려 둘 수 없었습니다. 모든 남자들이 그 불한당을 두려워했지만 청년은 자신이 있었습니다. 그 술에 취한 주정뱅이는 이 청년을 발견하자 그의 도전적인 모습에 화가 치밀었는지 더욱 큰 소리로 욕을 하면서 따라왔습니다.

"너는 뭐야? 응? 이놈아!"

그는 다짜고짜로 청년을 향하여 거칠게 다가오기 시작했습니다. 한방 먹이려는 생각이었겠지요. 청년은 그 자리에서 요동도 하지 않았습니다. 그는 내심 생각했습니다.

'흠, 너는 오늘 임자를 잘못 만난 것이다.'

그러나 그는 정의의 사도였기 때문에 먼저 상대방을 공격할 수는 없었습니다. 상대방이 먼저 그에게 공격을 하면 그는 그것을 받아넘기고 정당방위로, 정의의 사나이로서 그를 응징할 것입니다. 그러면 그 불한당은 땅바닥에 길게 드러눕게 될 것이고, 기차 안에는 평화가 찾아올 것이었습니다.

그는 조용히 그 자리에서 움직이지 않고 있으면서도 속으로는 상대방의 공격에 대비한 만반의 준비를 다 갖추고 있었습니다. 술 취한 주정뱅이는 이제 바로 코앞까지 왔습니다. 드디어 위기의 순간이 왔고, 사람들은 모두 숨을 죽였습니다.

그런데 바로 그 순간이었습니다. 청년의 바로 옆자리에 앉아있는 작은 노인 하나가 갑자기 그 둘의 사이에 끼어들었습니다. 노인이 그 불한당에게 말을 걸기 시작한 것입니다.

"이봐, 젊은이, 대낮부터 술이 많이 취했구먼."

불한당은 청년을 공격하려고 오다가 갑자기 누가 끼어들자 기분이 상했는지 버럭 소리를 질렀습니다.

"남이야 술이 취하든 말든 영감이 무슨 상관이야!"

그러나 그 불한당의 사나운 기세에도 흔들리지 않고 노인은 계속 질문을 했습니다.

"아, 그래요. 그러면 젊은이. 지금 어디로 가고 있지요?"

불한당은 짜증이 난다는 듯이 다시 말을 쏟아댔습니다.

"내가 어디를 가든지 영감이 알아서 뭘 하겠다는 거요?"
그러나 왠지 불한당의 사나운 기세는 조금 누그러진 느낌이었습니다.
노인은 말을 이어갔습니다.
"그래요? 그러면, 젊은이가 이야기를 하기 싫으면 내 이야기를 한번 해볼까요."
그러더니 노인은 따뜻하고 차분하게 그의 이야기를 계속 했습니다.
"사실 나는 지금 30년 만에 고향집에 내려가고 있는 중이요"
주정뱅이는 되물었습니다.
"30년?"
"그렇소. 사실은 얼마 전에 나와 평생의 동반자였던 내 아내가 죽었소."
주정뱅이는 무엇에 홀리듯이 노인의 이야기를 듣고 있었습니다. 그러다 보니 잔뜩 긴장해서 싸움을 준비하고 있던 청년은 성겁게 되고 말았습니다. 노인은 이야기를 계속해 나갔습니다.
"내 아내를 무덤에 묻어주고, 나는 지금 너무 그녀가 그립고, 외로운 상태라오. 그래서 30년 전, 내가 고향에서 그녀와 함께 지냈던 곳, 함께 거닐었던 곳을 한번 찾아보려고 가는 중이오. 그곳에 가면 왠지 나의 외로움, 그리움들이 치유될 것 같아서.."
노인의 표정은 매우 온화하였고 그의 목소리는 아주 따뜻하고 정감이 있었습니다. 청년이 보니 주정뱅이는 아예 그 노인이 앉아있는 의자 옆의 바닥에 주저앉아서 그의 이야기를 듣고 있었습니다. 그 바람에 청년은 싸울 필요가 없어지고 말았습니다.
노인의 이야기는 한참이나 계속 되었습니다. 그런데 그 노인의 이야기를 듣고 있던 주정뱅이는 갑자기 노인의 무릎 위에 자기의 그 큰 얼굴을 파묻더니 '흑!' 하고 울음을 터뜨리는 것이었습니다.

"영감님, 제 마누라가 아파서 죽어가고 있어요. 저는 뭐라고 위로를 해야 되는데 어떻게 해야 할지 모르겠어요. 모든 게 다 나 때문이죠. 엉엉엉.."

노인은 따뜻한 손으로 주정뱅이의 머리카락을 어루만졌습니다. 그는 부드러운 말로 주정뱅이를 위로했습니다. 인생살이에 있어서 부딪히는 어려움들, 그러나 그때 용기를 잃지 않고 잘 버티어내면 곧 행복한 일들이 생겨날 수 있다고. 그는 계속해서 물어보았습니다.

"젊은이는 하나님을 믿는가?"

주정뱅이는 고개를 흔들었습니다.

"아니오, 영감님. 어렸을 때는 다녔었는데 제가 죄를 많이 지어서, 엉엉, 저는 나쁜 놈이에요. 영감님. 아내와 자식들에게 나쁜 짓만을 하고. 엉엉엉."

노인은 주정뱅이에게 하나님께서 그를 사랑하신다고 말을 하며 그의 머리를 붙잡고 부드럽게 기도를 해주고 있었습니다.

그때쯤 해서 다음 역에 도착했고 쿵푸를 하는 청년은 거기에서 내리고 말았습니다. 사실 그는 몇 정거장을 더 가서 내려야했지만, 그는 자신이 너무 부끄러워서 계속 그 기차를 타고 있을 수가 없었던 것입니다.

그는 그의 힘으로, 폭력으로 그 못된 불한당을 응징하려고 했었습니다. 그러나 힘이 없고 연약한 그 노인은 따뜻함, 사랑과 온유한 말로서 그 불한당을 치유해 주었던 것입니다. 청년이 그를 징계해야 할 악인으로 보았다면 노인은 그를 상처입고 망가진, 치유가 필요한 불쌍한 존재로 보았던 것입니다.

우리들은 악인을 볼 때, 불의를 볼 때 분노합니다. 그리고 저런 사람은 혼내주어야 한다고 말합니다. 참자, 참자하면 한이 없다고, 상대가 우습게 본다고 말을 합니다. 그러나 그러한 사람들이 경험해왔을 아픔, 고독, 버림받음, 상처에 대하여서는 별로 관심을 두지 않습니다. 우리 자신은 비록 잘못된 행위를 해도 이해 받기를 원하면서도 상대방에 대하여는 날카로운 율법의 칼을 들이댑니다.

그러나 이 세상의 많은 어두움들은 무관심과 학대에서 기인하는 것이 적지 않습니다. 그리고 우리가 진정 가해자는 아니더라도, 적어도 우리의 눈에 띄는 사람들에게 대해서 주님은 우리에게 책임을 물으실지도 모릅니다.

소크라테스의 아버지는 석수였습니다. 그는 돌을 조각해서 먹고 살았습니다. 그는 아들에게도 자신의 가업을 물려주려고 했는데, 유감스럽게도 소크라테스는 돌을 조각하는 데에는 별로 소질이 없었던 것 같습니다. 일반적으로 정신영역과 사고의 영역이 발전된 사람은 손으로 하는 일에는 서투른 법이지요.

그가 돌을 제대로 조각하지 못하여서 자꾸 징으로 비싼 돌만을 깨뜨리자, 아버지는 그에게 이런 충고를 해 주었습니다.

"소크라테스야, 조각을 할 때 너무 긴장을 하지 말아라. 네가 사자를 조각할 때, 네가 사자를 만들어낸다고 생각하지 말아라. 다만 이 돌 속에 사자가 잠을 자고 있다고, 갇혀있다고 생각해라. 너는 그 사자를 깨우기만 하면 된다. 그 속에 있는 사자를 해방시켜주기만 하면 된다."

이 충고가 소크라테스에게 얼마나 도움이 되었는지는 알 수가 없습니다. 아니, 그가 석수장이로 기억되지 않고 철학자로서 기억되는 것을 보면 아마 그에게 이 충고는 그리 도움이 되지 않았던 모양입니다.

그러나 그 충고는 선명한 진리의 한 부분을 보여주고 있습니다.

누구나, 모든 사람이 자기의 깊은 마음속에 아름다움을 가지고 있습니다. 겉보기에 날카로워 보이는 사람도, 사나와 보이는 사람도, 무례해 보이는 사람도, 이기적으로 보이는 사람도.. 모두가 다 그 마음의 중심 속에는 하나님께서 부어주신 그분의 형상이 있으며 내면의 아름다움이 있습니다. 다만 개발되지 못했고, 밖으로 해방되어 나올 기회를 얻지 못했을 뿐 진정한 사랑스러움, 아름다움들이 그들의 속에서 감추어져 있고 잠을 자고 있는 것입니다.

자, 그렇다면 누가 그 아름다움을 깨울 수 있을까요? 누군가 그들의 속에 갇혀있는 사랑스러움을 밖으로 나오게 할 수 있을까요?

따뜻한 말은 사람의 속에 숨겨져 있는 따뜻함을 흘러나오게 하고 진정한 사랑은 역시 감추어진 진정한 사랑을 흘러나올 수 있게 합니다.

힘과 정의와 법은 사람을 변화시키지 못합니다. 그것은 옳지만 생명은 아닙니다. 그것은 질서를 유지시키지만 중심을 바꾸어놓지는 못합니다.

온 세상에 사랑이 없어서 모든 만물들이 죽어갑니다. 도처에 이해되지 않고 포용되지 않은 많은 영혼들이 어둡고 비참한 곳에서 죽어가고 있습니다.

그들이 필요한 것은 돈도, 명예도, 쾌락도 아닙니다. 그들의 영혼이 한결같이 울부짖는 것은 하나같이 '아무도 나를 사랑하지 않는다! 아무도 나를 이해하지 않는다!' 입니다. 모든 영혼들은 '아무도 나를 사랑하지 않는다!' 고 외치는 병에 걸려 있습니다.

오직 사랑과 이해와 용서만이 아름다운 영혼을 만드는 것입니다. 그 어떤 사람이든 충분히 용납되어만 진다면 아름답고, 고귀한 사람으로 발전되어 갈 수 있을 것입니다.

우리가 충분히 아름답게 성장하여 모든 사람의 안에 숨어있는 아름다움을 발견할 수 있으면 얼마나 좋을까요?

그들의 안에 숨어 있는 아름다운 모습을 보고 느끼며 그것을 끄집어 내 줄 수 있는 사람이 될 수 있다면 얼마나 좋을까요?

그것은 이 삭막하고 피곤한 세상에서 아름다운 천국의 기쁨이 가득하게 하는 귀하고 놀라운 사역이 될 것입니다.

오, 주님.. 우리를 이러한 도구로 사용하여 주시옵소서.

아멘. 할렐루야.

8. 사랑은 모든 것의 완성입니다

지금까지 우리들이 나누어왔던 기나긴 이야기를 이제는 마무리해야 할 때가 되었습니다. 그 마무리의 메시지는 역시 사랑입니다. 사랑이야말로 인생의 가는 길이며 우리의 목표이며 하나님의 의도이며 완성인 것입니다.

하나님의 지으신 세계에는 질서와 계도가 있습니다. 모든 이들은 하나의 체계에 속해 있습니다.

동물은 동물계, 식물은 식물계, 광물은 광물계에 속해 있습니다. 그러나 사람은 몸과 혼과 영을 가지고 있으며 곧 동물계, 인간계, 신계에 동시에 소속되어 있습니다.

동물은 땅에 속해 있을 뿐이지만 사람은 땅과 하늘에 동시에 속하여 있으며 그래서 어느 한쪽으로 발전되어 가는 것입니다.

동물계의 특성은 본능입니다. 그들은 지각이 없습니다. 그러므로 그들은 날카로운 이빨, 발톱, 빠른 발 등을 가지고 있어도 지혜를 사용하는 사람의 지배를 받게 되는 것입니다.

사람의 특성은 지혜요, 지각입니다. 사람은 이것을 사용해서 환경을 다스리고 자신과 타인을 지각합니다.

신적 세계의 특성은 사랑입니다. 인간의 세계가 논리요, 옳고 그름이 지배하는 영역이라면 영의 영역, 신의 영역은 사랑이 통치하는 것입니다.

사람은 몸을 통하여 이 땅과 접촉하며 혼, 즉 정신을 통하여 사람과 접촉하며 영을 통하여 하나님과 교통을 하도록 만들어졌습니다.

그러므로 사람은 태어날 때에 처음에는 동물과 비슷한 본능적인 삶을 시작하지만 차츰 진리의 세계를 추구하며 결국 사랑의 성숙을 통하여 하나님과 연합하고 사람과 연합하게 되는 것입니다.

영의 발달이 가장 미미한 사람의 정신은 그저 본능적인 수준에 머물러 있습니다. 그래서 그들은 먹는 것, 즐기는 것, 명예, 성공, 편안하고 안이한 삶에 만족하고 행복을 느낍니다. 그러나 영이 조금 더 발전하게 되면 그는 이 모든 것들에 회의와 허무를 느끼며 삶이란 무엇인가, 진리란 무엇인가를 연구하고 찾게 됩니다.

이 단계에서는 어느 정도의 기쁨을 경험할 수 있습니다. 그러나 진정한 행복과 천국은 마지막 단계인 신의 성품으로 올라가는 단계이며 그 영혼이 발전되어 사랑의 영으로 가득해 지는 단계인 것입니다.

"이로써 그 보배롭고 지극히 큰 약속을 우리에게 주사 이 약속으로 말미암아 너희가 정욕 때문에 세상에서 썩어질 것을 피하여 신성한 성품에 참여하는 자가 되게 하려 하셨느니라 그러므로 너희가 더욱 힘써 너희 믿음에 덕을, 덕에 지식을, 지식에 절제를, 절제에 인내를, 인내에 경건을, 경건에 형제 우애를, 형제 우애에 사랑을 더하라" (벧후1:4-7)

이렇게 사랑의 영으로 충만해질 때 그는 비로소 천국의 맛을 알게 되며 사랑의 하나님과 교통하게 되고 진정한 자유를 누리게 되는 것입니다. 그리고 그러한 영혼의 발달이 우리가 이 땅에서 살아가고 있는 가장 중요한 이유인 것입니다.

우리는 영혼의 성장을 위하여 이 땅에서 살고 있으며 영혼은 성장할수록 아름답고 거룩한 성품이 나타나며 사랑과 섬김, 온유와 따뜻함의 성향을 가지게 됩니다. 그리고 이를 통하여 우리는 하나님과 연합하게 되는데, 왜냐하면 그분의 속성은 사랑이시므로 우리가 아무리 그분을 갈망한다고 해도 그분과 속성이 다르면 함께 연합할 수 없기 때문입니다.

우리는 사랑이 발전한 수준만큼 하나님과 연합하게 됩니다. 그러므로 영성의 발전이 부족한 사람은 육체만 발달하여 육체의 영역에서 여러 가지 은사를 체험하고 육신적인 감각의 즐거움을 경험할 수는 있으나 그 체험은 한 때의 즐거움일 뿐 오래 가지 않으며 인격과 삶도 변화되지 않는 것입니다.

이러한 성장 과정들, 동물에서 인간계를 거쳐 신계의 차원으로 발전해 가는 상황, 즉 본능적이고 자연적 사람에서 지혜와 진리의 사람을 거쳐 영의 사람, 사랑의 사람으로의 발전과정은 성경에서 애굽단계, 광야단계, 가나안 단계로 상징적으로 나타나 있습니다.

영적인 눈이 열리지 않을 때는 성경이 단순한 교리와 윤리, 도덕의 수준으로 밖에 보이지 않으나 영적인 시각이 확립되면 이 성경전체가 사람의 영성적인 발전의 과정을 다루고 있다는 것을 보게 됩니다.

애굽은 권능의 세계입니다. 바로를 이기고 여기서 탈출하려면 권능을 받아야 합니다. 여기에서 하나님의 살아 계심을 경험하게 됩니다.

광야는 진리를 위하여 고난을 받으며 자기를 부인하고 자기가 소멸되는 장소입니다. 여기서 자기의 이기심과 고집을 벗고 주님의 사람이 되기 위하여 준비되는 곳입니다.

가나안은 이제 어느 정도 훈련되고 자아의 껍질을 어느 정도 벗어버린 사람들이 그 분량만큼 주님과 연합되며 주님과 동행하는 단계입니다.

대부분의 성도들이 그들의 일생동안 이러한 단계와 과정을 통과하면서 성장해 갔습니다. 성경은 그것을 보여줍니다.

아버지의 사랑을 충만하게 받고 부족한 것이 없던 요셉.. 이것은 그의 애굽 단계의 상태를 보여줍니다. 그러나 그는 형들에 의해서 광야에 갑니다. 하나님은 그를 단련하기 위하여 형들의 질투를 사용하십니다. 거기서 13년 동안 훈련받고 총리의 사역을 할 수 있도록 준비됩니다. 드디어 가나안의 영역에 이르게 되고 그는 이스라엘을 구원하는 자로서 사역을 시작합니다.

모세.. 그의 전반부는 애굽의 왕자였습니다. 그는 부족함이 없었습니다. 때가 이르매 주님께서는 그를 광야로 쫓아 보내 훈련을 시키십니다. 그가 티끌만큼 낮아졌을 때 주님은 비로소 그에게 나타나시고 사역의 길을 열어 줍니다. 그렇게 주님의 도구로 쓰이는 것은 모세에게 있어서 가나안의 영적 수준에 이른 것을 보여주는 것입니다.

다윗.. 그도 어릴 때부터 성령이 충만했고 주님을 사랑했습니다. 그러나 그것은 아직 자연적 단계에 불과합니다. 그도 광야에 갔습니다. 사울에 의하여 여러 고난과 찢김을 당하면서 서서히 그는 진정한 주님의 사람으로 변모됩니다. 그리하여 그는 드디어 가나안의 단계에 가게 되고 왕으로서 이스라엘을 통치하는 것입니다.

애굽은 권능의 장소이며 광야는 죽음의 장소입니다. 가나안은 부활의 장소입니다. 광야가 고통스럽기는 하지만, 아무도 이 훈련 없이 가나안에 들어갈 수 없습니다. 광야에서 죽음을 통과한 만큼 사람은 부활의 영광을 경험합니다.

광야를 통과하기 전에는 모든 것에 자신만만하고 자기의 죄성에 대하여 알지 못하나 광야를 경험할수록 자기 속의 아집, 교만, 불순종, 정결치 못함에 대해서 알게 되며 점차로 주님께 굴복되는 사람으로 바뀌어가게 되는 것입니다.

광야를 통과하지 않은 자는 오직 자기의 영광을 위하여 일합니다. 그러나 광야를 통과하고 나면 그것이 어렵게 되며 진정 주님의 기쁨, 주님의 뜻, 주님의 영광만을 추구하게 되는 것입니다.

이것은 성경 속에만 나타나는 사건이 아닙니다. 우리의 일상생활에서 경험되는 모든 훈련들도 이와 같이 우리의 영을 진보시키기 위하여 주님께서 우리의 필요와 수준에 맞게 허락하시는 것입니다. 우리는 이것을 볼 수 있어야 합니다.

우리가 경험하는 모든 실패, 좌절, 근심, 고통.. 그 모든 것들이 주님께서 우리를 그분께로 가까이 이끄시도록 우리의 방해되는 부분을 처리하고 있는 것임을 우리가 진정 깨닫게 된다면, 우리는 이러한 훈련에 대해서, 아픔에 대해서 진정 감사하게 될 것입니다.

그 어떤 고통이라도.. 사업의 실패든, 연인의 배반이든.. 모든 일은 우리의 영적 진보에 필요하기 때문에 주님께서 직접 허락하시는 것입니다. 이 우주는 털끝하나도 주님의 명령 없이 움직이는 것은 없습니다. 그러므로 영성의 진보는 곧 사랑에 있어서의 발전이며 그것은 모든 것의 완성입니다. 그것은 곧 천국의 세계이며 주님께서 거하시는 곳입니다.

어떤 신실한 여자 성도님과 대화를 나눈 적이 있습니다. 그분은 자신이 주님으로부터 사역자로 부름을 받았다고 했습니다. 그래서 늦은 나이지만 신학교에 등록해서 열심히 다니고 있다고 합니다. 이분은 참 진실하고 열정이 있지만 사랑과 관용에 대해서는 조금 문제가 있다고 느껴지기에 물어보았습니다.

"영혼들을 사랑하십니까?"

그녀는 사실 그게 자기의 문제라고 하면서 사람을 별로 좋아하지 않으며 성격에 문제가 있는 사람들을 보면 가까이 가기가 싫다고 말했습니다.

그녀는 말을 덧붙였습니다.

"다른 것은 모르겠는데, 사랑만큼은 자신이 없어요."

나는 물었습니다.

"그러면 무슨 부르심을 받았다는 말씀이세요? 부르심은 영혼을 돌보고 사랑하시라는 것입니다. '네가 나를 사랑하느냐? 내 양을 치라.' 이것 외에 다른 부르심이 있나요?"

그녀는 자기 힘으로 사랑을 할 수가 없으니 주님께서 임하시도록 거의 사람을 만나지 않고 기도에만 힘쓰고 있다고 했습니다. 거기에도 물론 일리가 있지만 나는 그녀에게 사랑의 연습을 하도록 권유했습니다.

"피아노를 배울 때 날마다 악보를 보기만 하고 직접 치지 않는 다면, 잘 칠 수가 없겠지요? 주님의 은혜를 위해서 기도도 많이 해야 하지만, 먼저 가까이 있는 사람들을 사랑하는 연습을 해보세요. 사랑의 표현도 하고요. 처음에는 어색하지만 자꾸 해보면 나중에는 쉬워져요."

"오, 저는 그런 것은 못해요."

"사랑을 할 수 없다면 아무 것도 할 수 없다는 말이죠. 대부분의 사람들에게 필요한 것은 지식이 아니라 사랑입니다. 사랑이 빠진 가르침은 그들을 치유하지도, 자유롭게 하지도 못해요."

나는 그녀에게 계속 이야기를 이어 나갔습니다.

"사역자의 사역이 뭔지 아세요? 중심으로 영혼을 사랑하고, 돌보고, 그리고는 그 대가로 그들의 비난과 원망을 거두는 것입니다. 그래도 기뻐하고 감사하는 것, 그것이 사역자의 길이지요."

그녀는 납득이 가지 않는지, 항의를 하였습니다.

"그건 너무 억울하잖아요."

"하지만 그것이 주님께서 가신 길이고 또 우리들에게 요구하시는 길입니다. 우리는 다만 순종할 뿐이고 그 결과와 열매는 오직 주님께 맡길 뿐입니다."

그녀와의 통화를 마치고 나는 생각에 잠겼습니다.

목회란 무엇인가요? 그것은 사랑의 교제입니다. 교회란 무엇인가요? 그것은 사랑하는 사람들끼리의 만남의 장소입니다. 사랑하는 주님을 만나고, 사랑하는 형제, 자매들을 만나는 것입니다.

목사는 일주일 내내 성도가 보고 싶습니다. 그리고 그립습니다. 성도들은 사역자를, 그리고 서로를 보고 싶어 합니다.

교회에서 그들은 서로 만납니다. 서로의 눈에는 반가움과 사랑스러움, 기쁨으로 가득합니다. 예수 그리스도로 인하여 그들은 하나가 됩니다. 주를 서로 같이 나누면서 그들은 천국의 기쁨으로 가득해집니다. 예배는 서로 바라보는 것만으로도 행복과 기쁨이 됩니다. 서로 포옹하고, 축복하고, 서로 기도하며 교회는 천국의 집이 됩니다. 그것이 정상적인 교회이며 신앙입니다.

이 시대의 교회, 그리스도인들은 주님께서 가르치신 교회, 그리고 사도들이 사역하던 당시의 교회와 너무나 멀어져 있습니다. 우리는 주님 안에서의 따뜻한 교제와 사랑, 천국 같은 기쁨이 넘치는 아름다운 만남들을 회복해야 합니다. 그것은 사랑의 회복을 통하여 이루어집니다.

이 시대는 진정 사랑이, 따뜻함이 필요한 시대입니다. 사랑이 없어 너무나 많은 사람들이 지치고 병들고 죽어가고 있습니다. 우리는 어떻게 이들을 사랑할 수 있을까요? 관용할 수 있을까요? 우리에게 무례한 대접을 하는 이들을 사랑의 시선으로 볼 수 있을까요?

그것은 우리를 향한 하나님의 시선을 먼저 느끼는 것으로 가능할 수 있습니다. 하나님 아버지의 마음으로 우리 자신을 바라보는 것입니다.

우리는 이렇게 보잘것없고 악한 존재이지만, 아버지께서는 그것을 다 아시면서도 우리를 너무나 아름답게, 사랑스럽게 보시고 있는 것입니다. 그분이 우리를 사랑하시기 때문에 그분은 우리를 위하여 대가를 지불하셨고, 그래서 우리를 티 없이, 흠 없이 아름다운 존재로 보시는 것입니다.

언젠가 지방에서 어떤 목사님 부부가 나를 찾아온 적이 있었습니다. 10년이 넘는 결혼생활을 지옥과 같이 살다가 도움을 요청해서 온 것입니다.
이 두 분은 참으로 신실하고 아름다운 분들인데 이상하게도 서로 입만 열면 서로를 향해서 비수와 같은 말들을 끄집어내었습니다.
목사님은 참으로 순수하시고 주님께 대한 헌신도가 깊은 아름다운 주의 종이고, 사모님은 아주 재미있고 쾌활한 분이십니다. 두 분 다 참으로 훌륭하신 분들이신 데 가정생활이 왜 그렇게 힘든지, 왜 서로의 장점을 보지 못하는지 참 이해하기 힘든 일이었습니다.
나는 그분들에게 하나님의 시각에 대해 말해주었습니다. 하나님께서 그들을 얼마나 사랑하시는지 아느냐고, 하나님께서 그들을 얼마나 귀하고 아름다운 존재로 생각하는지 아느냐고 물었습니다. 목사님은 자기는 너무 죄가 많고 나쁜 종이라고 말씀하셨습니다. 나는 사모님께도 그러한 말씀을 드렸습니다.
"사모님은 너무나 아름다우십니다. 너무나 귀하고 아름다우신 분이에요."
나는 주님의 눈으로 그녀를 보았기 때문에 내 눈에는 그녀가 너무 사랑스럽고 아름답게 보였습니다. 그녀는 흐느껴 울기 시작했습니다.
"남편에게 그런 말을 한 번이라도 들어보고 죽었으면 소원이 없겠어요."

나는 그들에게 주님의 마음에 대해서 계속 이야기를 했습니다. 시간이 흐르고 그들의 마음이 조금 진정되자, 지난 세월의 모든 아픔들을 서로 사과하고 용서하고, 사랑하도록 고백하는 시간을 가지게 했습니다.

남편 목사님은 무릎을 꿇고 사모님께 과거의 잘못에 대해서 용서를 구했습니다. 사모님은 다시 큰 소리로 울음을 터뜨렸습니다. 격정의 시간이 지나가고, 우리들은 기도했고 서로 포옹했습니다. 서로를 용서하고 위로하며 일어선 그들은 얼마나 진정 아름답게 보였는지요!

그 이후로 그들은 몇 번의 위기가 더 있기는 했지만 이제는 너무나 행복하다고 합니다. 그들은 서로를 향해서 상대가 변화되었다고 합니다. 그러나 사실, 그렇지 않을 것입니다. 상대방을 바라보는 나의 시선이 바뀔 때, 상대가 변화된 것처럼 보일 뿐입니다.

정죄의 신학은 사람들을 비참하게 합니다. 그것은 사람을 찌들게 만들며 결코 자유롭게 만들어 주지 못합니다. 그러나 우리를 온전히, 끝없이 사랑하시는 하나님의 사랑을 받아들이면 그것은 우리를 변화시킵니다.

당신은 당신이 너무나 아름다운 존재인 것을 알고 있는지요! 주님께서 당신을 너무나 기뻐하시고, 사랑하시며 귀한 존재로 여기고 있다는 사실을 알고 계시는지요?

그 어떤 행위보다 이와 같은 하나님의 사랑을 받아들이는 것이 하나님을 기쁘시게 합니다. 죄책감, 정죄의식, 열등감은 일종의 자기 의며 그렇게 자기를 처벌하는 것을 주님은 기뻐하지 않으십니다. 그것은 주님께서 십자가에서 담당하신 것을 거절하는 것과 같은 것입니다.

이제 주님의 눈으로 우리를 본 후에 우리도 그 눈으로 사람들을 보아야 합니다. 그리고 그들 속에 있는 아름다움을 발견하고, 격려해 가야 합니다.

점차 우리들은 사람들의 귀중함에 대해서 볼 수 있게 되고, 그들의 사랑스러움에 대해서 눈을 떠가게 될 것입니다.

그것은 진정 얼마나 행복한 일일까요! 원수를 아름답게 볼 수 있다는 것! 그것은 얼마나 아름답고 즐거운 일일까요! 그것은 바로 진정한 천국인 것입니다.

부디 우리 모두가 주님의 마음을 아는 지식에서 자라갈 수 있기를 바랍니다. 그럴수록 우리는 사랑하게 될 것이고 따뜻한 사람이 될 것입니다. 그리하여 이 짧은 삶을 진정으로 행복하게, 천국에서 살 수 있게 될 것입니다.

우리 모두가 이 아름다운 삶의 여정에서 계속 발전되어 갈 수 있기를 바랍니다. 진정 주위를 따뜻하게 해주는 그리스도인으로 성장해 갈 수 있기를 간절히 바랍니다.

우리는 부족하고 연약하지만 주를 의뢰할 때

주님은 우리를 도우실 것입니다.

주님과 함께 이 아름다운 여행을 시작하십시다.

주님의 사랑과 은혜는 얼마나 감사한지요!

그분께 모든 영광과 찬양을 올려 드립니다.

할렐루야!

도서구입신청

도서 구입을 원하시는 분들을 위한 안내입니다.

1. 도서 목록 확인
페이지를 넘기시면 정원 목사님의 도서 전권이 안내되어있습니다.
도서 목록을 참조하셔서 필요로 하시는 책을 선택하십시오.
각 도서의 자세한 목차와 내용을 원하시면 정원목사 독자 모임 카페의 [저자 및 저서소개] 코너를 참조하십시오. (http://cafe.daum.net/garden500)

2. 책신청
구입하실 도서를 결정하신 후에, 영성의 숲 출판사로 전화를 주세요.
(02-355-7526 / 010-9176-7526. 통화시간: 월~금 오전 9시~저녁 6시)
신청 도서 목록을 알려주시면 입금하실 금액을 안내해 드립니다.
신청하실 때는 책을 받으실 주소와 전화번호를 함께 알려주세요.
책신청은 전화 외에도 영성의 숲 홈페이지의 [책신청] 코너,
출판사 이메일(spiritforest@hanmail.net)을 사용하실 수 있습니다.

3. 송금
안내 받으신 도서 대금을 아래 계좌로 입금해 주세요.
(국민은행: 051-21-0894-062, 예금주: 홍윤미)
신청자 성함과 입금자 성함이 일치하지 않는 경우에는 입금자 성함을
꼭 알려주셔야 확인이 가능합니다.

4. 배송
입금 확인 후에 바로 발송 작업을 하는데, 발송후 도착까지 보통 2-3일 정도가 소요 됩니다. 책을 급하게 필요로 하실 경우에는 일반 서점을 이용해 주세요. 해외 배송을 원하시는 분은 총판을 담당하고 있는 생명의 말씀사로 문의해주시기 바랍니다. (생명의 말씀사 080-022-1211   www.lifebook.co.kr)

<기도 시리즈>

1. 하늘의 권능이 임하는 부르짖는 기도 1
영성의 숲. 373쪽. 13,000원 / 핸디북 10,000원
부르짖는 기도는 모든 기도의 형태 중에서 가장 기본적이고 중요한 기도입니다. 이 기도를 바르게 배우고 적용한다면 하늘의 권능이 임하는 것을 경험하게 되며 모든 면에서 강건한 그리스도인이 될수 있을 것입니다.

2. 하늘의 권능이 임하는 부르짖는 기도 2
영성의 숲. 444쪽. 15,000원 / 핸디북 11,000원
부르짖는 기도 1권은 발성의 의미, 능력과 부르짖는 기도의 전체적인 원리를 다루 었으며 2권은 부르짖는 기도의 실제로서 구체적인 기도의 방법과 적용원리를 다루고 있습니다. 3부에 수록된 다양한 승리의 간증은 독자님들에게 좋은 도전이 될 것입니다.

3. 대적기도의 원리와 능력
영성의 숲. 400쪽. 14,000원 / 핸디북 11,000원
대적기도 시리즈 1편. 대적기도는 주님께 간구하는 기도가 아니며 우리에게 주어진 권세와 능력을 발견하고 사용하여 능력과 승리를 경험하는 기도입니다. 이 기도를 알게 될 때 당신의 삶은 진정 달라지게 될 것입니다. 휴대를 위한 작은 사이즈의 핸디북도 있습니다.

4. 대적기도의 적용 원리
영성의 숲. 424쪽. 14,000원 / 핸디북11,000원
대적기도 시리즈 2편. 대적기도에도 원리와 법칙이 있습니다. 그 원리와 법칙을 잘 익혀서 실제의 삶에 적용한다면 우리는 풍성한 삶을 살 수 있습니다. 이 책에서는 그 원리들을 구체적으로 제시해 주고 있습니다.
휴대를 위한 작은 사이즈의 핸디북도 있습니다.

5. 대적기도를 통한 승리의 삶
영성의 숲. 452쪽. 15,000원 / 핸디북 12,000원
대적기도 시리즈 3편. 대적기도를 인간관계, 가정에서의 삶, 복음 전도와 사역에 구체적으로 적용하는 방법을 제시하였습니다. 여기서 제시된 원리를 잘 읽고 적용한다면 삶과 사역에 있어서 많은 변화와 승리를 경험할 수 있게 될 것입니다.
휴대를 위한 작은 사이즈의 핸디북도 있습니다.

6. 대적기도의 근본적인 승리 비결
영성의 숲. 454쪽. 15,000원 / 핸디북 12,000원
대적기도 시리즈 4편. 완결편. 1부에서는 악한 영들을 근본적으로 완전하게 제압하고 승리할 수 있는 원리와 비결을 제시하고 있습니다. 2부에서는 대적기도를 적용하고 경험한 성도들의 사례가 실려 있는데 이것은 각 사람의 적용과 승리에 좋은 참고가 될 수 있을 것입니다.
휴대를 위한 작은 사이즈의 핸디북도 있습니다.

7. 아름답고 행복한 기도의 세계
영성의 숲. 276쪽. 9,000원
〈기도업데이트〉의 개정판. 자연스럽고 편안하게 기도의 아름다움과 행복에 잠길 수 있도록 돕는 책입니다. 기다리는 기도, 듣는 기도, 안식하는 기도 등 다양하고 풍성한 기도의 원리들을 일상의 예화들을 통하여 쉽게 정리하였습니다.

8. 주님의 마음에 이르는 기도
영성의 숲. 309쪽. 10,000원
기도의 원리와 방법에 대한 200개의 조언을 담았습니다. 주님의 마음을 향하여 가는 것. 그것이 기도의 방향이며 목적임을 보여주는 책입니다.

9. 주님의 임재를 경험하는 길
영성의 숲. 308쪽. 10,000원
〈주님을 경험하는 100가지 방법〉의 개정판. 주님의 살아계심과 임재를 경험하기 위한 100가지의 실제적인 방법을 제시하고 있습니다. 사모하는 마음으로 이 방법들을 시도한다면 누구나 쉽게 그분의 역사를 경험하게 될 것입니다.

10. 예수 호흡기도
영성의 숲. 460쪽. 15,000원 / 핸디북 11,000원
호흡을 통한 기도가 주님의 임재와 영적 실제에 들어가는 중요한 비밀이며 열쇠임을 보여주는 책입니다. 이 책에 제시된 원리와 방법을 충실히 시도해 본다면 누구나 놀라운 변화를 경험하게 될 것입니다.

11. 방언기도의 은혜와 능력 1
영성의 숲 459쪽. 16,000원 / 핸디북12,000원
방언기도 시리즈 1편. 방언에 대한 성경적이고 균형잡힌 설명 뿐 아니라, 저자의 개인적인 경험과 간증, 방언을 받는 과정과 통역을 시도하는 과정에 대한 구체적인 설명, 여러 경험자들의 실례가 풍성하게 실려있어, 방언의 은혜에 대해 이해하고 적용하는 데에 실제적인 도움을 주는 책입니다.

12. 방언기도의 은혜와 능력 2
영성의 숲 403쪽. 14,000원 / 핸디북 11,000원
방언기도 2편에서는 방언과 통역이 발전해 나가는 과정과 그 영적인 의미를 깊이있게 다루었습니다. 방언의 가치와 의미를 바르게 이해하고 적용하게 될 때, 오래동안 방언을 사용하면서도 주님의 은총를 누리지 못하던 이들이 주님의 가까우심과 아름다우심을 풍성히 경험하게 될 것입니다.

13. 방언기도의 은혜와 능력 3
영성의 숲 489쪽. 16,000원 / 핸디북12,000원
방언 기도 시리즈의 결론적인 부분을 다룬 책입니다. 방언에 대한 부정적인 견해와 원인들, 방언을 통해 어떻게 부흥이 시작되는지, 은사의 바른 방향과 의미, 목적 등을 정리하였고, 전체적인 요약정리와 함께 경험자들의 구체적인 사례들을 첨부하여 실제적인 적용에 도움이 되도록 하였습니다.

<영성 시리즈>

1. 영성의 실제를 경험하는 길
영성의 숲. 357쪽. 12,000원
〈그리스도인의 아름다운 영성〉의 개정판.
많은 은혜의 도구들이 있지만 그것들이 다 주님을 접촉하는 것은 아닙니다. 참다운 영성과 주님을 경험하는 원리를 제시하는 책입니다.

2. 생각의 자유를 경험하는 길
영성의 숲. 237쪽. 8,000원
〈그리스도인의 생각 다스리기〉의 개정판. 우리가 겪는 삶의 대부분의 고통들은 스스로 만들어낸 생각의 감옥에 지나지 않으며 생각을 분별하고 관리함으로써 풍성하고 행복한 삶을 살 수 있다는 메시지를 다양한 예화와 함께 설득력 있게 제시하고 있습니다. 많은 교회에서 훈련 교재로 사용되기도 했습니다.

3. 영성의 중심은 사랑입니다
영성의 숲. 243쪽. 8,000원
하나님의 은혜를 받아들이고 누림으로써 진정한 사랑과 따뜻함의 세계를 경험할 수 있도록 돕는 책. 신앙의 따뜻함과 아름다움을 회복하고, 영혼들을 이해하고 도울 수 있는 관점을 제시하고 있습니다.

4. 영성의 원리
영성의 숲. 319쪽. 11,000원
영성에도 원리가 있습니다. 이 책은 영성의 발전을 위한 다양한 원리들, 영의 흐름, 영의 인식, 영적 승리를 위한 중보 등의 원리를 실제적인 예와 함께 잘 설명해 줍니다. 영적 부흥과 충만함을 사모하는 이들에게 좋은 참고서가 될 수 있을 것입니다.

5. 문제는 주님의 음성입니다
영성의 숲. 254쪽. 9,000원
우리의 삶에 다가오는 여러가지 어려움들, 문제들은 우연이 아닙니다. 거기에는 주님의 배려와 가르치심이 있으며 반드시 우리가 배워야 할 것이 있습니다. 이 책은 그 문제들에서 주님의 뜻과 음성을 발견하는 원리를 가르쳐 주고 있습니다.

6. 영성의 발전은 어떻게 이루어지는가
영성의 숲. 254쪽. 8,000원
〈영성의 상담〉의 증보 개정판. 영성에 대한 여러 질문과 답변을 통해 다양한 영적현상의 의미와 삶 속에서 영적 성장을 이루는 구체적인 방법들을 소개하고 있습니다.

7. 지금 이 공간에 임하시는 주님
영성의 숲. 340쪽. 12,000원
주님은 믿을수 없을만큼 가까이 계시지만 사람들은 흔히 그분을 무시함으로 그의 임재를 소멸시킵니다. 이책은 그분의 가까우심과 구체적인 공간을 통한 임재, 나타나심을 경험할수 있도록 실제적인 지침을 제시하고 있습니다.

8. 심령이 약한 자의 승리하는 삶
영성의 숲. 228쪽. 9,000원
영혼의 힘이 약하고 마음이 여리고 민감하여 고통을 겪고 있는 이들을 위한 책. 영혼의 원리 및 기질과 사명을 이해함으로써 이전에 알지 못했던 자유와 해방과 놀라운 행복감을 누리게 될 것입니다.

9. 천국의 중심원리
영성의 숲. 452쪽. 14,000원
천국은 사후에만 갈 수 있는 장소가 아닙니다. 이 땅에 살면서 천국의 임재, 그 천국의 빛과 영광을 경험할 수 있습니다. 이 책에서는 내면세계의 천국을 경험하기 위한 길과 원리를 제시해 주고 있습니다.

10. 행복한 신앙을 위한 28가지 조언
영성의 숲. 348쪽. 12,000원
〈자유롭고 행복한 그리스도인 1〉의 개정판. 묶여 있고 창백한 의식의 틀을 벗어나, 자유롭고 풍성한 믿음의 삶으로 나아가도록 돕는 책입니다. 28가지 조언속에 행복한 신앙을 위한 영적 원리들을 담고 있습니다.

11. 성숙한 신앙을 위한 30가지 조언
영성의 숲. 340쪽. 12,000원
〈자유롭고 행복한 그리스도인2〉의 개정판. 의식이 바뀔 때 천국의 자유와 기쁨을 누릴 수 있음을 보여주는 책입니다. 묶여있는 사고와 습관, 잘못된 의식에서 해방되는 원리를 제시해 주고 있습니다.

12. 의식의 깨어남을 사모하라
영성의 숲. 239쪽. 9,000원
잠과 꿈과 깨어남의 실체를 보여주며 진정한 깨어있음의 세계로 인도하는 책입니다.
의식과 영혼을 깨우기 위한 방법과 원리들을 제시해 주고 있습니다.

13. 주님의 마음, 주님의 임재 속으로
영성의 숲. 348쪽. 12,000원
오늘날 주님의 마음에 대한 많은 오해가 있어서 주님의 깊으신 임재에 들어가지 못합니다. 이 책은 그 오해를 풀어주며 우리를 향한 주님의 사랑을 보여주고 그 사랑의 임재 속에 들어가는 길을 안내해주고 있습니다.

14. 영성의 발전을 갈망하라
영성의 숲. 292쪽. 10,000원
영성의 진리 시리즈 1편. 영성을 깨우고 발전시킬 수 있는 다양한 이야기, 원리, 법칙들을 묶은 36가지의 메시지가 수록되어 있습니다. 영혼의 각성에 도움이 되는 지식과 도전을 얻게될 것입니다.

15. 집회에서 흐르는 주님의 은혜
영성의 숲. 254쪽. 8,000원
이미 출간되었던 [집회 가운데 임하시는 주님]을 새롭게 개정하였습니다. 회원들의 간증을 줄이고 더 많은 분량을 추가하였습니다. 집회 가운데 나타나는 주님의 생생한 역사와 이에 관련된 여러 영적 원리를 기술하였습니다. 읽을수록 집회 현장에 있는 듯한 감동과 은혜를 얻을 수 있을 것입니다. 은혜를 사모하는 이들, 영성 사역에 관심이 있는 사역자들에게 좋은 참고가 될 것입니다.

16. 삶을 변화시키는 생명의 원리
영성의 숲. 348쪽. 값 12,000원
삶 속에서 열매를 맺을 수 있는 비결과 원리를 시편 1편의 말씀과 요한복음 15장의 말씀을 중심으로 제시하고 있습니다. 포도나무이신 주님과 가지로서 항상 연결되는 삶이 열매를 맺는 원리이며 은총의 비결인 것을 명쾌한 논지로 설명하고 있습니다. 신앙의 기초와 방향을 분명히 밝히는 책으로서 풍성한 삶과 승리하는 삶을 갈망하는 그리스도인들에게 귀한 도전이 될 것입니다.

17. 낮아짐의 은혜1
영성의 숲. 308쪽. 값 11,000원
쉽게 하나님의 임재를 경험하며 그 은혜 가운데 머무르는 사람이 있습니다. 그 은총의 비밀은 무엇일까요? 그것은 바로 낮아짐이며 이를 통하여 주의 무한한 은혜와 천국의 풍성함을 누릴 수 있음을 본서는 증명합니다. 사람을 파괴하는 높아짐의 시작과 타락, 은혜의 회복, 열매의 풍성함 등을 다루고 있으며 누구나 그 은혜의 세계에 쉽게 이르도록 길을 제시하고 있습니다.

18. 낮아짐의 은혜 2
영성의 숲. 388쪽. 값 14,000원
낮아짐은 감추어진 비밀이며 천국의 문을 여는 보화입니다. 마귀는 낮아짐을 빼앗을 때 그 영혼을 사로잡을 수 있으므로 온갖 유혹으로 이 보화를 가로챕니다. 하나님은 천국의 풍성함을 주시기 위하여 낮아짐을 훈련하시며 인도하십니다. 2권은 적용을 주로 다루며 구체적으로 풍성한 은총을 누릴 수 있도록 권면하고 있습니다.

19. 그리스도를 갈망하는 삶
영성의 숲. 268쪽. 값 10,000원
부흥과 영적 깨어남, 영성의 다양한 원리에 대한 이야기. 삶 속의 이야기와 함께 자연스럽게 풀어서 정리하였습니다. 일상의 사소한 삶에서 영적 원리를 발견하고 적용하도록 도우며 그리스도에 대한 갈망이 증가되도록 도전하고 있습니다.

20. 영이 깨어날수록 천국을 누린다
영성의 숲. 236쪽. 값 8,000원
독자들과 일대일로 마주 앉아서 대화를 하듯이 영적 성장과 풍성한 삶을 누리는 원리에 대해서 메시지를 전달하고 있습니다. 사랑하는 삶, 영성의 깨어남에 대한 새로운 통찰력을 제공해주며 기쁨으로 주님을 따르는 길을 제시해줍니다.

<생활 영성 시리즈>

1. 주님과 차 한잔을
영성의 숲. 220쪽. 6,000원
신앙의 귀한 진리들, 주님을 사모하고 가까이 나아가는 데 도움이 되는 원리들을 유머를 통해 밝고 즐겁게 전달해주는 책입니다.
주님과 같이 차를 한잔 마시는 기분으로 부담없이 읽다 보면 자연스럽게 영적 통찰을 얻을 수 있을 것입니다.

2. 일상의 삶에서 주님을 의식하기
영성의 숲. 280쪽. 8,000원
일상의 사소한 삶 속에서 주님을 의식하며 살아가는 이야기. 신앙과 영성은 기도할 때만이 아니라 일상의 모든 삶 속에서 나타나야 한다. 작고 사소한 모든 일에서 주님을 의식하는 것이 진정한 행복의 원리인 것을 이 책은 보여주고 있습니다.

3. 일상에서 경험하는 주님의 사랑
영성의 숲. 277쪽. 9,000원
일상의 묵상 시리즈 2편. 사소한 일상의 삶에서 주님의 임재와 사랑을 느끼고 주님의 메시지를 경험하는 이야기. 항상 모든 것에서 주님의 마음과 시선으로 삶과 사람을 보고 느껴야 하며 이를 통해서 날마다 천국을 경험할 수 있음을 사소한 삶의 이야기를 통하여 부드럽게 전달해주고 있습니다.

4. 삶이 가르치는 지혜
영성의 숲. 212쪽. 6,000원
<삶이 가르치는 지혜>의 개정판. 우리의 삶에서 경험하는 많은 즐거운 일, 힘든 일들이 결국 우리 영혼의 성장을 위하여 주어진 일임을 보여줍니다. 가슴을 따뜻하게 하는 소박한 이야기들을 통해서 사랑의 중요성을 다시 한번 깨닫게 합니다.

5. 사랑의 나라로 가는 여행
영성의 숲. 156쪽. 5,000원
〈사랑의 나라〉의 개정판. 어른들을 위한 우화로서 한 청년이 여행을 통하여 삶의 목적과 방향을 깨달아 가는 과정이 흥미진진하게 전개되고 있습니다. 즐겁게 이야기를 읽어나가다보면 영적 성장의 방향과 중심, 영적 세계의 에너지와 원리, 흐름을 이해하는데 도움이 될 것입니다.

6. 하나님의 뜻을 발견해 가는 여행
영성의 숲. 269쪽. 신국판 변형 8,000원
성경에 등장하는 입다, 다윗, 암논의 삶과 사건들을 통하여 하나님의 아버지 마음과 하나님의 의도와 훈련을 이해하고 발견하도록 안내하는 책입니다. 등장인물들의 마음과 정서가 드라마처럼 녹아있어 흥미와 감동을 전달해 줍니다.

7. 일상에서 경험하는 주님의 은혜
영성의 숲. 253쪽. 값 8,000원
일상시리즈 3편입니다.
가족 이야기, 모임 이야기, 일상에서 경험하는 여러 가지 일들을 통해서 영적 원리와 교훈을 정리하였습니다.
일기와 이야기 형식으로 기록되어 있어서 즐겁게 읽는 가운데 주님과 같이 걷는 삶의 흐름 속으로 들어갈 수 있게 될 것입니다.

<묵상 시리즈>

1. 맑고 깊은 영성의 세계를 향하여
영성의 숲. 140쪽. 5,000원.
잠언시리즈 1편. 내 영혼의 잠언1을 판형을 바꾸어 새롭게 만들었습니다. 순결하고 맑은 영혼으로 성장하기 위한 진리의 묵상들이 간결하게 정리되어 있습니다.

2, 주님은 생수의 근원 입니다
영성의 숲. 196쪽. 6,000원
<내 영혼의 잠언2>의 개정판. 맑고 투명한 영성의 세계로 안내하는 영성 잠언집. 새벽녘의 신선하고 향긋한 바람처럼 우리 영혼을 달콤하게 채워주는 묵상의 글들을 모아서 정리했습니다.

3. 묻지 않는 자에게 해답을 던지지 말라
영성의 숲. 156쪽. 5,000원
삶과 사랑과 영혼의 진리를 담은 잠언 시집.
인생의 의미와 진리, 영성의 발전과정을 예리하면서도 부드러운 시각으로 표현하고 있습니다. 불신자에 대한 전도용으로도 좋은 책입니다.

4.영혼을 깨우는 지혜의 샘물
영성의 숲. 180쪽. 6,000원
<영적 성숙으로 향하는 여행>의 개정판
인생, 진리, 마음, 영성 등 중요한 8가지의 주제에 대한 짧은 묵상을 담았습니다. 맑은 샘물이 흐르듯이 간결한 지혜의 메시지가 영성을 일깨워주는 책입니다.

영성의 중심은 사랑입니다

1판 1쇄 발행	2000년 9월 15일 (예찬사)
2판 1쇄 발행	2004년 10월 30일 (영성의숲)
3판 1쇄 발행	2005년 11월 15일
3판 2쇄 발행	2007년 6월 5일
4판 1쇄 발행	2009년 9월 25일
4판 4쇄 발행	2020년 2월 25일
지은이	정원
펴낸이	이 혜경
펴낸곳	영성의 숲
등록번호	2001. 7. 19 제 8-341 호
전화	02 - 355 - 7526 (영성의숲)
핸드폰	010 - 9176 - 7526 (영성의숲)
E - mail	spiritforest@hanmail.net (영성의숲)
홈페이지	cafe.daum.net/garden500 (정원목사 독자 모임)
	cafe.naver.com/garden500 (정원목사 독자 모임)
국민은행	051-21-0894-062
예금주	홍 윤미
총판	생명의 말씀사
전화	02 - 3159 - 8211
팩스	080 - 022 - 8585,6

값 8,000원
ISBN 978 - 89 - 90200 - 75 - 4 03230